Grundriß

der

philosophischen Rechtslehre

von

Gottlob Wilhelm Gerlach,
ordentlichem Professor der Philosophie zu Halle.

Halle,
in der Gebauerschen Buchhandlung
1824.

Vorerinnerung.

So wie alle bis jetzt von mir herausgegebenen Schriften den nächsten Grund ihres Erscheinens in dem Bedürfnisse hatten, einen meinen Ansichten entsprechenden Leitfaden bei meinen Vorlesungen zu haben, so ist eben dieses auch der Fall bei der vorliegenden. Sie ist aber auch zugleich, wie ihr Umfang zeigt, für ein größeres Publikum bestimmt, indem es mir schien, als ließe sich über die Lehren des Naturrechts in seiner gegenwärtigen Ausbildung noch manches sagen, oder aus frühern Schriften beibringen, was der Aufnahme in die Wissenschaft werth und geeignet ist, derselben und ihren Sätzen in der Sphäre der practischen Begriffe eine bestimmtere Stellung anzuweisen und eine vollkommnere Ausbildung zu geben, und was deshalb diejenigen, welche sich überhaupt für dergleichen Untersuchungen interessiren, nicht für nutzlos halten dürften. Dahin möchte ich zählen, was über den Charakter der allgemeinen oder philosophischen Rechtslehre und über die practische Bedeutung ihrer Begriffe, so wie über das Verhältniß derselben zur Tugendlehre und zur positiven Gesetzgebung gesagt worden ist; ferner die Deduction und Bestimmung des Rechtsbegriffs mit der Methode in der Entwickelung der besondern Rechte; die Lehre von der Billigkeit und Zurechnung, so wie die Theorie der Strafe, und Anderes mehr, was dem Kundigen nicht entgehn wird. Gelingt es gegenwärtigem Werke, etwas beizutragen, um eben so die von ihm behandelten Begriffe vor Geringschätzung, als das Leben vor einer Ueberschätzung derselben zu bewahren; so ist dieser letztere Theil seiner Bestimmung erreicht.

Halle, im August 1823.

Gerlach.

Uebersicht des Inhalts.

Ein-

Einleitung.

Charakteristik der philosophischen Rechtslehre.

§. 1.

Man unterscheidet in der Entwickelung der Begriffe zwei Hauptepochen; die Epoche der gemeinen und die der wissenschaftlichen Ausbildung derselben. Zu der erstern rechnen wir alle die Zustände aphoristischer Kenntnisse, welche dem Menschen ungesucht dargeboten und von ihm aufgefaßt werden blos nach Anleitung der mehr oder weniger günstigen Verhältnisse. Die wissenschaftliche Epoche hingegen fängt da an, wo das Bedürfniß und Streben nach innerm Zusammenhang, nach Erschöpfung und vollkommener Begründung des Erkenntnißgebiets sich wirksam zeigt, und erscheint als Philosophie, so bald für die verschiedenen Zweige der Begriffe die höchsten Principien ihrer Wahrheit und Nothwendigkeit gesucht und klar gemacht werden. Was hier von unsern Begriffen überhaupt gesagt ist, das gilt auch insbesondere von den practischen; denn auch für seine Zwecksetzung und für den Gebrauch seiner Kräfte zu gewissen Zwecken gelangt der Mensch zu Begriffen und Grundsätzen, ohne sie noch eigentlich gesucht zu haben, und wendet dieselben an, ohne den einzelnen Begriff klar gefaßt und nach seiner Stelle und Bedeutung in dem Ganzen wahrhaft menschlicher Thätigkeit wirklich erkannt zu haben; aber auch hier hat die freie Selbstthätigkeit des Geistes ein Feld zu einem systematischen Ordnen, so wie sich über lang oder kurz auch das Bedürfniß einfinden muß, für diese, durch die eigne Natur des Menschen, oder durch fremde Auctorität bestimmten, Begriffe vorzudringen in die allgemein menschliche Grundlage oder rationalen Principien, d. h. darüber zu philosophiren.

§. 2.

Die Philosophie macht also einen Theil des wissenschaftlichen Strebens aus, und zwar denjenigen, worin die höchsten Principien für die verschiedenen Zweige der menschlichen Erkenntniß gesucht, oder worin das rein oder allgemein Menschliche in den einzelnen Seiten und Beziehungen geistiger Thätigkeit zum klaren Bewußtseyn erhoben werden soll; denn wenn sich auch in allen geistigen Erzeugnissen die Natur und das Gesetz des Geistes und das darin Gegründete zugleich mit ausspricht; so zeigt es sich doch im Leben überall vermischt mit Empirischem und Zufälligem, und kann vollkommen klar und anerkannt werden nur durch eine methodische Auffassung. Auch bedarf das menschliche Leben der höhern Klarheit der darin niedergelegten Principien, so bald es mit möglichster Sicherheit die empirischen Hindernisse überwinden und dem Ziele zugeführt werden soll, wohin das natürliche Gesetz des menschlichen Geistes strebt. Es läßt sich aber hauptsächlich eine dreifache Aeußerungsweise des geistigen Lebens unterscheiden, deren Gesetze in eben so vielen allgemeinen Vorstellungen sich aussprechen und dem Urtheile über den Werth des Einzelnen zur Norm dienen. Die innere Kraft äußert sich nämlich 1) im Auffassen und Bilden der Dinge des Daseyns in Vorstellungen, und die Gesetzmäßigkeit desselben kündigt sich dem Menschen an in der Vorstellung der Wahrheit; ferner äußert sie sich in dem Streben nach selbstbestimmten Zwecken, dessen Gesetz wir in der Vorstellung des Guten finden, und endlich 3) im Gefühle, welches seine völlige Befriedigung in dem Schönen erhält. Wahrheit, Güte und Schönheit sind daher die Vorstellungen, in deren Realisirung erst das menschliche Daseyn seine volle Bedeutung erreicht; sie sind die Ideen, worin die höchste Aufgabe für alles wahrhaft menschliche Streben enthalten ist, und geben zugleich die Gesichtspuncte ab zur Anordnung des Gebiets philosophischer Forschung.

§. 3.

Daß wir uns bey einer Untersuchung über das Recht in dem Gebiete des Guten befinden, kann als bekannt vorausgesetzt werden; denn daß gerecht seyn etwas Gutes, und ungerecht seyn etwas Böses oder Schlechtes ist, weiß Jeder, in welchem nur einigermaßen das Gewissen rege geworden ist. Auch was das logische Verhältniß zwischen Recht und Gut betrifft, ist schon dem gewöhnlichen Verstande nicht ganz fremd; denn schon hier ist die Unterscheidung gangbar zwischen denjenigen Handlungen, welche der Eine thun oder unterlassen muß, weil dies der Andere fordern kann, und den Handlungen der Liebe und des freien Wohlwollens, und indem man die ersteren Handlungen unter dem Begriffe der rechtlichen zusammenfaßt, beide Arten aber unter der Idee des Guten; so erscheinen jene leicht als eine Art des Guten, welche die zweite Art, als das Sittliche im engern Sinne, neben sich hat. Dieser Unterschied zwischen den rechtlichen und sittlichen Handlungen hat denn, bei der besondern Wichtigkeit, welche die Grundsätze der erstern für die Regulirung des öffentlichen Lebens haben, die Veranlassung gegeben, das Gebiet des Guten auch in der Theorie zu sondern, und es in zwei verschiedenen Wissenschaften, in einer Rechtslehre und Tugendlehre, abzuhandeln, für deren Verhältniß eben jener Unterschied zum Princip genommen wurde. Aber dieser Punct hat so viel Seiten und ist auch so vielseitig gefaßt worden, daß er eine besondere Betrachtung fordert.

§. 4.

Richten wir unsere Aufmerksamkeit zuvörderst auf die Regungen des Gewissens, worin die Vorstellung des Guten die ursprüngliche Form ihrer Ankündigung und ihre innere lebendige Quelle besitzt; so finden wir in allen Thatsachen desselben die Aufforderung: nirgends den Menschen dem sinnlichen Triebe aufzuopfern, ihn nie gegen seinen Willen zum Mittel für unsere egoistischen Zwecke zu machen, sondern vielmehr Antheil zu nehmen an seinem Daseyn, weil der Mensch mehr ist, als das blos Physische. Kurz, eine geheime Anerkennung eines Höhern, als des blos Physischen in dem Menschen, und die Aufforderung zur Schonung desselben in unsern Handlungen ist in allen Regungen des Gewissens wirksam. Das Vermögen aber, etwas Höheres, als das Physische in dem Daseyn anzuerkennen, nennen wir Vernunft, und legen deshalb die innern Regungen des Gewissens der Vernunft bei, indem eben sie durch die Wirkungen ihrer eigenthümlichen Idee auf das menschliche Gemüth jene geheimen Abmahnungen und Anforderungen erzeugt. Wie der Mensch überhaupt ursprünglich zu solcher Idee gelange und sie anwende auf den Menschen, kann freilich nur durch Untersuchungen klar werden, die hier noch nicht angestellt werden können; worauf aber der besondere Werth der menschlichen Natur beruhe, dessen klare Erkenntniß eine wesentliche Bedingung zum vollkommnen Hervortreten des moralischen Gesetzes und der Idee des Guten in dem menschlichen Bewußtseyn ist, kann, so weit unser jetziger Zweck es fordert, aus dem Daseyn des Gewissens selbst bestimmt werden. Mit dem Gewissen erscheint nämlich der Mensch als ein Wesen, welches, ausgerüstet mit dem Vermögen freier Wahl, für den Gebrauch seiner Kräfte zugleich das Gesetz in sich selbst trägt, und zwar ein Gesetz, dem selbst die eigne sinnliche Natur des Menschen, so wie das Physische überhaupt untergeordnet ist, und welches so das Daseyn einer höhern Ordnung der Dinge anzeigt, deren Theilnehmer der Mensch ist. Demnach ist es die vernünftige oder sittliche Natur selbst, welche dem Menschen eine Dignität ertheilt, wegen welcher er nie dem sinnlichen Triebe aufzuopfern ist, und da diese Dignität in Aller Augen in dem Grade wächst, und der Mensch zugleich in dem Maaße an Zufriedenheit mit sich selbst, so wie mit dem menschlichen Leben überhaupt gewinnt, als die sittliche Kraft auch im Handeln überall sich geltend macht; so werden wir zu folgender allgemeinen Ansicht über die moralische Natur des Menschen geführt: die moralische Gesetzgebung ist in dem Menschen dadurch gegründet, daß er ein Wesen mit einer doppelten Natur ist, mit einer sinnlichen, welche ihren Fürsorger in dem physischen Triebe besitzt, und mit einer sittlichen, welche sich ebenfalls geltend macht für das menschliche Streben, nämlich durch die Aufforderung an den Willen, sie nicht dem physischen Triebe aufzuopfern, sondern überzuordnen; und da das Gewissen auf gleiche Weise über die eigenen und über die fremden Handlungen sich ausspricht; so begründet es dadurch die Vorstellung eines allgemeinen Gesetzes. Vermöge dieser doppelten Seite seiner Individualität steht dann aber auch der Mensch in einem doppelten Verhältnisse; einmal befindet er sich als sinnliches Wesen neben einer edleren Natur in sich und in Andern, und in diesem Verhältnisse ist er in seiner Willkühr gebunden, oder verpflichtet; auf der andern Seite, oder als vernünftiges Wesen, steht er neben der Sinnlichkeit in sich und in Andern, und in diesem Verhältnisse ist er frei, oder darf handeln, was man in dem Begriffe der Berechtigung ausdrückt. In so fern die Freiheit oder das Dürfen in Beziehung auf die eigne Sinnlichkeit gefaßt wird, erscheint sie wegen der Macht des Triebes mehr als etwas Zuerstrebendes, und bildet daher mit der Verpflichtung keinen reinen Gegensatz, in so fern aber der Mensch für sie im Verhältnisse zur sinnlichen Willkühr der Andern gefaßt wird, steht sie einer Pflicht gegenüber; ich darf, weil und indem du nicht sollst, und deshalb wird auch der Begriff der Berechtigung in seiner practischen Besonderheit nur für dieses Verhältniß des Menschen verstanden.

§. 5.

Wegen dieser Correspondenz zwischen der Berechtigung einerseits und der Verpflichtung andererseits läßt sich aber auch das Recht von einem mehrfachen Standpuncte fassen. Bei der ersten Ansicht bietet sich ein dreifacher dar. Entweder man geht von der berechtigten Person aus, wo die Berechtigung unter dem Charakter des Dürfens und das Rechtsgesetz als ein Permissivgesetz erscheint; oder man geht aus von den gegenüberstehenden verpflichteten Subjecten, wo dasselbe Gesetz als Verbot oder als Prohibitivgesetz sich darstellt; oder endlich man geht von dem über dem Berechtigten und Verpflichteten schwebenden und für beide Theile etwas bestimmenden Gesetze aus, wo denn das Dürfen und die Erlaubniß für den einen Theil in dem Verbote für den andern Theil zugleich die Sanction erhält. Es fragt sich nun, von welchem Standpuncte aus kann wohl am füglichsten eine Darstellung der Rechtsgrundsätze erfolgen? Da die Berechtigung nie ohne eine gegenüberstehende Verpflichtung ist, und nur in dieser ihre äußere Sanction erhält; so bietet sich die letzte Darstellungsart unstreitig zuerst als die zu wählende dar, und zeigt sich besonders da als die einzig zweckmäßige, wo man dabei selbst ein Gesetz aufstellen will zur Regulirung und Sicherung der gesellschaftlichen Verhältnisse. Aber noch eine andere Verschiedenheit in der möglichen Darstellungsart des Rechtsgesetzes müssen wir bemerken, indem dadurch die so eben angeführte ihre nähere Bestimmtheit erhält.

§. 6.

Diese Verschiedenheit bezieht sich auf die wissenschaftliche Anordnung, in welcher das Ganze der practischen Begriffe sich darstellen läßt. Schon in so fern, als man die historisch gegebenen Rechtsbestimmungen noch nicht mit in Betrachtung zieht, sondern die Untersuchung blos auf das allgemein und rein Menschliche in der Idee des Guten beschränkt, findet die Möglichkeit verschiedener Anordnung statt, die für den Charakter der Rechtslehre entscheidenden Einfluß hat. Man kann nämlich die Rechtsgrundsätze darstellen in ihrem unmittelbaren Zusammenhange mit den anderweiten moralischen Gesetzen, so daß der Einzelne dasjenige, was er vermöge des allgemeinen Gesetzes von Andern fordern kann, bestimmt erhält nach dem Ganzen der menschlichen Pflichten; ihre Darstellung kann aber auch vorgenommen werden in einer Absonderung entweder von den Pflichten überhaupt, oder wenigstens von denjenigen, welche nicht auf das Recht sich beziehen. Da nun die Berechtigung erst in der gegenüberstehenden Verpflichtung eine äußere Giltigkeit bekommt, diejenigen Pflichten aber, welche sich auf das Recht beziehn, das Eigenthümliche haben, daß ihre Erfüllung von dem Berechtigten gefordert und nöthigen Falls selbst erzwungen werden kann, und sie eben deshalb geeignet sind, bey der Errichtung einer Zwangsanstalt zu gemeinschaftlicher Sicherung persönlicher Existenz als Principien zu dienen; so muß es nicht allein als möglich, sondern auch als nothwendig erscheinen, diejenigen Grundsätze aus dem Gebiete der practischen Vernunftgesetzgebung, welche sich zu Gesetzen einer öffentlichen Zwangsanstalt qualificiren, besonders zusammenzustellen, und die Besonderheit der Tendenz, welche das practische Gesetz in so fern verfolgt, als es das Recht und die ihm gegenüberstehende Pflicht des Andern bestimmt, liefert auch zugleich dieser Absonderung ein wissenschaftliches Princip. In so fern nämlich das sittliche Gesetz das Recht und die Rechtspflicht bestimmt, will es nichts, als vorerst die Hindernisse entfernt wissen, welche der Möglichkeit sittlicher Existenz von außen her durch die Willkühr kommen können, und beabsichtigt daher nur die äußere Freiheit, oder die Möglichkeit einer Coexistenz der sittlichen Wesen, als solcher. So bald man nun diese Wahrheit verfolgt, ergiebt sich für die Beurtheilung der erzwingbaren Pflichten und der damit verbundenen Rechte, und für deren abgesonderte Darstellung das Princip: Recht ist und es gehört in die Rechtslehre alles dasjenige, was eine Bedingung der Möglichkeit sittlicher Coexistenz ausmacht, oder wobei die äußere Freiheit Aller gleichmäßig bestehen kann. Daher finden wir für die Theorie der practischen Vernunftgesetze zwei Wissenschaften: die Rechtslehre, welche eine systematische Darstellung der Gesetze für die äußere Freiheit, oder der Bedingungen sittlicher Coexistenz genannt wird, und die Tugendlehre, welche die Gesetze für die innere Freiheit oder den guten Willen systematisch zu entwickeln hat. Jene hat die Uebereinstimmung der äußern Handlungen Aller, oder die Beschränkung der Willkühr jedes Einzelnen auf die Bedingungen der Möglichkeit sittlicher Coexistenz zum Zweck, diese die Uebereinstimmung des Willens mit dem innern Gesetze. Und damit erhält die Darstellung der Rechtsgrundsätze, worin dieselben als Permissiv- und zugleich auch als Prohibitiv-Gesetze auftreten, den Charakter einer besondern Wissenschaft.

§. 7.

So wenig sich nun auch gegen diese Absonderung sagen läßt, so bald man dafür überall den Gedanken hervorhebt und festhält, daß dabei keinesweges eine doppelte Gesetzgebung gelehrt, sondern nur eine theilweise Betrachtung einer und derselben angestellt werde, und daß namentlich die Rechtslehre das Handeln des Menschen und dessen sittliche Möglichkeit nicht überhaupt, sondern nur in so weit bestimme, als der Möglichkeit des sittlichen Handelns Hindernisse von Andern gelegt werden können, was aber dessen Unterordnung unter das innere Gesetz und die nähere Bestimmung der sittlichen Möglichkeit der Handlung durch dasselbe keineswegs ausschließt oder aufheben will; so wird man doch auf der andern Seite immer auch eben so viel Anstoß an dieser Absonderung nehmen können, wenn man nach dieser wissenschaftlichen Abtheilung der practischen Begriffe auch eine Theilung des vernünftigen Werthes und der rationalen Möglichkeit menschlicher Handlungen vornehmen sieht; denn mag man auch noch so sehr den Satz urgiren, daß das rechtlich Mögliche keineswegs das sittlich Mögliche überhaupt seyn soll, daß das Dürfen nach Rechtsbegriffen das sittliche Dürfen überhaupt nur zum Theil bestimme, und daß schon viel gewonnen sey für das menschliche Geschlecht, wenn nur vorerst ein Jeder die Bedingungen der sittlichen Coexistenz unangetastet läßt; so wird doch immer in die Vernunftgesetzgebung eine Trennung gebracht, die ihr an sich fremd ist, und anstatt, daß die Vernunftwissenschaft auch die Einheit und Uebereinstimmung der Vernunft mit sich selbst abspiegelte, vervielfacht sie selbst erst die Principien der moralischen Möglichkeit, und weist den Menschen hin auf ein Gesetz, von welchem sie selbst gesteht, daß es kein sicheres und hinlängliches Princip der Vernunftmäßigkeit einer Handlung in sich trägt. Natürlich war daher der Gedanke, diesen Uebelstand, der zwar wohl durch eine wissenschaftliche Abstraction sich verbergen läßt, aber für denjenigen, welcher die Einheit des Princips für das Handeln als nothwendig hält, um so fühlbarer wird in der Praxis, lieber ganz zu vermeiden, und in der wissenschaftlichen Behandlung der practischen Begriffe, die allerdings nur successiv ihren Zweck erreichen kann, dieselben von einer Seite zu fassen, wo ihre innere Uebereinstimmung bewahrt und klar gemacht werde.

§. 8.

Dieses hat man dadurch zu erreichen gesucht, daß man das Recht, als worin, im Gegensatze von der Pflicht, am meisten das Dürfen hervortritt, und gewöhnlich als das Charakteristische desselben angesehen wird, mit dem sittlich Möglichen überhaupt für gleichbedeutend nahm, oder das Recht in das sittlich Rechte setzte, so daß dann von Rechtsgrundsätzen, worin das Sittliche nicht vollständig aufgenommen ist, und von einer Rechtslehre, die nicht zugleich Tugendlehre seyn will, nicht die Rede seyn kann; denn die Rechtsgrundsätze sind nach dieser Ansicht nichts anders als die sittlichen, nur von einer andern Seite gefaßt, welche wir darin finden, daß sie mit dem sittlich Nothwendigen auch zugleich die sittliche Möglichkeit oder das moralische Dürfen bestimmen.

So sehr wir aber auch überzeugt sind, daß es Sache der Wissenschaft sey, besonders im Practischen, die Vervielfältigung der Principien, die nur das Urtheil verwirrt, zu vermeiden, und überall den sittlichen Standpunct als denjenigen geltend zu machen, nach welchem allein der Handlung ein wirklicher, vernünftiger Werth zukommen und zugestanden werden kann; so können wir uns doch nicht verbergen, daß bei dieser Behandlungsart der practischen Begriffe das Eigenthümliche des Rechtsbegriffs zu sehr verwischt wird. In dem Rechtsbegriffe denken wir nicht das Handeln im Verhältnisse zu dem allgemeinen sittlichen Gesetze, sondern wir fassen das handelnde sittliche Subject im Verhältnisse zur gegenüberstehenden Willkühr, und reden daher in der Sprache des gebildetern, wie des ungebildeten Lebens, worüber sich der zuletzt doch auch für das Leben wirkende Wissenschafter nicht ganz hinwegsetzen kann, auch von einem Rechte zu solchen Handlungen, die übrigens nicht gerade sittlich vollkommen sind. In dieser Bedeutung aber, wonach der Rechtsbegriff ein so eigenthümliches, weitgreifendes sittliches Verhältniß beherrscht, nämlich das Verhältniß der Person zur fremden Willkühr, und wonach er einen so mächtigen Einfluß übt auf die Bestimmung der Privatpflichten sowohl, als auch auf die Bestimmung der Art, wie durch die öffentliche Auctorität des Staats das Gute befördert werden kann und soll, bleibt derselbe bei jener Behandlungsart im Ganzen unbestimmt, was gewiß nicht mit Unrecht ein Mangel der Theorie genannt werden dürfte.

§. 9.

Ein Ausweg, um den Rechtsgrundsätzen eine besondere Darstellung zu geben, ohne dabei die Vernunftgesetzgebung selbst zu theilen, und ohne dem Urtheile über die Vernunftmäßigkeit der Handlungen auch unhaltbare Principien darzubieten, ist der Reflexion dadurch gelassen, daß sie für die Darstellung des Rechtsgesetzes die zweite der §. 5. bemerkten Auffassungsweisen wählt, und für das Recht nicht sowohl das Dürfen, als vielmehr das anderseitige Nichtdürfen hervorhebt, und darauf das Urtheil in Ansehung der durch den Rechtsbegriff motivirten Handlungen stützen läßt. Denn so gewiß der Rechtsbegriff in der gewöhnlichen Bedeutung als Basis der Vernunftmäßigkeit einer Handluug gefaßt, ein unzureichendes und unhaltbares Princip abgiebt, so gewiß und allgemeingiltig ist die Pflicht, dem Andern dasjenige, was zur Möglichkeit sittlicher Existenz gehört, und worin die Freiheit des Willens, so fern sie nur nicht beeinträchtigend für Andere sich äußert, einen wesentlichen Bestandtheil ausmacht, nicht zu entreißen. Hält sich also die Reflexion für die sittliche Bedeutung der Rechtsgrundsätze auf diesem Standpuncte; so kann sie allerdings ein System practischer Vorschriften geben, welche mit den anderweiten sittlichen Gesetzen in der innigsten Uebereinstimmung stehn; denn wir erhalten hier eine wissenschaftliche Darstellung der Tugend der Gerechtigkeit, welche in der Ausübung der Idee des Guten ein Hauptheil ist.

Allein so unleugbar auch dadurch jener Anstoß beseitigt ist, welchen die Rechtslehre giebt durch die Aufstellung von Vernunftprincipien, welche die Vernunftmäßigkeit der Handlung gleichwohl nicht verbürgen können und wollen; so möchte doch auch hier der Rechtsbegriff in seiner Eigenthümlichkeit zu wenig hervortreten, nach welcher er stets den auf das Recht sich beziehenden Pflichten gegenübersteht, und, wenn auch nicht als Princip des vernunftmäßigen Dürfens, doch als Princip der Auseinandersetzung mehrseitiger Interessen eine gewisse Selbstständigkeit behauptet. Die Reflexion wird daher immer sich aufgefordert finden, ihn nicht blos von dem Standpunct der ihm gegenüberstehenden Pflicht aus zu zeigen, sondern ihn auch an und für sich nach dem Umfange seiner Bedeutung und Giltigkeit klar zu machen.

§. 10.

Nach §. 4. giebt es zwei sittliche Grundverhältnisse zwischen den Menschen. Erstlich steht der Mensch als persönliches Wesen neben der Sinnlichkeit in Andern, und in so fern diese in der Verfolgung ihrer Zwecke mit den Bedingungen seiner persönlichen Existenz feindselig zusammentrifft, spricht das sittliche Gesetz für ihn und macht Anspruch für ihn an die Andern auf Schonung, welcher Anspruch, von Seiten der dadurch begünstigten Person aus aufgefaßt, den Begriff des Rechts giebt, und die Person ansehen läßt als ein Subject von Rechten. Zweitens befindet sich zugleich der Mensch für seine eigne Willkühr neben einer höhern Natur in Andern, und in so fern die Zwecke dieser mit den Zwekken seiner Willkühr zusammentreffen, ist er selbst zur Schonung verbunden, oder verpflichtet, und erscheint als ein Subject von Pflichten. Recht und Pflicht, in so fern letztere blos auf das Coexistentialverhältniß bezogen wird, wo sie jederzeit einem Rechte gegenübersteht, finden wir also in Begriffen, von denen jeder eine besondere Seite dieses Verhältnisses beherrscht und seine eigne Sphäre hat, welche aber auch bey ihrer mehrseitigen Reciprocität im gemeinschaftlichen Leben sehr oft einander durchkreuzen. Soll nun jeder von diesen beiden Grundbegriffen sittlicher Coexistenz in seiner Eigenthümlichkeit klar werden, was eine Bedingung für die richtige Beurtheilung ihres Zusammentreffens ist; so möchte wohl kein Weg natürlicher seyn, als daß der Mensch in jedem dieser Verhältnisse besonders betrachtet werde. Da nun der Mensch neben der Persönlichkeit in Andern auch in seiner eignen Persönlichkeit ein Object seiner Verpflichtung findet; so trifft die Theorie des über alle menschliche Verhältnisse schwebenden sittlichen Gesetzes zunächst auf folgende zwei Fragen: 1) Was kommt dem Menschen zu, wenn er als persönliches Wesen neben der Willkühr der Andern bestehen soll? und 2) was ist ihm zu thun, wenn die sittliche Coexistenz, so viel an ihm ist, erhalten und der Zweck seines vernünftigen Daseyns realisirt werden soll? Suchen wir nun jede von diesen Fragen nach ihrem ganzen Umfange besonders zu beantworten; so erhalten wir zwei Wissenschaften, von denen jede ihren eigenthümlichen Begriff und ihre eigenthümliche Sphäre hat.

§. 11.

Nun ist es zwar wahr, daß in der Wirklichkeit kein Recht ohne eine gegenüberstehende Pflicht existirt, und daß da, wo sichs um die Aufstellung eines practischen Gesetzes handelt, der Pflichtbegriff etwas Wesentliches ausmacht, indem das Recht durch denselben erst seine practische Sanction erhält. Allein wir dürfen nicht das wissenschaftliche Interesse bei der Darstellung der Begriffe vermischen mit dem practischen bei der Einführung derselben ins Leben. Jenes ist an und für sich rein theoretisch und verfolgt vorerst nur die möglichste Deutlichkeit der Begriffe, und kann bei diesem Geschäft ihr Gesetz so wenig von der Art sich vorschreiben lassen, wie die Begriffe ins practische Leben zweckmäßig eingeführt werden können, daß vielmehr diese Art erst nach einer klaren Auffassung der Begriffe in ihrer Eigenthümlichkeit und gegenseitigen Beziehung rational bestimmt werden kann. Abstrahiren wir demnach von der Art und Weise, wie das sittliche Gesetz, in so fern es das Rechtsverhältniß bestimmt, in einer öffentlichen Gesetzgebung erscheint, und fassen wir den Rechtsbegriff rein, d. h. noch nicht vermischt mit dem Pflichtbegriffe; so bestimmt sich der Antheil, welchen die Darstellung desselben in allen seinen Verzweigungen, zuvörderst neben der Moral, an der Aufklärung des sittlichen Gesetzes nimmt, dahin, daß durch sie die Sphäre abgesteckt und objectiv bezeichnet werden soll, innerhalb welcher die Person ungestört von fremder Willkühr sich soll bewegen können, während in der Darstellung des Pflichtbegriffs gezeigt werden muß, wie oder auf welche Weise der Mensch diese Sphäre bewahren, vertheidigen, sich darin bewe-

bewegen und sie benutzen soll zur Realisirung seines menschlichen Zwecks.

§. 12.

In jedem Begriffe besitzen wir aber blos eine Erkenntnißform, welche zu ihrer Anwendung auf das Besondere noch den Fall erwartet, wofür sie gebildet ist, und deshalb auch eine besondere Beurtheilung der Umstände fordert, damit sie richtig angewendet werde. Dies gilt nun auch von den reinen Rechtsbegriffen, und bei ihnen noch ganz besonders, da sie die Person blos in einem besondern Verhältnisse denken lassen, neben welchem stets das zweite zu berücksichtigen ist. Macht also die Rechtslehre klar, was dem Menschen in den mannichfaltigen Beziehungen des Lebens mit Ausschließung der Willkühr der Uebrigen zusteht; so werden zwar ihre Begriffe, so fern sie nur sonst richtig bestimmt worden sind, für ihren Kreis vollkommen reale Wahrheit haben: aber sie selbst muß doch darauf dringen, daß, so bald ihre Begriffe angewendet werden sollen zu einem Verfahren gegen Andere, vorerst beurtheilt werde, ob das in ihnen gedachte Verhältniß wirklich statt finde, d. h. ob die von den Andern etwa erlittene Beschränkung aus ihrer Willkühr stamme. Da nun das sittliche Gesetz, so fern es das Rechtsverhältniß bestimmt und den Rechtsbegriff begründet, überhaupt nur beabsichtigt, daß es der Person von der fremden Willkühr möglich gelassen werde, ihre innere Freiheit zu bethätigen; so trifft die Rechtslehre, welche als objective Darstellung des reinen Rechtsbegriffs der Pflichtenlehre coordinirt ist, in der Anwendung ihrer Sätze mit der Moral zusammen; denn in eben dem Falle, wo die wohlverstandenen Rechtssätze ihre Anwendung finden, muß es auch die Moral billigen, ja als sittlich nothwendig aufstellen, nicht passiv zu bleiben, d. h. sich nicht zum Gegenstande fremder Willkühr machen zu lassen. In dieser sittlichen Nothwendigkeit liegt dann auch die wahre Befähigung oder Befugniß zum Zwange, welche also erst mit der Anwendung des Rechtsbegriffes eintritt, und eben so wie diese, oder wie die wirkliche Berechtigung, von sittlichen Rücksichten abhängig ist. Der Rechtsbegriff in seiner Reinheit gefaßt wird daher auch zu unterscheiden seyn von der Befugniß, als worin derselbe schon in seiner Verbindung mit dem Pflichtbegriffe, nämlich mit der Pflicht gegen sich selbst zusammengefallen und unter die Grundsätze der Moral getreten ist, was in unserer Wissenschaft selbst noch besonders klar gemacht werden wird.

§. 13.

Wenn wir uns demnach zu der Ansicht derjenigen bekennen, welche in der philosophischen Rechtslehre die Rechte zum eigentlichen Gegenstande nehmen, und dagegen der Moral die Darstellung der Pflichten überlassen; so ist uns gar nicht unbekannt, daß in der Wirklichkeit kein Recht ohne gegenüberstehende Pflicht existirt, und eben so, daß die Rechtsbestimmungen in einer äußern Gesetzgebung ihren Zweck ohne beigefügte Verpflichtnng nicht erreichen würde; aber wir finden uns zu dieser Trennung in der Wissenschaft bestimmt, weil nicht die practischen Rücksichten der letztern, sondern die Forderung der Wissenschaft: verschiedenartige Begriffe und Verhältnisse nicht sogleich von vorn herein unter einander gemischt abzuhandeln, der rein wissenschaftlichen Aufklärung das Gesetz vorschreiben kann (welche Forderung auch die theoretische Philosophie in der Absonderung der Logik von der Metaphysik anerkennt), ferner weil wir darin den natürlichen Weg finden, dem Rechtsbegriffe seine Deutlichkeit zu geben, ohne die Principien für die Praxis zu vervielfältigen; denn da, wo der reine Rechtsbegriff practisch wird, findet sich der Mensch durch ihn selbst an die Moral gewiesen, welche somit als die einzige Basis des Handelns erscheint, aber in der wissenschaftlichen Bestimmung des Rechtsverhältnisses eine nothwendige Vorarbeit findet, und endlich weil auf eben diesem Wege das Verhältniß der philosophischen Rechtslehre zu den positiven Rechtsbestimmungen und die rationale Bedeutung der letztern bei einigen Andeutungen von selbst sich ergeben wird.

§. 14.

Im Allgemeinen stimmen wir also mit denjenigen überein, welche dem Rechtsbegriffe eine eigenthümliche Sphäre anweisen, und für ihn eine besondere Betrachtung fordern, nur daß wir diese Sphäre nicht immer in ihrer ursprünglichen Reinheit festgehalten, auch nicht eng genug bestimmt finden; denn nicht da findet der Rechtsbegriff allemal die Stelle seiner Giltigkeit, wo die äußere Thätigkeit störend für die persönliche Freiheit wird, sondern nur da, wo diese Störung oder Beschränkung aus sinnlicher Willkühr stammt, was schon von vorn herein den Rechtsbegriff bei seiner Anwendung im Zusammenhange mit den Grundsätzen der Moral erscheinen und ihn für seine Anwendung noch den Grundsätzen der Moral als unterworfen anerkennen läßt. Dabei sind wir denn auch zugleich der Meinung derjenigen, welche dem Rechtsbegriffe nur in seiner Verbindung mit den sittlichen Grundsätzen wirkliche practische Giltigkeit zugestehen wollen; finden es aber deshalb nicht nöthig, noch der Wissenschaft angemessen, ihn überhaupt nur in seiner Vermischung mit den Pflichtbegriffen klar zu machen. Vorerst werde er an und für sich klar nach seinem ganzen Umfange, dann werden sich die Grundsätze für seine Anwendung geben lassen.

§. 15.

Was aber der zunächst blos einen theoretischen Zweck verfolgenden Wissenschaft thunlich, wohl auch nothwendig ist, nämlich: die verschiedenartigen Begriffe vor Allem in ihrer Reinheit und Eigenthümlichkeit zu betrachten, dies ist nicht immer thunlich, so bald man dieselben ins Leben einführt, und nach ihnen die Angelegenheiten des Lebens zu reguliren und zu sichern unternimmt. Ein Fall, der namentlich auch für den Rechtsbegriff eintritt, so bald derselbe in den Gesetzen des Staates erscheinen soll. Durch die Staatsverbindung soll die sittliche Existenz aller Theilnehmer derselben gesichert und die Realisirung des höchsten menschlichen Zwecks befördert werden, zu welchem Ende aus dem allgemeinen Willen eine höchste Macht gebildet wird. Das Erste, was aber die Realisirung des höchsten menschlichen Zwecks fordert, besteht darin, daß es jedem Einzelnen von außen her möglich bleibe, seine sittliche Freiheit zu entwickeln und seinem eignen innern Gesetze zu folgen. Die Sicherung dieser Möglichkeit ist daher auch die nächste Aufgabe der allgemeinen Macht. Da nun die Respectirung der Erfordernisse der persönlichen Existenz bei der moralischen Schwäche der Menschen dem guten Willen der verbundenen Glieder nicht überlassen bleiben kann; so richtet sich die Gesammtmacht mit ihrer öffentlichen Auctorität an den Willen derselben, und stellt die Grundsätze dafür dar als Gesetze für den Willen. Die öffentliche Gesetzgebung tritt also für das Recht und in der Darstellung der Begriffe desselben auf die Seite der Moral, und um der übermächtigen Sinnlichkeit zugleich das nöthige Gegengewicht zu stellen, belegt sie die Uebertretung mit einem Uebel, so daß dadurch das Recht noch eine besondere Sanction und seine Respectirung noch ein besonderes Motiv erhält. Der Rechtsbegriff erscheint aber auch damit allemal unter dem Charakter des Prohibitivgesetzes, oder als Verbot.

§. 16.

Aber nicht blos als Verbot tritt der Rechtsbegriff an der Hand der öffentlichen Gesetzgebung auf, sondern auch unter dem Charakter eines Permissivgesetzes, oder als Princip des Dürfens. Denn da durch den Staatsverein vor Allem die Möglichkeit sittlicher Existenz gesichert werden soll; so muß auch die höchste Gewalt dem Einzelnen denjenigen Gebrauch seiner Kräfte zugestehn, welcher, ohne der Persönlichkeit Anderer zu nahe zu treten, zur Bethätigung seines sittlichen Charakters erforderlich ist, und daher autorisirt sie nicht allein denselben zur Abwehr fremder Beeinträchtigung, sondern greift auch selbst dazu mit ein. Soll aber dieses durch das öffentliche Gesetz begründete und bestimmte Dürfen in seiner wahren Bedeutung aufgefaßt werden; so kann dies nur durch scharfe Hervorhebung des ursprünglichen Sinnes des Rechtsbegriffs selbst bewerkstelligt werden. Nur für das Verhältniß der Person zur fremden Sinnlichkeit gilt der Rechtsbegriff, und so ist vernünftiger Weise auch das befähigende öffentliche Gesetz eigentlich nur für dieses Verhältniß des sittlichen Wesens bestimmt, und nur derjenige wird in ihrem Sinne, folglich wahrhaft legal handeln, welcher, in vorkommenden Fällen von dem Gesetze und der öffentlichen Gewalt gegen den Andern Gebrauch machend, vorerst bedenkt, ob wirklich jenes Verhältniß statt findet, damit der Zwang den eigentlichen Gegner des Rechts treffe. Und hiermit erhalten wir die erste Andeutung von der Uebereinstimmung des öffentlichen Rechtsgesetzes, so fern es als eine besondere Quelle der Befugniß auftritt, mit der Moral.

§. 17.

So sehr aber auch diese Rücksichtnahme in dem Interesse des öffentlichen Gesetzes liegt; so muß doch die öffentliche Auctorität bei ihren Entscheidungen dieselbe von den Parteien mehr voraussetzen, als daß sie schlechthin davon ausgehen oder dieselbe erzwingen könnte; denn nicht nur daß häufig dabei ganz individuelle und nur subjectiv beurtheilbare Umstände ins Spiel kommen, so kann auch die äußere Gesetzgebung, soll sie nicht ihren eigenen Zweck zerstören, und die sittliche Existenz selbst unmöglich machen, nie die ganze Thätigkeit des Menschen in Anspruch nehmen, sondern ihr Zwang muß sich beschränken auf diejenigen Handlungen, wobei der Eine den egoistischen Zwecken des Andern untergeordnet werden soll; sie kann also auch keinesweges alle die höhern Rücksichten durchsetzen, welche die richtige Beurtheilung der Rechtssätze, um zu Zwangsmitteln gegen den Andern zu greifen, fordert. Und hierdurch geschieht es erst, daß neben der, die ganze Sphäre des menschlichen Handelns umfassenden, Moral noch eine andere Norm für das Erzwingbare auftritt, und daß eine doppelte Befugniß oder Autorisirung zum Zwange, eine rechtliche und eine sittliche, zur Unterscheidung sich darbietet, welche von einander abweichen. Aber so verschieden auch beide Normen des Handelns hinsichtlich ihrer Quelle und ihres Umfangs sind; so steht doch, bei der rationalen Kenntniß und Beurtheilung der eigentlichen Bedeutung der Rechtsgrundsätze, die positive Rechtsgesetzgebung, als Basis des Erzwingbaren, nicht im Gegensatz von der allgemeinen Sittenlehre, indem erstere das sittliche Wesen nur im Verhältnisse zur fremden Sinnlichkeit faßt, und nur dafür ihre Gesetze und Auctorität dem Einzelnen zu Gute kommen lassen will, wo auch die Sittenlehre selbst den Rechtsbegriff anwendbar findet und dem Beeinträchtigten Autorisirung oder Befugniß zum Zwange ertheilt, nur daß erstere oft nicht verhindern kann, daß bei der Mangelhaftigkeit der sittlichen Cultur die Benutzung ihrer Bestimmungen in eine buchstäbliche Legalität sich verwandelt, welche dem sittlichen Geiste und Zwecke des Rechtsgesetzes überhaupt entgegen ist, und daß sie als Basis für eine Zwangsanstalt nicht auch die höheren Rücksichten für die Beurtheilung des Rechtsverhältnisses vorschreiben, sondern nur auf dem Wege der Belehrung und Ermahnung dafür wirken kann. Das öffentliche Gesetz, als Permissivgesetz gefaßt, will also blos die sittlich nothwendige Selbstvertheidigung und Selbsterhaltung für den Einzelnen unterstützen und sichern, überhebt aber denselben weder der pflichtmäßigen Beurtheilung der Umstände, was jede bessere empirische Staatseinrichtung durch die, der Anwendung des Gesetzes vorausgehenden, Versuche zur gütlichen Beilegung des Rechtsstreits beweist, noch auch der anderweiten Pflichten, was das öffentliche Lehren und Hinweisen auf die Moral bestätigt, welches beides dazu dient, daß von dem positiven Gesetz der wahre sittliche Gebrauch gemacht werde.

§. 18.

Wenn man aber auch anerkennt, daß das öffentliche Rechtsgesetz, in so fern es den Zwang autorisirt, durch obige Deutung mit den allgemein sittlichen Grundsätzen in völliger Uebereinstimmung stehen kann, indem dabei die öffentliche Macht, recht verstanden, nur Gehülfin für die sittlich nothwendige Selbstvertheidigung seyn will und soll; so scheint doch wenigstens in dem Umstande, daß durch das Rechtsgesetz außer der Enthaltung von einer Beeinträchtigung Anderer über den Gebrauch der persönlichen Vermögen nichts bestimmt wird, hingegen die Freiheit des Gebrauchs, auch wenn er unsittlich ist, gegen Jeden, der, ohne verletzt zu seyn, sich zum Richter darüber aufwerfen will, der Person garantirt wird, eine solche Verschiedenheit zwischen dem Rechtsgesetze und den allgemein sittlichen Gesetzen zu liegen, daß man nicht wohl umhin kann, von doppelten Principien des Handelns und der Erlaubniß zu reden. Allein dies scheint nur so. Unter dem Erlaubten denken wir uns nämlich diejenigen Handlungen, welche einem practischen Gesetze nicht entgegen sind. Will aber Jemand beurtheilen, was ihm erlaubt sey, so kann er dabei nur das Gesetz zur Basis nehmen, welches Vorschriften für ihn enthält. Nun aber ist das Rechtsgesetz [nur in so fern Gesetz, als es Vorschriften gegen Verletzungen Anderer und eine Norm zur Abwehr derselben giebt; über den Gebrauch der innern Freiheit dagegen bestimmt es gar nichts, folglich kann es auch nicht als ein Princip dafür angesehn werden. Das positive Gesetz kann nicht erlauben, Zeit und Kräfte sittlich schlecht anzuwenden, denn es kann dies nicht verbieten;] es hat hierüber gar keine Stimme, und ist nicht die Auctorität, bei welcher der Thäter Bescheid über die Erlaubniß dazu einzuholen und zu erwarten hat. So weit das Rechtsgesetz, seinem Charakter nach, ein Princip für das menschliche Handeln seyn kann und will, nämlich zur Erfüllung der Forderungen der Gerechtigkeit gegen Andere und gegen sich selbst, d. h. zur Enthaltung von Verletzung fremder Persönlichkeit und zur Vertheidigung gegen willkührliche Verletzungen von Andern, fällt es mit den moralischen Grundsätzen, unter der Voraussetzung beiderseitiger Richtigkeit und Vernünftigkeit, zusammen; denn auch die Moral will die persönliche Freiheit von fremder Willkühr unangetastet wissen; für den Gebrauch dieser Freiheit innerhalb ihrer Sphäre will aber das öffentliche Gesetz gar nicht als Behörde angesehen seyn, sondern anstatt das Unsittliche zu erlauben, verweist es an die Moral, was jeder bessere Staat dadurch zeigt, daß er selbst für moralische Belehrungen Sorge trägt, nur daß er die Forderungen derselben nicht selbst durchsetzen kann.

§. 19.

Eine andere bemerkenswerthe Verschiedenheit zwischen der philosophischen Betrachtung des Rechtsbegriffs und den positiven Rechtsbestimmungen finden wir noch in der Quelle, woraus die eine und andere ihre Sätze schöpfen. Das Recht gründet sich mit dem sittlichen Gesetze überhaupt auf den allgemeinen Charakter der menschlichen Natur. So wie nun die Philosophie überall ausgeht auf die Hervorhebung des allgemein und rein Menschlichen, so auch bei der Betrachtung des Rechtsverhältnisses, und die philosophische Rechtslehre hat also darzustellen, wie sich das Rechtsverhältniß gestaltet in den verschiedenen Beziehungen des Privat- und öffentlichen Lebens, in sofern dabei von den Begriffen der rein menschlichen Natur ausgegangen wird, und kann deshalb auch die allgemeine genannt werden. So bald es aber darauf ankommt, das Recht in einer Gesellschaft geltend zu machen, zeigt sich das allgemein Menschliche vermischt mit Besondern, rein Empirischen; denn jede Gesellschaft hat ihren eigenthümlichen Grad der Cultur, ihren besondern Geist, so wie sie auch in besondern Territorial-Verhältnissen existirt, und alles dieses muß bei der Organisation des Staats, sowohl im Ganzen als im Einzelnen, nothwendig in Betrachtung gezogen werden, wenn die Institutionen dem Leben des Volks angemessen seyn sollen. Und indem diese Rücksichten das positive Gesetz nimmt, erfüllt sie die Forderungen der Moral für die Anwendung des Rechtsbegriffs, so weit nämlich dieselben das Leben des Ganzen treffen. Jede besondere positive Gesetzgebung muß also aus einem doppelten Elemente erwachsen; aus Begriffen von dem allgemeinen Charakter der menschlichen Natur, welche den unveränderlichen höchsten Zweck der Staatsverbindung und die beharrlichen Grundbedingungen seiner Realisirung darstellen, und die reine Idee des Rechts liefern, und aus der Kenntniß der empirischen Eigenschaften und Verhältnisse der Gesellschaft, aus welchen heraus jener Zweck realisirt werden soll; und je richtiger beides aufgefaßt, je inniger es nach den Gesetzen des Verstandes oder nach dem Verhältnisse des Mittels zum Zwecke mit einander verbunden und aufgestellt ist zu einer Gesetzmäßigkeit des Ganzen, um so mehr erhält das Gesetz selbst für das Zufällige Nothwendigkeit und Vernunftmäßigkeit.

§. 20.

Daß nun bei dieser Zuziehung des Empirischen zu der Lebensordnung des Staats auch die Freiheitssphäre des einzelnen Gliedes eine andere Bestimmung erhalten werde, als sie da hat, wo nur das allgemein Menschliche in Betrachtung kommt, begreift sich leicht, und da diese Bestimmung nur von der, den Zweck und die empirischen Verhältnisse des Ganzen umfassenden, höchsten Auctorität gegeben werden kann; so hat die Behauptung, daß erst das öffentliche Gesetz und die höchste Gewalt dem Bürger die Rechte gebe, auch abgesehn von der durch den Staat bewirkten größern Sicherheit des Rechts, allerdings einen richtigen Sinn. Nur darf man diesen Ausdruck nicht etwa auf das Recht überhaupt ausdehnen; denn ohne ursprüngliches, der Staatsverbindung vorausgehendes oder zum Grunde liegendes Recht hätte der Staat selbst keine Würde, so wie es auch kein Recht für die öffentliche Gesetzgebung selbst gäbe. Das Recht ist mit der Persönlichkeit und sittlichen Natur des Menschen selbst gesetzt, und was zur Möglichkeit sittlicher Existenz erfordert wird, darauf hat der Mensch nach Aussage des natürlichen Gesetzes im Gewissen Anspruch, und eben dieses läßt sich auch nach den verschiedenen Seiten des menschlichen Lebens auffassen und darstellen in bestimmten Begriffen, wozu die Idee des Staats gar nicht nothwendig ist; denn zwischen Recht und Rechtssicherheit und objectiver Bestimmung des Rechts findet nicht das Verhältniß statt, daß ersteres erst mit dem letzteren entstehe. Aber in diesen Begriffen ist nur erst das eine Element von der Norm zu einer Staatseinrichtung gegeben, das zweite wird von den empirischen Verhältnissen dargeboten, und indem sich darnach erst wird bestimmen lassen, in wie fern und in wie weit das den Personen an und für sich Zustehende von ihnen ausgeübt werden kann, wenn das Ganze seinem Zwecke entsprechen soll; so findet allerdings der Bürger dieses erst durch das öffentliche Gesetz bestimmt. Für die Anwendung und Ausübung des reinen Rechtsbegriffs besitzen wir den besondern Begriff der Befugniß, und so kann man sagen: die philosophische Rechtslehre entwickelt die in der allgemeinen menschlichen Natur gegründeten Bedingungen persönlicher Existenz, und die darauf sich beziehenden gegenseitigen Ansprüche der Personen; die positive Gesetzgebung aber bestimmt die Befugnisse des Bürgers, und da nur in letzteren der Bürger findet, in wie fern das Recht überhaupt in Angemessenheit zu dem Zweck und empirischen Umständen des Ganzen für ihn Giltigkeit hat; so fällt auch in und unter der positiven Gesetzgebung Recht und Befugniß zusammen, und dem positiven Juristen ist allerdings Recht und Befugniß eins und dasselbe. In Beziehung auf das Rechtsverhältniß überhaupt aber ist der Begriff der Befugniß von den Begriffen, worin jenes Verhältniß objectiv und rein bestimmt wird, verschieden; denn in der Befugniß erscheint der Rechtsbegriff schon in Verbindung mit dem Pflichtbegriffe, die Befugniß bezieht sich auf die Geltung jener reinen Rechtsbegriffe in den besondern empirischen Verhältnissen, und drückt die Befähigung und Autorisirung zur Geltendmachung derselben aus, wofür der Mensch im bloßen Naturstande unter den Grundsätzen der Moral, im bürgerlichen Leben aber noch besonders unter den Bestimmungen des öffentlichen Gesetzes steht.

§. 21.

Wenn also auch die positive Gesetzgebung im Einzelnen von der philosophischen, d. h. blos das allgemein und rein Menschliche im Auge habenden Darstellung des Rechtsverhältnisses im Privatleben wie im öffentlichen abweicht; so widerspricht sie deshalb derselben nicht, sondern modificirt nur dieselbe nach den empirischen Verhältnissen und Bedürfnissen des Vereins, und macht, so bald sie nur übrigens das Empirische mit dem vernünftigen Charakter und Bedürfnissen der menschlichen Natur in das wahrhaft verstandesmäßige Verhältniß gesetzt hat, für die Gesellschaft die einzig vernünftige Gesetzgebung aus. Ferner, wenn die positive Gesetzgebung eine von der Moral unterschiedene Basis für das menschliche Handeln darbietet, und etwas zu erlauben scheint, was die Moral nicht erlaubt; so macht sie deshalb noch keine der allgemein sittlichen Gesetzgebung widersprechende Gesetzgebung aus; denn ihre Autorisirung und Befähigung bezieht sich blos auf die Sicherung des Freiheitsgebiets des Einen gegen die sinnliche Willkühr der Uebrigen, welche auch Forderung der Moral ist, überhebt aber so wenig den Menschen der anderweiten sittlichen Rücksichten, daß sie vielmehr, so bald sie die moralischen Belehrungen mit in ihre Institutionen aufnimmt, selbst an die Moral hinweist, die Befolgung derselben als ihren Willen erklärt, nur daß sie, zur nothwendigen Schonung der sittlichen Freiheit, nicht eben so dafür eingreifen kann, wie zur Abwehr der erkennbaren Beeinträchtigung.

§. 22.

So findet die Reflexion den Menschen in gar mannichfaltigen Beziehungen und Verhältnissen unter dem sittlichen Gesetze, und erhält bei dem Streben nach allseitiger Erkenntniß desselben Stoff zu mehreren besondern Betrachtungen, woraus sich von selbst auch besondere Wissenschaften bilden, die als besondere Betrachtungsweisen einer und derselben Sache innig in einander eingreifen und auf einander hinweisen, wenn das sittliche Gesetz mit völliger Klarheit und Sicherheit sich einbilden soll in die Institutionen und Gebräuche des practischen Lebens. Aus diesem Gesichtspuncte haben wir auch die besondere Betrachtung des reinen Rechtsverhältnisses in seiner Eigenthümlichkeit anzusehn und die darauf sich beziehende philosophische Rechtslehre; und dieselbe wird in der successiven Entwickelung der practischen Vernunftbegriffe ihre nothwendige Stelle behaupten, auch wenn sie nicht, wie die Moral und öffentliche Gesetzgebung, eine Norm für das Handeln dem Menschen aufstellt (die ohnehin nur eine problematische Giltigkeit fürs wirkliche Leben haben würde); denn als Aufklärung eines sittlichen Grundverhältnisses, worauf sowohl die Moral, als auch die positive Gesetzgebung in ihrer Verpflichtung und Autorisirung sich bezieht, wird sie für jene, wie für diese eine nothwendige Vorarbeit. Dabei möchten wir noch aufmerksam machen auf die Conformität des Verhältnisses unter den Theilen der Theorie des practischen und des theoretischen Vermögens. Die philosophische Rechtslehre wird, nach unserer Ansicht, eben das für die Moral und vernunftmäßigen Einrichtungen des Lebens seyn, was die Logik, nach ihrer gewöhnlichen Bedeutung, für die metaphysischen und für die übrigen Erkenntnisse ist, nämlich Propädeutik.

Anmerk. Bei dieser Ansicht von der philosophischen Rechtslehre wird nicht gefordert, durchaus keine Rücksicht auf den Pflichtbegriff zu nehmen; vielmehr kann es oft zur Klarheit über die einzelnen Rechtsbegriffe dienlich seyn, die Sache auch von der andern Seite, welche die Pflicht darbietet, zu betrachten. Doch geschieht letzteres überall nur zu größerer Verdeutlichung des Rechtsbegriffs. Dies und nicht mehr geschieht auch gewöhnlich in den Schriften, wo in der Rechtslehre zugleich eine Pflichtenlehre gegeben werden soll; denn schon der Index zeigt, daß es nur um Aufklärung des Rechtsbegriffs sich handelt, und bei den meisten Lehrbüchern dieser Art würde man auch in der Ausführung selbst keine Pflichtenlehre finden, wenn nicht in der voraufgehenden Charakteristik dieser Wissenschaft dieselbe angekündigt würde.

§. 23.

Da jede Staatsverbindung einen doppelten Boden hat, nämlich die sittliche Natur ihrer Theilnehmer, welche den Zweck darbietet, und die empirischen Verhältnisse, wo ein großer Theil der Mittel zum Zwecke liegt, und daher, soll sie ihrem Zwecke genügen, beides bei ihren Institutionen berücksichtigen muß; so wird nicht allein einerseits eine gründliche Kenntniß der menschlichen Natur nach ihren Anlagen und Bedürfnissen, welche die philosophischen Wissenschaften zu geben suchen, andererseits eine genaue Bekanntschaft mit den empirischen Gegenständen und Verhältnissen vorausgesetzt, womit ebenfalls mehrere Wissenschaften sich beschäftigen, sondern es wird auch zur klaren Kenntniß der Art und Weise, wie beides zu einem lebensvollen, zweckmäßigen Ganzen zu vereinigen ist, eine besondere Betrachtung erfordert, woraus ebenfalls eine besondere Wissenschaft sich bildet, nämlich die Staatswissenschaft, oder Politik.

Die Politik ist also eine gemischte Wissenschaft; sie hat zu ihren Principien einerseits den höchsten Zweck des Staats und die in der allgemeinen menschlichen Natur gesetzten Bedingungen seiner Realisirung, und andererseits die Ergebnisse derjenigen Wissenschaften, welche sich mit einer genauen Kenntniß der in dem Gebiete der Erfahrung niedergelegten Mittel zum Staatszwecke beschäftigen, und wegen der Nothwendigkeit und Unveränderlichkeit des Zwecks, zu welchem sie den Weg kennen lehren soll, und wel-

welcher kein anderer ist, als der allgemein menschliche, ist sie weit mehr, als eine bloße Klugheitslehre. In ihr Gebiet fällt nicht allein die Entwickelung der Grundsätze für die zweckmäßige innere Einrichtung und Wirksamkeit des Staatskörpers (innere Politik), sondern auch die Darstellung der Grundsätze für die Bestimmung und Benutzung der Verhältnisse eines Staats zu andern Staaten (äußere Politik), und sie zerfällt daher in mehrere Zweige. Da nun die Masse politischer Erkenntnisse sehr groß und mannichfaltig ist, und da die Politik sich hauptsächlich in der Vermittelung zwischen dem rein Rationalen und dem Empirischen zeigt; so wird sie eben so sehr die wissenschaftliche Aufklärung des erstern, als des letztern voraussetzen, und die Behandlung der rein philosophischen Rechtslehre als Politik möchte dem gegenwärtigen Stande der Wissenschaften nicht entsprechen.

§. 24.

Einen besondern Stoff zu philosophischen Reflexionen bietet endlich auch jeder bereits ins Leben getretene Staat dar, indem sich für die Institutionen desselben die Frage aufwerfen läßt, in wie fern und in wie weit das Volksthümliche und Empirische in Beziehung gebracht ist zu dem Vernunftzwecke des Staats und zu den in der Einrichtung der menschlichen Natur gesetzten Grundbedingungen seiner Realisirung. Wir erhalten hier eine Philosophie des positiven Rechts, welche zu ihrer Möglichkeit außer der rein philosophischen Erkenntniß der sittlichen Natur des menschlichen Geschlechts und der Kenntniß des individuellen Charakters des Volks noch eine umfassende Bekanntschaft mit der positiven Gesetzgebung voraussetzt, und so verschieden ist, als es verschiedene positive Gesetzgebungen giebt. Der hohe Nutzen, welchen eine solche Disciplin für eine mehr als gedächtnißmäßige, mechanische Kenntniß eines positiven Gesetzes hat, kann nicht geleugnet werden, und sie macht ein wesentliches Glied in dem Systeme der juristischen Wissenschaften aus. Aber sie an die Stelle der rein philosophischen Rechtslehre setzen zu wollen, zeugt von einer Unkunde hinsichtlich der eigentlichen Bestimmung der Philosophie in der Reihe geistiger Bestrebungen. Will man nicht zu der, die Nothwendigkeit jedes positiven Rechts und die Möglichkeit einer Philosophie desselben aufhebenden Behauptung greifen, daß es außer dem positiven überall kein Rechtsverhältniß gäbe, sondern gesteht man zu, daß das Recht überhaupt auf die sittliche Natur des Menschen gegründet sey, und daß diese in ihren Grundformen eine Allgemeinheit bei sich führe, der das Individuelle und Volksthümliche nachgebildet werden soll; so wird man auch zugestehn müssen, daß das darin Angelegte klar seyn muß, ehe man das Positive in seiner Beziehung auf dasselbe fassen und verstehen kann. Selbst da, wo man die Philosophie des positiven Rechts, gegen den Sprachgebrauch, in der Bedeutung faßt, daß sie eine Vernunfterkenntniß über das geben soll, was Rechtens seyn kann, wird man immer auch eine unveränderliche Norm für die Rechtsbestimmungen anerkennen müssen, wenn man sich nicht in Reflexionen über bloße Möglichkeiten herumtreiben will, welche das Unmögliche ganz unbestimmt lassen, und wohl die Willkühr mit ihrem Gebiete bekannt machen, nicht aber dem Urtheile über den Werth des Bestehenden oder Zuwählenden vorleuchten werden.

§. 25.

Da das sittliche Gesetz, so fern es das Rechtsverhältniß begründet, die Möglichkeit sittlicher Existenz erhalten wissen will, und zwar eben so allgemein oder für Alle, als es allgemein verpflichtet; so läßt sich die rein philosophische Wissenschaft dieses Verhältnisses zuvörderst erklären „als die systematische Darstellung der in der allgemeinen menschlichen Natur gesetzten Bedingungen sittlicher Coexistenz." Da aber nach unsern bisherigen Bemerkungen dieses Verhältniß von einem doppelten Standpuncte aus aufgefaßt werden kann, dessen Vermischung wenigstens dem Interesse der reinen Wissenschaft nicht zusagt; so fassen wir in der philosophischen Rechtslehre jene Bedingungen blos von Seiten der berechtigten Person aus, und betrachten sie also: als die systematische, aus der allgemeinen menschlichen Natur geschöpfte Darstellung der Rechte, als der in dem Sittengesetze gegründeten Ansprüche der Personen gegen einander zur Möglichkeit sittlicher Coexistenz, und überlassen es der Moral, zur Vollendung des Bildes von der reinen Vernunftgesetzgebung und von der darin gegründeten Idee des Guten, dieses Gesetz auch in seiner Giltigkeit für den Willen selbst systematisch darzustellen.

§. 26.

Was nun den Gang unserer Untersuchungen und die dafür zu machenden Abtheilungen der Wissenschaft betrifft; so wird am natürlichsten mit dem Menschen überhaupt zu beginnen seyn: denn in welcher Verbindung man auch den Menschen denken oder empirisch finden mag, es sey im Familien-, Staats- oder Völkerleben, überall kann nur in so fern vom Rechte geredet werden, als die menschliche Natur überhaupt die Bildung des Rechtsbegriffs und dessen Anwendung nothwendig macht. Den tiefsten und auch zugleich den allgemeinsten Gesichtspunct für die Entwickelung und Darstellung des Rechtsbegriffs bietet also der Mensch, als solcher, d. h. als Person, dar, und die auf ihn sich beziehenden Begriffe des Rechtsverhältnisses machen das natürliche Privatrecht aus. Man nennt auch den Umfang derselben das Naturrecht im engern Sinne, ohne jedoch im Geringsten nöthig zu haben, einen Naturstand zu fingiren, worin es seine Giltigkeit haben soll; es ist vielmehr das mit dem bloßen Begriffe der Person gesetzte Recht, und eben so real wie dieser. Das Recht ist aber, als gegründet in dem allgemeinen sittlichen Gesetze, von sittlicher Nothwendigkeit, bedarf jedoch, um die allgemeine Anerkennung zu finden, einer öffentlichen Anstalt, wodurch es allgemeingeltend gemacht wird. Eine solche Anstalt finden wir im Staate, welcher also mit dem Rechte überhaupt auf einerlei Grunde ruht, jedoch unter seinen Theilnehmern in den rein persönlichen Verhältnissen eine solche Veränderung erzeugt, besonders durch den Unterschied zwischen Regent und Unterthan, daß der Staat zu einem besondern Thema philosophisch rechtlicher Betrachtung sich darbietet. Die Rechtsgrundsätze, in so weit sie aus dem Begriffe des Staats und seiner wesentlichen Theile sich ergeben, und die reine Idee eines rechtlich organisirten Staats ausmachen, nennt man das natürliche Staatsrecht, worin das Recht als ein öffentliches sich darstellt.

Wenn wir in der Persönlichkeit und in dem Staate zwei Objecte für unsere Untersuchungen finden, die in und mit dem Rechtsgesetze selbst gegeben sind, und deren wissenschaftliche Behandlung deshalb die reinen Theile der Rechtsphilosophie genannt werden können; so sind auch in der physischen Einrichtung des menschlichen Geschlechts und in seiner räumlichen Existenz gewisse Verhältnisse gegründet, welche, zu den durch die Natur selbst herbeigeführten Rechtsverhältnissen gehörend und wichtig für die Fortpflanzung und Bildung des menschlichen Geschlechts, unserer Wissenschaft Veranlassung darbieten, das Rechtliche, so weit es in unserm Gesichtskreise liegt, auch dafür aufzusuchen und darzustellen. Wir finden hier das Familienverhältniß und das Völkerverhältniß, jenes als den ersten, durch die Natur selbst herbeigeführten Schritt zum geselligen Leben, dieses als die äußere Seite der, aus empirischen Gründen und Hindernissen nicht bis zur Umfassung des ganzen menschlichen Geschlechts gediehenen Staatsverbindung. Indem wir aber auch hier, unserm Standpuncte getreu, nur dasjenige in Betrachtung ziehen, was nach der allgemeinen Natur dieser Verhältnisse rechtlich darin ist, erhalten wir ein Familienrecht und Völkerrecht, welches beides ebenfalls den Charakter des natürlichen Rechts hat, im Gegensatze nämlich von dem positiven, aber, gefunden durch die Anwendung der reinen Rechtsbegriffe auf besondere empirische Verhältnisse, den Kreis der angewandten philosophischen Rechtslehre ausmacht.

Reine Rechtslehre.

Erster Theil.
Das natürliche Privatrecht.

Erstes Hauptstück.
Von dem Rechte überhaupt.

Erster Abschnitt.
Entwickelung des Rechtsbegriffs.

§. 27.

Man kann in der wissenschaftlichen Behandlung der Begriffe einen doppelten Weg einschlagen: einen regressiven und einen progressiven. Dort beginnt man mit der Betrachtung der Thatsachen, in welchen die Elemente zu den Begriffen gegeben sind, und verfolgt die ursprüngliche Bildung der Begriffe durch das Zurückgehn von dem Einzelnen zum Allgemeinen; hier beginnt man mit dem allgemeinsten Begriffe, und geht von da fort zu dem Besondern. Dir letztere Methode ist da am zweckmäßigsten, wo man es mit Begriffen zu thun hat, die entweder den Grund ihrer Wahrheit in sich selbst tragen, oder die schon anderwärts die Frage nach ihrer Realität beantwortet finden, so daß es nur um die systematische Anordnung und innere

Verknüpfung derselben zu thun ist. Wo aber weder das Eine noch das Andere statt findet, wird die Theorie einer Betrachtung der Elemente des Bewußtseyns, woraus der Begriff entsprungen ist, sich nicht überheben können. Dies ist der Fall bei dem Rechtsbegriffe. Zwar kann man für ihn hinweisen auf den Begriff von dem allgemeinen moralischen Gesetze, von dessen Sphäre er einen Theil ausmacht, und der Begriff dieses Gesetzes findet den Bürgen seiner Realität in den Thatsachen des Gewissens. Aber woraus besteht das Gewissen selbst? aus welchen Elementen des innern Lebens bestehen diese Thatsachen, worin der Begriff des Gesetzes erst gebildet wird? und wie verhalten sich diese wieder zu den anderweiten Factoren des menschlichen Bestrebens? Alles dies sind Fragen, die zu beantworten sind, wenn man bei der Verdeutlichung des Rechtsbegriffs zugleich die nöthige Rechenschaft von seinem Daseyn und seiner Nothwendigkeit geben will, und deren Beantwortung vorausgehn muß, ehe man zu einer systematischen Zusammenstellung seiner Theile schreiten kann. Wir widmen daher zuvörderst einige Betrachtungen jenen vorläufigen Fragen.

§. 28.

Das Allgemeine der practischen Thätigkeit unsers Geistes besteht darin, daß sie die Richtung desselben auf die Verwirklichung einer Vorstellung ist. Es wird also zur Möglichkeit des Bestrebens vorausgesetzt 1) eine Vorstellung, worin der Geist für diese seine Thätigkeit den Gegenstand findet, und die practische Anlage erscheint dadurch in der innigsten Verbindung mit der theoretischen.

Nach ihr ist der Mensch nicht practisch, ohne daß er Intelligenz ist. Will also die Theorie die practische Richtung des Geistes von Grund aus klar machen; so ist die Untersuchung darüber, wie der Mensch zu Vorstellungen gelange und zu der Ueberzeugung, daß denselben etwas Reales entspricht, allerdings nothwendig; indeß können und müssen hier diese Untersuchungen aus der Erkenntnißlehre vorausgesetzt werden, und es genügt vorerst, die Vorstellung als ein nothwendiges Element des Bestrebens aufgezeigt zu haben.

§. 29.

Die der Theorie des Practischen eigenthümlichen Untersuchungen beginnen mit der Frage: wie die Vorstellung, die an sich nur Mittel der Erkenntniß und Vergegenwärtigung eines Objects ist, practisch werde, oder was hinzukommen müsse, damit die an sich immanente Thätigkeit des Vorstellens zu einer transeunten werde. Gehen wir dabei von der innern Erfahrung aus, wo die Vorstellungen sowohl, als auch das Bestreben uns ursprünglich kund werden; so wird erstere nur unter der Bedingung practisch, als sich ein Interesse damit verknüpft. Das Interesse aber ist derjenige Zustand des Geistes, wo das Bewußtseyn von der Angemessenheit des Gegenstandes zur Befriedigung eines Bedürfnisses unseres Lebens statt findet, und es fragt sich weiter, um in die Elemente des Bestrebens einzudringen, was denn das Bedürfniß in dem menschlichen Bewußtseyn constituire. Das Bedürfniß kündigt sich an erstlich als ein Gefühl des Mangels, worein das Subject seine Lebensthätigkeit entweder durch das Object, oder ohne dasselbe versetzt sieht, und hiermit ergiebt sich als ein zweiter Bestandtheil oder als eine zweite Bedingung der Möglichkeit unsers Strebens das Gefühl. Aber das Gefühl allein macht den Gegenstand der Vorstellung noch nicht zu einem Gegenstande unsers Strebens; das, was ihn zuletzt dazu macht, und bei jedem Bedürfnisse rege ist, ist der Trieb, oder die natürliche Disposition des Geistes, nicht in Zuständen einer gehemmten, sondern einer beförderten Lebensthätigkeit zu seyn. Vorstellung, Gefühl und Trieb sind also die drei Elemente, aus welchen das menschliche Bestreben erwächst, und die genaue Betrachtung dieser drei Puncte, ihrer Gesetze, ihres gegenseitigen Verhältnisses wird die Modificationen, unter welchen das menschliche Bestreben und seine Thatsachen erscheinen, aufklären.

§. 30.

Die Kenntniß von der Entstehung und Ausbildung unserer Vorstellungen hier aus der Erkenntnißlehre voraussetzend, richten wir unsere Aufmerksamkeit zuerst auf das Gefühl, und suchen es zuvörderst nach seinem Wesen aufzufassen, und nach der Stelle, welche es in der Reihe der übrigen Functionen des Geistes einnimmt. Was uns dabei am ersten in die Augen fällt, ist der Unterschied zwischen dem Fühlen oder Gefühle und der Vorstellung von unsern Gefühlen; denn der Schmerz, die Freude, das Wohlgefallen ist ohne Schwierigkeit anzuerkennen als verschieden von den Vorstellungen des Schmerzes u. s. f. Auch kann es nicht schwer werden, anzugeben, was wir in letzteren Vorstellungen uns denken;

es sind innere Zustände, worein wir bei der Beschäftigung mit irgend einem Gegenstande versetzt waren, und das Fühlen erscheint demnach als ein Bewußtseyn von dem eignen Zustande bei einer Thätigkeit, und zwar, im Gegensatze zu den Vorstellungen von den Gefühlen, als ein ursprüngliches, unmittelbares.

§. 31.

Anlangend das Verhältniß, welches zwischen den Vorstellungen und dem Gefühle statt findet; so hat es eine doppelte Seite. Erstlich kann das Gefühl gefaßt werden in dem Verhältnisse zu denjenigen Vorstellungen, wodurch uns die Gegenstände der äußern Natur gegenwärtig werden; und hier erscheint es jederzeit nur als ein Begleiter der Vorstellung, als ein rein subjectives Element, welches aus dem Innern mit der Vorstellung des Gegenstandes sich verbindet, und, je nachdem wir für unsere Thätigkeit Begünstigung oder Hemmung erhielten, denselben uns zu einem angenehmen oder unangenehmen macht. Zweitens kann das Gefühl gefaßt werden in dem Verhältnisse zu der Vorstellung von ihm, und hier macht es selbst den Gegenstand der Vorstellung aus, und wir finden in dem Gefühle einen Punct unseres Bewußtseyns, worin sich uns unser Leben und dessen Zustände früher und tiefer ankündigen, als in dem Begriffe; indem alle Begriffe von uns erst ein abgeleitetes Selbstbewußtseyn ausmachen, dem das Gefühl als das ursprüngliche zum Grunde liegt, und Realität ertheilt.

§. 32.

Diese Bemerkungen betreffen nun zwar zunächst nur die geistigen Gefühle; indeß können sie von dem Standpuncte der gesammten menschlichen Individualität aus auch auf die körperlichen ausgedehnt werden. Denn wenn auch in den körperlichen Gefühlen der Geist es nicht blos mit seinen eignen Zuständen zu thun hat; so sind dieselben doch ebenfalls nichts anders, als ein unmittelbares Innewerden der Zustände der unsere Individualität constituirenden Kräfte, und erscheinen als angenehme, oder als unangenehme, je nachdem unsere Lebensthätigkeit Begünstigung oder Störung und Hemmung erhalten hat. Die Mannichfaltigkeit der Seiten der menschlichen Natur in geistiger, wie in körperlicher Hinsicht, und die mögliche Verschiedenheit subjectiver Zustände begründet aber in dem Individuo auch eine Verschiedenheit der Gefühle, die ins Unendliche geht, so wie die Verschiedenheit der Energie und Empfänglichkeit der einzelnen Subjecte zur Folge haben wird, daß auch ihre Gefühle selbst an einer und derselben Sache von einander abweichen. Indeß hat doch das Fühlen bei aller Zufälligkeit im Einzelnen einen apriorischen Grund, und steht auch überall unter einerlei Bedingungen des Eintritts in das Bewußtseyn.

§. 33.

Was nun den Einfluß betrifft, welchen das Gefühl auf unsere practische Richtung ausübt; so erfolgt derselbe dadurch, daß das Gefühl, als der ursprünglichste Verkündiger der beförderten oder gehemmten Lebensthätigkeit, den Trieb rege macht, und ihm sein erstes Object giebt. Der

Trieb nämlich ist die natürliche Disposition der geistigen Kraft, in den Zuständen erhöhter und begünstigter Thätigkeit zu seyn, und die Zustände der gehinderten und unterdrückten Lebensthätigkeit los zu werden, oder mit andern Worten, in angenehmen Zuständen zu seyn und in unangenehmen nicht zu seyn, und so bald der Trieb in einem erwachten Gefühle seinen Gegenstand gefunden hat, entsteht das Bedürfniß. Im Grunde giebt es aber nur einen Trieb, welcher der Anlage nach allen Menschen eigen ist, aber bei der Mannichfaltigkeit der Vorstellungen und Gefühle wird derselbe in mannichfaltigen Richtungen wirksam, und erscheint mit fortschreitender Entwickelung in der Mehrzahl. Da seine Wirksamkeit in jeder Beziehung bedingt ist durch das Gefühl, so ist sie auch im Einzelnen zufällig; indeß gehört auch der Trieb zu der apriorischen Einrichtung der menschlichen Natur, und im Ganzen unterliegt seine Wirksamkeit überall gleichen Bedingungen.

§. 34.

Der Trieb ist nun zunächst zwar nur auf den eignen Zustand gerichtet, bald aber wird er auch hingezogen auf den Gegenstand, dessen Wirkung der eigne Zustand war, und zwar nicht allein bei dem unmittelbaren Zusammentreffen mit demselben, sondern auch durch die bloße Vorstellung von ihm. Der Gegenstand wird gefaßt unter der Vorstellung eines Mittels, und so entsteht das Interesse an demselben. Daß an dieser Verknüpfung des Gegenstandes mit unsern Bedürfnissen nur die theoretische Function Antheil habe, ist klar, und so zeigt sich die Mitwirkung des Vorstellungsvermögens zum Bestreben nicht allein für die Erweckung des Gefühls von Wichtigkeit, sondern auch zur Befriedigung des Triebes; ja blos von dieser Seite des geistigen Wirkens kommt es, daß je länger je mehr die Elemente des Bestrebens eine von der ursprünglichen ganz verschiedene Form erhalten. So wie nämlich durch den theoretischen Akt der Vergleichung (Verstand) die Gegenstände der äußern Natur nach und nach erkannt werden nach dem Verhältnisse der Uebereinstimmung, und in Arten und Geschlechter für das Bewußtseyn zusammentreten, bis sie zuletzt als Theile eines ganzen Systems gefaßt werden; so erfolgt eben dies an den Erscheinungen der innern Natur. Die einzelnen Gefühle werden aufgefaßt in Vorstellungen nach Grund und Wirkung, nach ihrer Intension und Dauer, die Gegenstände werden damit in Verbindnng gesetzt, und erkannt nach ihrer größern oder mindern Tauglichkeit zur innern Befriedigung, kurz es tritt eine Werthschätzung ein, wobei sich Regeln für das Handeln bilden, die je länger je mehr unserm Bestreben eben so zu einer fertigen Norm dienen, wie die Naturbegriffe zur Beurtheilung der einzelnen Naturerscheinung.

§. 35.

Da diese Regeln der Materie nach in Elementen des Bewußtseyns gegründet sind, die bei aller Zufälligkeit im Einzelnen doch im Ganzen auf einer Gesetzmäßigkeit des geistigen Wirkens beruhn, und nicht weniger auch der Form nach, weshalb sie für die Ueberzeugung des Menschen in seinem practischen Urtheile eine Nothwendigkeit bei sich führen; so erscheinen sie auch bald dem Menschen unter dem Charakter der practischen Gesetze. Und dieß sind sie auch;

denn in ihnen, so bald der Irrthum in ihrer Bildung nicht Raum erhalten hat, spiegeln sich dem denkenden Geiste die Gesetze der äußern und innern Natur zur Realisirung des Zwecks des menschlichen Daseyns, nur kommt es darauf an, diesen Zweck klar aufzufassen und den einzelnen Regeln in Beziehung auf denselben ihre gehörige Stelle anzuweisen.

§. 36.

Alle practischen Regeln lassen sich zunächst auf zwei Hauptarten zurückführen: 1) finden wir solche, welche das eigne Wohl des Subjects zu ihrem gemeinschaftlichen Gesichtspuncte haben, und den Eudämonismus ausmachen; 2) solche, wornach nur das uneigennützige Handeln Billigung findet, und wir etwas um sein selbst willen, oder weil es dem menschlichen Daseyn überhaupt angemessen ist, thun zu müssen anerkennen. Die Regeln der erstern Art haben ihren gemeinschaftlichen Ursprung in dem Gefühle des Angenehmen, und erhalten ihre Wichtigkeit durch den darauf gerichteten Trieb. Aber nicht sie, sondern die Grundsätze der andern Art sind diejenigen, welche dem menschlichen Handeln einen objectiven Werth geben, und deshalb die moralischen oder sittlichen genannt werden. Wie finden sie sich nun neben den erstern ein?

---

§. 37.

Betrachten wir zuvörderst die Art und Weise, so wie die Bedingungen, unter welchen erfahrungsmäßig das moralische Gesetz in dem menschlichen Bewußtseyn sich geltend macht; so zeigt die Culturgeschichte der Menschheit auf jedem Blatte, daß der Mensch erst da anfängt, seinem Ich nicht alles aufzuopfern, sondern auch den Menschen um sein selbst willen zu schonen, wenn er ihn schätzen gelernt hat, und daß hingegen da, wo eigne oder allgemeine Rohheit, wo eine niedrige Lebensansicht die Menschen oder eine Classe derselben für ihn noch auf gleicher Stufe mit der Thierheit stehen läßt, auch die Behandlungsart derselben noch auf gleicher Stufe steht, ohne daß sich Spuren des strafenden Gewissens zeigten. Auch an uns selbst können wir wahrnehmen, daß wir um so weniger dem Menschen zu nahe treten werden, daß wir um so mehr bereit sind, ihm zu dienen, je mehr er von uns geschätzt wird. Ja wir finden Fälle, wo z. B. jugendliche Ausgelassenheit mit einemmale gedämpft wird, so bald sie mit einem geachteten Individuo zusammentrifft. Eben so bekannt ist die Wirkung des Gefühls der Selbstachtung und Schaam, so wie der Kunstgriff der Verführer zur Einschläferung des Gewissens, welche jederzeit gelingt, so bald dem Gegenstande in dem Urtheile des Andern seine Bedeutsamkeit genommen werden kann. Alle diese Thatsachen führen dann zu der Ansicht, daß auch das sittliche Handeln einerseits bedingt sey in den Functionen des Erkennens, andererseits seine Grundlage habe im Gefühle. Es setzt theils die Anerkennung eines objectiven Werthes des menschlichen Daseyns voraus, theils das Gefühl für diesen Werth, welches wir das ursprünglich sittliche nennen.

§. 38.

Bemerkenswerth ist dabei das Verhältniß, in welchem das sittliche Gefühl zu dem Triebe steht. An sich ist

es

es ebenfalls nichts anders, als was jedes reine Gefühl ist, nämlich ein unmittelbares Selbstbewußtseyn. Da aber der Gegenstand, an dessen Vorstellung es angeregt wird, nämlich der Mensch, dabei nicht von der Seite gefaßt wird, als das handelnde Subject in ihm ein Mittel für sich finden kann, sondern von Seiten seiner Vollkommenheiten an sich; so findet auch der Trieb in diesem Gefühle zunächst keinen Gegenstand seiner Wirksamkeit; es verhält sich vielmehr zu dem Triebe nur negativ, dämpft denselben und wirkt dadurch Enthaltung von der Beeinträchtigung des menschlichen Daseyns. Indeß ist dieses Gefühl, welches als die Achtung bekannt ist, eines Zusatzes fähig, wodurch es für den Trieb auch erweckend wird. Schon die physische Liebe und natürliche Theilnahme führt die Menschen zusammen und läßt sie auch positiv für einander wirken, so daß schon von der sinnlichen Seite her mit dem Gefühle objectiver Werthschätzung das Gefühl des Wohlgefallens an dem Menschen sich verbindet. Dieses Wohlgefallen ist nun zwar an sich ohne sittlichen Werth; denn wer von ihm zum Handeln bestimmt wird, handelt im Grunde um seiner selbst willen. Ganz ohne sittliche Bedeutung ist jedoch dieser Zug der natürlichen Theilnahme und Hinneigung nicht, eben weil er Handlungen erzeugt, welche Gegenliebe erwecken, und die Menschen einander näher bringen zur gemeinschaftlichen Realisirung ihrer Zwecke. Was aber besonders bemerkt werden muß, ist das, daß keineswegs alle Liebe zu Andern als ein Ausfluß bloßer Selbstliebe betrachtet werden kann. Zu den Erscheinungen einer idealen Ansicht der Dinge brauchen wir zur Bestätigung dieser Behauptung hier noch gar nicht unsere Zuflucht zu nehmen; einen Anstrich des Wohlgefälsigen erhält das Gefühl für Menschenwerth schon durch die Wahrnehmung solcher Handlungen, wodurch dem Menschen in seinem Seyn und Leben nicht zu nahe getreten wird, die also jenem Gefühle für Menschenwerth zusagen oder Befriedigung gewähren. Es ist hier das Menschliche in den Handlungen des Menschen, was ihn zum Gegenstande unsers Wohlgefallens und uns bereitwillig macht, für seinen Zweck mitzuwirken. Daß mit dieser Modification des Gefühls auch das Verhältniß zwischen ihm und dem Triebe verändert wird, ist unleugbar. Letzterer erscheint hier wieder theilnehmend an der Bestimmung der Thätigkeit, aber gerichtet auf einen andern Gegenstand, als welcher das Ich ist, und damit als uneigennützig, was sich auch in der Liebe zum Wahren und Schönen kund thut; denn von ihr beseelt will die Person nicht das Wahre für sich, sondern es soll herrschen um sein selbst willen. Daher redet auch mit Recht schon das gemeine Leben von edeln Trieben, deren das menschliche Herz fähig ist.

§. 39.

So wie es die Natur der Liebe überhaupt mit sich bringt, jeder Beeinträchtigung ihres Gegenstandes sich zu enthalten, so schließt auch die sittliche, auf das Menschliche im Menschen gerichtete Liebe die Enthaltung von Beeinträchtigung der menschlichen Existenz in sich, und die Forderungen der Achtung werden darin als giltig anerkannt. Ist das sittliche Gefühl stark angeregt, so wird es durchdringen in der Bestimmung der Handlungen, im entgegengesetzten Falle aber wird die gegenwärtige Handlung noch der auf das Sinnliche gerichtete Trieb motiviren; allein die sittliche Regung bleibt dennoch auch hier nicht ohne Wirkung, sondern macht sich geltend im Bewußtseyn als ein innerer Gegenkampf gegen den Ausbruch des sinnlichen Triebes, als abmahnendes oder anrathendes Gewissen, und liefert damit die Thatsachen des Bewußtseyns, woraus sich die ersten Begriffe des sittlichen Handelns entwickeln.

§. 40.

Da das Gefühl überall in jener Tiefe des Gemüths sich äußert, woher der Wille für seine Richtung erst das Motiv erhält; so gehen auch die Wirkungen des sittlichen Gefühls dem wirklichen Wollen voraus, und der Mensch findet sich durch dieselben für seine Willkühr gebunden, woraus die Begriffe der Verbindlichkeit und des innern Gesetzes entspringen. Anfänglich wird das sittliche Gefühl am Persönlichen angeregt; je mehr aber der Blick von den zufälligen Aeußerungen der Anlagen der menschlichen Natur auf die Anlagen selbst sich richtet, um so mehr wird es angeregt überall, wo Menschliches sich zeigt, und es erhält das Subject entweder Befriedigung oder Nichtbefriedigung für dasselbe bei jeder menschlichen That, sie komme von welcher Person sie wolle, und treffe, wen sie wolle, wodurch die Vorstellung der Allgemeinheit des Gesetzes in dem Subjecte veranlaßt wird.

§. 41.

Alle bisherigen Bemerkungen betrafen aber nur die Art und Weise, wie dem Menschen ursprünglich das Gesetz seiner Natur zur Regulirung seines Handelns zum Bewußtseyn kommt; denn daß die Unterscheidung zwischen gut und böse, zwischen diesen und dem Angenehmen und Unangenehmen ihren Grund habe in einer Einrichtung der menschlichen Natur, wird dem Subjecte um so unleugbarer, je mehr es selbst die sittlichen Regungen empfunden hat, wogegen die Bemerkung der Verschiedenheit in den Ansichten der Menschen über das, was eigentlich durch dieses Gesetz gefordert werde, von keiner Wichtigkeit ist, zumal da sich dieselbe aus dem allgemeinen Gange menschlicher Entwickelung sehr wohl erklären läßt. Denn so gewiß es auch ist, daß die sittliche Nöthigung innerhalb des Bewußtseyns auf einem eigenthümlichen Grunde ruht und a priori ist, so unleugbar ist es, daß die ursprüngliche sittliche Regung für ihr Erwachen bedingt ist durch die Erkenntniß, welche sowohl von der objectiven als auch subjectiven Seite her eine Entwickelung der menschlichen Anlagen voraussetzt, damit die Vorzüglichkeit der menschlichen Natur und ihre Erhabenheit über die Thierwelt zur lebendigen Anerkennung kommen kann. Und doch ist von der Anerkennung einer objectiven Bedeutsamkeit des Menschenwesens bis zur deutlichen Erkenntniß dessen, worauf eigentlich der Werth desselben beruhe, noch weit. Ehe aber diese letztere gewonnen ist, kann auch nicht vollständig erkannt werden, welche Handlungsweise dem Menschen angemessen ist, ob wir gleich nicht leugnen, daß die Bedingungen, unter welchen das menschliche Geschlecht bestehen und in den dem Leben nahe liegenden Puncten gedeihen kann, auch gefunden werden können bei mehr dunkler Voraussetzung, als deutlicher Erkenntniß des Menschenwerthes.

§. 42.

So wie sich die Kräfte des Menschen im Einzelnen, wie im Ganzen, zuerst nach der Seite hin entwickeln, welche von den Bedürfnissen des Lebens am meisten in Anspruch genommen wird, so kommen auch die auf die Befriedigung dieser Bedürfnisse sich beziehenden Geschicklichkeiten bei der Werthschätzung des Menschen zuerst in Betrachtung. Nun wollen wir zwar nicht behaupten, daß dem dadurch veranlaßten Benehmen gegen den Menschen ein besonderer sittlicher Werth zukomme, aber schon auf diesem Standpuncte menschlicher Entwickelung können sich die intellectuellen und technischen Anlagen, so wie die Willenskraft der menschlichen Natur auch in einem solchen Lichte zeigen, daß die Eminenz des Menschenwesens vor der Thierwelt stark genug der Anerkennung sich aufdringt, um das Gefühl dafür rege zu machen. Seinen eigentlichen Erreger findet aber das sittliche Gefühl erst in der Vorstellung eines über das Physische erhabenen Daseyns, deren Quelle *Vernunft* genannt wird. Man beobachte nur die Wirkungen, welche die Ahndung oder Anerkennung eines Uebernatürlichen, wo sie auch erregt werden mag, stets auf das menschliche Gemüth äußert; eine Scheu, *unbedingte Unterwerfung* und *Verehrung* finden wir überall von der grobsinnlichen bis zur vollkommen ausgebildeten religiösen Weltansicht. Die Art aber, wie die religiöse Idee diese ihre practische Kraft zu Gunsten des Menschen äußert, besteht in einer einfachen Ideenverbindung, welche in Angemessenheit zur natürlichen Entwickelung der religiösen Idee erfolgt. Die religiöse Idee entspringt aus der geistigen Nothwendigkeit, einen letzten Grund für die Existenz und

Einrichtung der Dinge zu haben und wird zuerst erzeugt bei der Betrachtung ergreifender Naturerscheinungen, welche von dem Gegenstande der Idee als abhängig oder bedingt anerkannt werden. Indem aber der denkende Geist in der Einrichtung der Natur das Walten eines höhern Grundes erblickt, findet er eben darin auch die Spuren seiner eignen Wirksamkeit, und hierdurch wird dann die Vorstellung einer Verwandtschaft zwischen dem Göttlichen und dem Menschen veranlaßt, nach welcher er in dem Menschen eben so etwas Göttliches anerkennt, als er die Idee des Göttlichen sich ausbildet nach den Vollkommenheiten der menschlichen Natur.

§. 48.

Der Einfluß der religiösen Idee, oder der Vernunft im eigentlichen engern Sinne, auf die Sittlichkeit betrifft aber unmittelbar nur die subjective Seite derselben, d. h. sie bringt das menschliche Daseyn dem Gefühle näher, aus dessen Wirkungen die ersten Regungen des Gewissens bestehn; denn wie die Erfahrung lehrt, und wie es das Gesetz der Vervollkommnung unserer Erkenntnisse mit sich bringt, ist die Einsicht in die eigentliche Ehrwürdigkeit des göttlichen so wie des menschlichen Daseyns nicht das Eigenthum des ersten religiösen und sittlichen Bewußtseyns. Aber bei aller ursprünglichen Unvollkommenheit übt diese Idee Einfluß auf das menschliche Gemüth, und indem dadurch auch das Gefühl für den Menschen lebendiger wird, wird auch die Reflexion in der Beurtheilung des menschlichen Daseyns je länger je mehr hingezogen auf diese innern Regungen selbst, und zu den bereits auf dem Gebiete der

Sinnlichkeit entwickelten und zur Erkenntniß gebrachten eminenten Anlagen des Erkennens und Wollens tritt hinfort auch die: Subject eines eigenthümlichen Gesetzes für die Richtung seines Willens zu seyn. Der Mensch erscheint auf dieser Stufe der Selbstkenntniß deshalb und ganz besonders als ein Gegenstand nothwendiger Schonung, weil er ein sittliches Wesen ist, oder mit dem Vermögen der Selbstbestimmung auch ein besonderes Gesetz dafür in sich trägt, welchem nachzukommen die Bestimmung seines Daseyns ausmacht. Mit Rücksicht auf diese Eigenschaft wird auch der Mensch ein Wesen mit Selbstzweck genannt, dem ein absoluter Werth oder Würde zukommt. Wie dann aus diesem vervollkommneten Selbstbewußtseyn auch die Idee des Göttlichen zu höherer Bestimmtheit und Vollkommenheit gebracht wird, zeigt die Religionslehre; hier zur Einsicht in die Wechselwirkung des sittlichen und religiösen Elements bei der Ausbildung der höhern Lebensansicht nur so viel: So wie nämlich der vernünftige Geist in der Einrichtung des Daseyns überall das Walten eines höhern Princips anerkennt, so findet er dasselbe auch in dieser Einrichtung der eignen Natur, und die Anerkennung moralischer Eigenschaften in dem höhern Wesen wird um so nothwendiger, je weniger weder das Daseyn des sittlichen Gesetzes, noch die Realisirung des darin vorgeschriebenen Ziels der Menschheit denkbar ist ohne dieselben.

§. 44.

Abgesehen nun von dieser Art, wie der Mensch des in seiner Natur gegründeten Gesetzes für sein Handeln ursprünglich sich bewußt wird, stehn die Wirkungen dieses Gesetzes im Gewissen als unableugbare Thatsachen fest, und bieten als solche für die Reflexion eine Basis dar, nicht allein zur bestimmten Schätzung des Menschen, sondern auch zur weitern Ausbildung der Begriffe für das moralische Handeln selbst. Denn so nothwendig auch jene Thatsachen sind, um überhaupt von einem sittlichen Gesetze reden zu können, und so sehr sie deshalb in der Theorie des Sittlichen hinsichtlich ihrer psychologischen Elemente und Entstehungsart in Betrachtung gezogen zu werden verdienen; so sind sie doch immer nichts weiter, als nur die erste Form des sittlichen Selbstbewußtseyns, welche, an sich mangelhaft, eben so auch in den blos zufällig aus ihnen geschöpften Begriffen eine mangelhafte Norm für das menschliche Handeln liefern. Der Mensch gleicht hier in practischen Dingen noch demjenigen, welcher nach Anleitung zufällig erregter Anschauungen zwar Begriffe von Naturgegenständen sich gebildet hat, dieselben auch anwendet zum Behuf der gewöhnlichen Geschäfte, aber überall nur eine höchst aphoristische Kenntniß besitzt, und die Einheit der Naturgesetze mehr blos ahndet, als erkennt. So wenig nun der Mensch für seine Naturansicht, wenn sie vollkommen werden soll, stehen bleiben darf bei der ursprünglichen Anschauung, so wenig darf fortwährend das sittliche Urtheil gestützt werden auf die Wirkungen des sittlichen Gefühls; denn ob wir gleich seine Wichtigkeit und Nothwendigkeit für den ersten Eintritt des sittlichen Gesetzes im Bewußtseyn eben so anerkennen, als die Nothwendigkeit der Anschauung für die Bekanntschaft mit der Natur; so erhält doch unsere Erkenntniß des practischen Gesetzes, so wie die der Natur, die vollkommnere Form erst durch den Zutritt des Verstandes, der die einzelnen Elemente des Bewußtseyns in Klarheit und Zusammenhang setzt, und somit feste Regeln bildet zur Beurtheilung des Besondern.

§. 45.

Ist der eigentliche Gegenstand des höhern Interesses an dem menschlichen Daseyn die sittliche Natur, ist der Mensch deshalb dem sinnlichen Triebe nicht aufzuopfern; weil er selbst den Zweck seiner Existenz in sich trägt, weshalb man ihn Person nennt, und Würde oder absoluten Werth beilegt; so ist auch der allgemeine Sinn des sittlichen Gesetzes, wie es sich vorerst in der ursprünglichen Form des Gewissens kund thut, unverkennbar kein anderer, als: berücksichtige bei allen deinen Handlungen die Würde der menschlichen Natur. Mittelst dieses Gedankens ist dann das sittliche Gesetz in die Sphäre der Begriffe getreten, und unter die Form des Verstandes, in welcher es sich schon vermöge der natürlichen Wirksamkeit dieser Function, und mehr noch und bestimmter bei einer methodischen Anwendung derselben ausbildet für das Besondere. Zuvörderst läßt sich aber jener Grundsatz auch noch näher bestimmen, so bald man nämlich zugleich den Punct hervorhebt, worauf die Würde des Menschen ruht. Diese Würde, um welcher willen der Mensch auch an sich ein Gegenstand unserer Schonung und Theilnahme ist, beruht auf nichts anderm, als auf seiner sittlichen Natur selbst, und wird um so mehr erhöht, je mehr die sittliche Kraft in ihm zur Entwickelung und Wirksamkeit kommt; folglich gestaltet sich der oben aufgestellte Grundsatz zu dem: Strebe bei allen deinen Handlungen nach allgemeiner Entwickelung der sittlichen Kraft, womit das moralische Handeln zugleich als ein Streben nach einem Ziele erscheint, und die volle Verstandesmäßigkeit erhält.

§. 46.

Demnach hat das sittliche Handeln allerdings sein Ziel, so wie das sinnliche, aber ein Ziel, welches das Subject weit über sein Selbst hinausträgt, und dadurch wesentlich sich unterscheidet von dem Ziele des Egoisten. So wie das sinnliche Handeln gerichtet ist auf eine ungehinderte Wirksamkeit der sinnlichen Kräfte und motivirt wird durch die Vorstellung des daraus resultirenden Genusses und Wohlseyns des Subjects, so ist auch seinerseits das sittliche gerichtet auf die sittliche Natur, wird aber motivirt durch die Vorstellung des objectiven Werthes derselben, und erstreckt sich daher auf das Ganze, wo nur diese höhere Natur sich vorfindet. Was nun den Weg zu diesem Ziele betrifft; so kann es im Allgemeinen keinen andern geben, als welchen auch der Eudämonist zur Realisirung seines Zwecks befolgt; er besteht in der Beobachtung der Bedingungen, unter welchen das sittliche Leben, oder die Entwickelung der edlern menschlichen Kräfte im Einzelnen, wie im Ganzen, gedeihen kann. Daß es sehr schwer sey, die Mittel und Bedingungen dazu bei der unendlichen Mannichfaltigkeit der menschlichen Verhältnisse und Zustände überall zu treffen, ist allerdings wahr, und in so fern hat der Ausspruch, daß die wahre Tugend die höchste Kunst sey, seine Richtigkeit; indeß steht doch auch jede geistige Kraft in ihrer Entwickelung unter gewissen, wohl erkennbaren Gesetzen, die eben so allgemein sind, als die reine menschliche Natur, so daß die Art und Weise des Strebens nach dem sittlichen Ziele wenigstens in ihren allgemeinen Umrissen eben so a priori bestimmt und bestimmbar ist, als das Ziel selbst, und da auch die Dinge der äußern Natur bei aller Zufälligkeit ihres Zusammentreffens mit dem handelnden Subjecte in ihrem Einflusse auf das menschliche Leben unter einer gleichbleibenden Gesetzmäßigkeit stehn, und nach den allgemeinen Gesetzen des Verstandes beurtheilbar sind; so läßt auch das für das Subject zufällige Mittel eine Verknüpfung mit dem höchsten sittlichen Zwecke zu, welche den Charakter des Nothwendigen bei sich führt. Das Sittengesetz spricht sich demnach unter der Form des Verstandes in dem Satze aus: Strebe nach allgemeiner Entwickelung der sittlichen Kraft im Menschen in Angemessenheit zu den in der menschlichen Natur gegründeten Bedingungen.

§. 47.

Eine besondere Betrachtung für die vollkommene Aufstellung des höchsten sittlichen Grundsatzes fordert aber das Verhältniß, in welchem die Religion zu dem sittlichen Streben steht, indem sie, ebenfalls auf den höhern Anlagen des Menschen ruhend, schon in ihrem Grunde der Sittlichkeit näher steht, als irgend eine andere Richtung des menschlichen Geistes, und deshalb selbst für die Idee des höchsten Ziels ein Element darbietet. Schon in der Betrachtung der ursprünglichen Form des sittlichen Bewußtseyns (§. 42) fanden wir das religiöse Princip in dem

Menschen mitwirkend zur Erweckung der sittlichen Regung; denn erst mit der Idee und Anerkennung eines übernatürlichen Grundes der Dinge tritt das Physische, also auch das Sinnliche in dem Menschen in das Verhältniß der Unterordnung und hört auf, als das einzig Zuberücksichtigende zu erscheinen. An diese Idee ist daher das sittliche Gefühl vorzüglich geknüpft, und die Erweckung der Religiosität wurde deshalb mit Recht von je her als ein kräftiges Beförderungsmittel der sittlichen Cultur angesehn. Eben dieser innige Zusammenhang zwischen Religion und Sittlichkeit zeigt sich aber auch da, wo das sittliche Gesetz unter die Form des Verstandes getreten ist, und wir durch dasselbe uns aufgefordert finden zum Streben nach einem Ziele, dem nur unter der Voraussetzung wahre Nothwendigkeit zuerkannt werden kann, daß dem menschlichen Daseyn wirklich eine höhere Bedeutung zukomme, als seinen Lüsten zu fröhnen, und für welches sich aufzuopfern nur dann als verstandesgemäß gelten kann, wenn das in der edlern Natur der Menschheit Angelegte einst wirklich zur Reife kommt. So gewiß wir also durch unsere Natur aufgefordert werden, den Zweck unseres Daseyns nicht in die Befriedigung unseres sinnlichen Triebes zu setzen, sondern vielmehr selbst mit Aufopferung des Physischen der höhern Natur des menschlichen Geschlechts zu huldigen, so nothwendig wird uns die Annahme einer Einrichtung der Dinge, wobei die vollkommene Entwickelung derselben möglich gemacht ist. Hierdurch erhält dann die schon bei der Naturbetrachtung sich einfindende religiöse Idee eine moralische Basis und Bedeutung. Auf der andern Seite kann aber auch der Mensch die rechte Festigkeit, Ruhe und Heiterkeit für sein Handeln erst gewinnen durch einen moralisch ausgebildeten religiösen Glauben, so daß zwischen Religion und Sittlichkeit eine so innige Wechselwirkung besteht, daß derjenige, dem es an der rechten sittlichen Cultur gelegen ist, nothwendig auch die religiöse mit berücksichtigen muß, und der im vorigen §. aufgestellte sittliche Grundsatz gestaltet sich zu dem: Strebe nach Verbreitung eines wahrhaft sittlich religiösen Lebens in Angemessenheit zu den in der menschlichen Natur gesetzten Bedingungen.

§. 48.

Weilen wir noch einige Augenblicke in der Idee eines allgemeinen sittlich religiösen Lebens, in welcher sich nach Obigem das höchste Ziel des edlern menschlichen Strebens aussprechen läßt; so wird sich leicht die Bemerkung darbieten, daß wir darin einen Zustand der Menschheit uns denken, wo das menschliche Daseyn nicht allein an Würde, sondern auch an Wohlseyn gewonnen hat. Denn nicht allein, daß bei der gewissenhaftesten Sorgfalt, wodurch allein die edleren Kräfte der menschlichen Natur recht gedeihen können, nämlich bei gegenseitiger Schonung und thätiger Theilnahme, bei Mäßigkeit, Arbeitsamkeit u. dgl. die Bedürfnisse der sinnlichen Natur am dauerhaftesten bedacht sind; so ist auch in jenen höhern Kräften selbst unmittelbar ein Fonds von angenehmen Gefühlen angelegt, die weit reiner und dauernder sind, als aller sinnliche Genuß. Die Freude an der Wirklichkeit des Guten selbst, die Ruhe und Heiterkeit des Gewissens, der Friede mit Gott nebst allen den schönen religiösen Gefühlen, welche wir in dem vielsagenden Worte der Gottseligkeit ausdrücken, und die von der vollkommnen Tugend eben so unzertrennlich sind, als überhaupt die Religion (§. 47): dies alles läßt uns jenes höchste Ziel zugleich als ein Gut betrachten, gegen welches das Gut des Egoisten weit zurückbleibt.

§. 49.

Daß wir uns mit dieser letzten Bestimmung der Idee des sittlichen Ziels dem Princip der Glückseligkeit nähern, ist einleuchtend, nur mögen wir nicht jenes Princip in der gewöhnlichen Gestalt unterschreiben, wo entweder die Idee der Glückseligkeit ganz unbestimmt gelassen, oder auf die Befriedigung des physischen Triebes bezogen wird; denn wird das Ziel unbestimmt gelassen, so kann auch der Weg dazu nicht bestimmt werden, und wird die Glückseligkeit auf die Befriedigung des sinnlichen Triebes bezogen; so müssen wir bemerken, daß die Befriedigung des sinnlichen Triebes an sich nie Gegenstand der sittlichen Forderung sey. Die Seite, von welcher das höchste sittliche Ziel zugleich als ein Gut erscheint, wird von uns betrachtet einzig als die natürliche Folge von der wirklichen Bethätigung der sittlichen Kraft, und wenn dabei auch die sinnliche Natur Befriedigung gewinnt; so ist letztere nie der eigentliche Zweck des Handelns, sondern der von dem objectiven Werthe und dem höhern Gute der Menschheit durchdrungene Mensch wird auch bereitwillig sich finden lassen, die Befriedigung seines Triebes jenem höhern Gute zum Opfer zu bringen.

§. 50.

Nicht weniger wird das sittliche Handeln den bisherigen Bestimmungen gemäß auch dem Vollkommenheitsprincipe nahe kommen; denn offenbar ist das höchste Ziel desselben ein Zustand der Vollkommenheit des menschlichen Geschlechts: aber nicht nach der gewöhnlichen vagen Nominalerklärung der Vollkommenheit kann es bestimmt werden; indem sich daraus bei der Verschiedenheit der menschlichen Kräfte nimmer wird einsehn lassen, worauf es eigentlich bei dem Handeln ankomme, damit es nicht als das Werk eines werthlosen Egoismus erscheine. Uns ist der eigentliche Gegenstand und Gesichtspunct blos die sittliche Natur selbst, und je mehr sie in einem Subjecte in kraftvolle Wirksamkeit getreten ist, je mehr diese zu gleicher Zeit von den anderweiten Anlagen des Subjects Unterstützung erhält, um so vollkommner ist es, oder um so tauglicher für den Zweck des allgemeinen menschlichen Daseyns. Durch die Hervorhebung dieses besondern Punctes, worauf es bei unserm Benehmen zuletzt abgesehen seyn muß, ist dann nicht allein die Idee der Vollkommenheit näher bestimmt, sondern nach der Gesetzmäßigkeit, in welcher auch die übrigen Vermögen des Menschen, ja selbst die Dinge des äußern Daseyns bald hemmend bald befördernd einwirken auf die Entwickelung jener höhern menschlichen Kraft, wird sich der Weg wenigstens in seinen allgemeinen Umrissen bezeichnen lassen, welcher zu diesem Ziele führt.

§. 51.

Von welcher Seite man aber auch die Idee des höchsten sittlichen Ziels fassen mag, überall ist es doch die höhere Natur des Menschen, welche die ersten Elemente dazu liefert, und in der apriorischen Gesetzmäßigkeit ihrer Entwickelung und Wirksamkeit selbst den Weg dazu vorzeichnet, und wir können nicht der Ansicht beistimmen, daß nur die Form des sittlichen Handelns, so wie der geistigen Wirksamkeit überhaupt a priori sey, mithin auch das höchste Moralprincip nur ein formales seyn könne. Zwar wissen wir, daß die geistige Thätigkeit nie anders erfolgen könne, als nach der Einrichtung der Natur des Geistes, und daß darin alle innere Nothwendigkeit gegründet sey; aber daraus folgt keineswegs, daß der Geist nach seiner Einrichtung einzig und allein auf die Verwirklichung einer bloßen (logischen) Form, an einem ihm ursprünglich fremden Stoffe gerichtet sey: vielmehr zeigen es schon die Wirkungen des Gemüths, namentlich das Gefühl, welches so innig in das Leben des Geistes verflochten ist, daß ohne dasselbe weder eine Ueberzeugung, noch ein Handeln möglich wäre, daß der Geist weit mehr in sich findet, als jene Form, und weit mehr aus sich erzeugt, als die Begriffe derselben; denn daß nicht alle Gefühle aus dem physischen Theile der menschlichen Individualität entspringen, dürfen wir gewiß nicht ohne Grund annehmen, wenigstens möchten wir die sittlichen Gefühle (Achtung, Schaam, Selbstzufriedenheit), so wie die religiösen (Verehrung, Anbetung, Vertrauen) nicht aus der physischen Natur ableiten. Je mehr nun diese Gefühle auf ganz gesetzmäßige Weise Theil nehmen an der geistigen Thätigkeit, dieselbe nicht allein begleitend, sondern auch motivirend, und je mehr sich gerade durch ihre Theilnahme das menschliche Wirken als ein wahrhaft menschliches zeigt, um so deutlicher bietet es

sich

sich als einen in der Natur des Geistes selbst gegebenen Gegenstand dar, auf dessen Pflege unser Streben nicht blos gerichtet seyn kann, sondern auch gerichtet seyn muß, wenn es diesem Grundzuge unserer Natur zusagen soll. Da nun das menschliche Daseyn nicht allein an der ihm angebornen Würde, sondern auch an wahrem Wohle gewinnt, wenn eben diese Anlage der menschlichen Natur allgemein in Wirksamkeit tritt; so haben wir in der Idee einer allgemeinen sittlich religiösen Cultur ein Ziel, dessen Elemente unverkennbar in der reinen Natur des Geistes angelegt sind, und wofür das Reflexionsvermögen oder die logische Function nur die in und außer dem Geiste liegenden Mittel aufzusuchen und zu bestimmen hat, um eine Handlungsweise zu finden, die um so mehr die Allgemeingiltigkeit bei sich führen wird, als jenes höchste Ziel überall festgehalten und verfolgt wird nach den allgemeinen Gesetzen des Verstandes.

§. 52.

Noch verdient aber die Verschiedenheit eine Erwägung, welche in der Ansicht über den Realgrund des sittlichen Gesetzes eintreten kann, indem dieselbe Einfluß hat auf das Motiv des sittlichen Handelns, welches in dem höchsten Begriffe von demselben etwas Wesentliches ist. Da nämlich für den Menschen überhaupt nichts ist, als was ihm durch einen Akt seines Geistes zum Bewußtseyn kommt, und da er also auch die nächste Quelle für seine practischen Begriffe und deren Nothwendigkeit nirgends wo anders suchen kann, als in seinem Geiste; so wird ihm auch das sittliche Gesetz erscheinen als eine Forderung seiner Vernunft, und das wahrhaft Sittliche ist ihm das Vernunftmäßige aus Respect gegen ihr Gesetz. Je mehr aber der Mensch fortschreitet in seiner Entwickelung, je mehr namentlich die religiöse Idee an Lebendigkeit gewinnt und sich geltend macht in der Beurtheilung des Daseyns, um so mehr erscheint auch das Sittengesetz als zuletzt gegründet in Gott und als gegeben von ihm, und neben den Grundsatz: folge deiner Vernunft, tritt der Grundsatz: erfülle den Willen Gottes. So gewiß aber auch die religiöse Weltansicht die höchste und selbst mit sittlicher Nothwendigkeit zu erstrebende ist, so gewiß auch die Idee Gottes, als des absolut ehrwürdigen Wesens, das stärkste Motiv für das rechte Handeln abgiebt; so erhält doch der Satz: erfülle den Willen Gottes, eben so wenig, als der Satz: folge deiner Vernunft, ohne Weiteres eine eigentliche Bestimmung über dasjenige in sich, was dem Menschen zu thun und zu erstreben ist, und qualificirt sich daher nicht zu dem höchsten Moralprincip, sondern es wird dabei die Frage nach dem Inhalte des sittlichen Gesetzes immer noch zu beantworten seyn. Aber zu einer nähern Bestimmung des rechten Motivs für's gute Handeln, so bald es in dem höchsten Grundsatze mit angegeben werden soll, kommt jener Gedanke allerdings in nothwendige Berücksichtigung, indem nach der bemerkten Verschiedenheit der Ableitung des Gesetzes auch das Gefühl dafür an verschiedenen Gedanken angeregt werden kann, nämlich sowohl an der Vorstellung des Gesetzes und der darauf gegründeten Würde der menschlichen Natur, als auch an dem Gedanken des heiligen, absoluten Gesetzgebers; und wenn im erstern Falle der oben entwickelte Inhalt des Gesetzes den

Zusatz erhält: weil es das Gesetz der Vernunft mit sich bringt, so erhält im andern Falle derselbe den Zusatz: weil Gott es will, wobei die Vernunft nur als das Organ des göttlichen Willens in dem Menschen erscheint. Vergl. meine phil. Tugendlehre §. 74 ff.

§. 53.

Mit diesem Grundsatze, in welchem das sittliche Handeln nicht allein in Ansehung seines Ziels, sondern auch in Hinsicht des Wegs dazu und des Motivs in der Reihe unserer practischen Begriffe seine allgemeine Bestimmung erhalten hat, ist dann die Basis gefunden, von welcher aus die Reflexion den abwärts steigenden Weg verfolgen kann in der systematischen Darstellung des sittlichen Gesetzes; denn es bedarf nur der Hervorhebung der in der Einrichtung der menschlichen Natur gesetzten Bedingungen, unter welchen die sittlich-religiöse Cultur im Einzelnen und im Ganzen gedeihen kann. Unter diesen Bedingungen steht nun oben an die persönliche Existenz, oder eine Existenz, wobei der Einzelne in dem Gebrauche seiner Kräfte und in der Ausübung des Gesetzes der eignen Natur von fremder Willkühr nicht gestört wird; die Enthaltung von solcher Störung ist also die erste specielle Forderung des Gesetzes. Die menschliche Entwickelung ist aber mannichfaltigen innern und äußern Schwierigkeiten unterworfen und kann den erwünschten Fortgang nur gewinnen durch gegenseitige Unterstützung; und somit wird eben sie die zweite specielle Forderung des Gesetzes.

§. 54.

Von diesen beiden Grundforderungen hat aber die erstere das Eigenthümliche, daß sich für dieselbe ein doppelter Begriff darbietet: der Begriff der Pflicht und der des Rechts; dort erscheint das Gesetz als die sinnliche Willkühr beschränkend, hier als der Person etwas zuerkennend. Weilt nämlich die Reflexion in der Forderung des Gesetzes, daß die Möglichkeit der sittlichen Existenz vor den Hindernissen der Sinnlichkeit bewahrt bleibe; so ergiebt sich bei der Anwendung des Gesetzes auf die einzelnen Personen nicht allein, daß die eine den übrigen es möglich lassen soll, als persönliche Wesen zu existiren, sondern daß eben dies auch ihr möglich bleiben soll, so daß das Gesetz in der Verpflichtung der einen Person Ansprüche an sie für die Uebrigen macht auf alles, was der Einrichtung der menschlichen Natur gemäß zur Möglichkeit persönlicher Existenz erforderlich ist. Kurz, das Sittengesetz bietet, auf die Coexistenz bezogen, eine doppelte Seite dar, und begründet dadurch ein doppeltes Verhältniß unter den Personen, wofür es in der besondern Auffassung auch verschiedene Begriffe abgiebt. Bezogen auf die sinnliche Willkühr erscheint es als bindend oder verpflichtend, und von Seiten der dadurch begünstigten Person aufgefaßt als befreiend, oder als Begründer eines der Person eigenthümlichen Freiheitsgebiets, worauf sie gegen alle fremde Willkühr Anspruch hat, und damit wird denn auch ein und derselbe Mensch sowohl ein Subject von Pflichten als auch von Rechten seyn, je nachdem man ihn unter dem Gesetze als sinnliches Wesen im Verhältnisse zur fremden Persönlichkeit, oder als vernünftiges, sittliches Wesen in seinem Zusammentreffen mit fremder Sinnlichkeit betrachtet. Daß nun das Gesetzmäßige in beider Hinsicht, oder daß sowohl dasjenige, was dem Menschen zukommt und zugestanden werden muß, wenn er neben den Andern als sittliches Wesen bestehen soll, als auch dasjenige, was ihm zu thun ist, wenn er den Anforderungen seiner sittlichen Natur genügen will, noch weiter in Begriffen bestimmt werden kann, unterliegt wohl keinem gegründeten Zweifel. Da aber der Begriff erst die zweite Form der Ankündigung des Gesetzes in dem menschlichen Bewußtseyn ausmacht, und zu seiner Entstehung und Rechtfertigung der Thatsachen der ursprünglichen bedarf, und da es zu einer vollständigen Einsicht in die Natur der sittlichen Gesetzgebung in uns eben so wichtig ist, die Art zu kennen, wie das Gesetz in die Sphäre der Begriffe tritt, als es innerhalb derselben bestimmt aufzufassen; so widmen wir diesem Puncte auch noch für den Rechtsbegriff eine besondere Betrachtung, wobei wir zugleich die Entwickelungsart dieses Begriffs in der Periode kennen lernen werden, wo die Basis für jene wissenschaftliche Deduction noch nicht gewonnen ist.

---

§. 55.

Daß die erste und ursprüngliche Form der Ankündigung des sittlichen Gesetzes in den Wirkungen des Gefühls, nämlich des Gefühls für Menschenwerth, bestehe, haben wir §. 37 bereits bemerkt, und finden darin einen wesentlichen Zug der reinen menschlichen Natur, ein aprioriſches Element, was etwas ganz anderes ist, als die Wirkung eines sinnlichen Eindrucks. Weshalb wir auch bei der Annahme einer ursprünglichen Gründung des moralischen Bewußtseyns aufs Gefühl durchaus nicht an einen Sinn oder Empfänglichkeit fürs Gute denken. Eben so haben wir über die Wirkungsart dieses Gefühls bereits bemerkt, daß dieselbe in einer Dämpfung der sinnlichen Lust, oder in einer Ankämpfung gegen dieselbe bestehe, und dadurch das Bewußtseyn des Gebundenseyns in der Willkühr, so wie die Vorstellung von dem Daseyn eines innern Gesetzes erzeuge. Unter den Wirkungen des sittlichen Gefühls, welche sich nach den beiden Arten desselben, nämlich der Achtung und Liebe, auf Zurückhaltung von der Beeinträchtigung und auf die Anforderung zur Theilnahme an den Zwecken des Andern zurückführen lassen, haben aber die der erstern Art das Eigenthümliche, daß die in ihnen enthaltene Nöthigung unter einem ganz besondern Ernste erscheint, und in der Forderung der Enthaltung den Andern ansehen läßt als Subject eines eigenthümlichen Freiheitsgebiets, während in der Liebe die Bereitwilligkeit freier Hinneigung und Mittheilung mehr vorwaltet. Aus dieser Eigenthümlichkeit der beiden Arten sittlicher Regung ist es dann nicht allein herzuleiten, daß der Begriff der Verbindlichkeit oder Pflicht häufig vorzugsweise auf die Handlungen der erstern Art eingeschränkt worden ist; sondern es ist auch eben darin die Möglichkeit und der Grund gegeben, eben diese Handlungen noch von einer andern Seite her aufzufassen, nämlich von dem Standpuncte des durch ihre Forderung begünstigten Subjects aus, wodurch wir den Gedanken erhalten, daß der Person vermöge des Gesetzes etwas zukommt, worauf sie an die Willkühr der Uebrigen Anspruch hat oder ein Recht besitzt; und das diese Ansprüche begründende sittliche Gesetz erscheint, in so fern es dies thut, als ein Rechtsgesetz.

§. 56.

Da das sittliche Gefühl für alle Menschen, als solche, spricht, und jede besonders auf den Menschen sich beziehende Handlung, von wem sie auch komme, billigend oder mißbilligend begleitet, womit es die Vorstellung der Allgemeinheit des Gesetzes in dem Subjecte veranlaßt; so erhält das innere Gesetz, auch als Rechtsgesetz gefaßt, Allgemeingiltigkeit, und da hiemit das Gesetz sowohl für die eigne Person, als auch für die Andern als giltig anerkannt wird, nämlich in Wechselverhältniß mit der Verpflichtung; so findet zwischen Pflicht und Recht eine so vielseitige Berührung oder Correspondenz statt, daß der Anfangspunct für die abgesonderte Auffassung beider Begriffe verschiedene Bestimmung zuläßt, und man hat gefragt, ob der Mensch zuerst die Pflicht oder das Recht finde, ob er von der eignen Pflicht auf das eigne Recht und von da auf die fremde Pflicht, oder von der fremden Pflicht auf das eigne Recht komme. Diese Frage hat aber nur historische Bedeutung; denn der reinen Grundlage nach kommt weder der Pflichtbegriff aus dem Rechtsbegriffe, noch umgekehrt, sondern beide stammen hier aus einer gemeinschaftlichen tiefern Quelle, so wie bei der abwärts schreitenden Methode aus einem gemeinschaftlichen höhern Begriffe (§. 53), indem sie blos Producte verschiedenseitiger Auffassung einer und derselben Thatsache des innern Lebens sind. Während der Mensch seiner Verpflichtung in jenen Wirkungen des sittlichen Gefühls sich bewußt wird, wird er auch zugleich inne, daß das Gesetz Ansprüche für den Andern an ihn macht, wenn auch letztere noch nicht in einem besondern Begriffe ihm gegenwärtig sind, und dasselbe findet statt in dem Bewußtseyn eigner Berechtigung für die Anerkennung fremder Pflicht. Alles, was man über den Entwickelungsgang dieser beiden einander gegenüberstehenden Begriffe sagt, betrifft also blos den Gang der Reflexion in der Auffassung der beiden Seiten einer und derselben innern Thatsache, die in der Regung und Wirksamkeit des sittlichen Gefühls gegeben wird.

§. 57.

Verfolgen wir aber diesen Gang; so wird sich allerdings zuerst der Begriff der Pflicht bilden: denn die sittliche Natur kündigt sich hauptsächlich dem Menschen durch die Nöthigung an, womit sie sich gegen die ungezügelten Wirkungen der Sinnlichkeit geltend macht, oder zu machen strebt, und so wird auch das Rechtsgesetz zuerst nur in dem Begriffe eines Pflichtgesetzes erscheinen, nämlich als Prohibitivgesetz. Erst wenn jene Wirkungen des Gefühls von Seiten der durch sie begünstigten Person aus aufgefaßt werden, wird das Gesetz als ein berechtigendes gefunden, und das Recht tritt damit in einer von dem Pflichtbegriffe abgesonderten Vorstellung auf, welches alles auch da Statt finden wird, wo die Reflexion in der Deduction derselben von dem höhern Begriffe des Gesetzes ausgeht. Auch hier wird das Gesetz, da es ein practisches ist, zuerst in seiner bindenden Kraft für die Willkühr erscheinen, und in so fern es Schonung der Persönlichkeit fordert, als Prohibitivgesetz aufgefaßt werden, wozu sich dann erst der Rechtsbegriff als eine von dem Pflichtbegriffe abgesonderte Vorstellung gesellt, wenn die in dem Prohibitivgesetze enthaltene Forderung von Seiten der dadurch begünstigten Person aus aufgefaßt wird. Für die Bildung dieser Vorstellung, sie mag von unten herauf oder von oben herab verfolgt werden, bieten sich aber mehrere Elemente dar, von deren genauer Bestimmung auch die Bedeutung und Präcision des Rechtsbegriffs selbst abhängt. Indem nämlich im erstern Falle das Gefühl der Achtung, und im andern der Inhalt des allgemeinen Gesetzes den Menschen ansehn läßt als ein zu schonendes Wesen, und damit in Ansehung desselben die Willkühr beschränkt, wird auch eben dadurch der Gedanke veranlaßt, daß dem Menschen etwas zustehe, so daß die fremde Willkühr davon ausgeschlossen ist. Und dieser Gedanke macht das erste und ursprünglichste Element in der besondern Auffassung des Rechtsbegriffs aus, so wie auch eben darin die erste Function jeder Rechtsgesetzgebung besteht. Denn die Entscheidung über das Mein und Dein, wodurch vorerst die einzelnen Personen auseinander gesetzt werden, und jede das Gebiet ihrer Wirksamkeit abgesteckt erhält, geht aller anderweiten Bestimmung in Ansehung des Rechtsverhältnisses voraus. Das Recht erscheint hier als *ein in dem Gesetze gegründetes Verhältniß unter den Menschen, nach welchem der Eine Anspruch hat an die Uebrigen, in Beziehung auf ein Object ihre Willkühr zu beschränken, so daß also er die ausschließliche Disposition über dasselbe hat.* Dies giebt das Recht in *substanti-*

ver formaler Bedeutung, in welcher man sagt: ein Recht haben, und dasjenige, was auf diese Weise mit der Person verknüpft ist, nennt man die Materie des Rechts, welche (späterhin) im Allgemeinen mit aufgenommen in jenen Satz den Rechtsbegriff in seiner materiellen Bedeutung wird finden lassen.

§. 58.

Ein anderer Punct in den Wirkungen des sittlichen Gefühls, namentlich der Selbstachtung, ist die Empörung desselben gegen jede fremde unwürdige Behandlung, und indem das Subject darin nicht allein die Aufforderung, sondern auch zugleich das Motiv erhält zur Abwehr unwürdiger Attentate, erscheint das darin sich ankündigende Gesetz auch als autorisirend oder befähigend zur Geltendmachung des von ihm der Person Zuerkannten. Und eben dies ergiebt sich auch, wo die Reflexion von dem Begriffe des Gesetzes ausgeht; indem nach Grundsätzen des Verstandes ohne Befugniß zur Geltendmachung seiner Ansprüche die Ertheilung derselben fürs practische Leben ganz ohne Folgen seyn würde. So nothwendig aber auch das Rechtsgesetz, soll es practische Folgen geben, als befugend auftreten muß; so ist doch immer zwischen der objectiven Bestimmung des Mein und Dein oder der Absteckung des persönlichen Freiheitsgebiets und der Befähigung zu dessen Vertheidigung und Geltendmachung ein Unterschied, und zwar ein Unterschied, der zur Bestimmung des Rechtsbegriffs selbst wichtig ist. Schon die positive Gesetzgebung kann uns darauf aufmerksam machen, beides zu trennen; denn neben den Bestimmungen über das Mein und Dein, wodurch das Freiheitsgebiet der einzelnen Personen gegenseitig festgesetzt wird, finden wir hier auch noch besondere Bestimmungen über die Art und Weise, wie dasselbe geltend gemacht werden soll, so daß für die letztere das Rechtssubject zur größern Sicherheit des Rechts noch besonders an den Gesetzgeber sich zurückgewiesen sieht. Dasselbe müssen wir nun auch in der Gesetzgebung der Vernunft anerkennen. Was nämlich der Person in den mannichfaltigen Verbindungen des Lebens zukommt, oder ihr von dem Andern unangetastet gelassen werden muß, kann, bei der Allgemeinheit der menschlichen Natur, objectiv bestimmt werden, und das Rechtsverhältniß erscheint in so fern als ein objectiv bestimmtes. Aber der Mensch steht nicht in diesem Verhältnisse allein, d. h. hat es nicht blos und immer zu thun mit der sinnlichen Willkühr der Andern, sondern findet auch zugleich in den Andern Wesen, deren höchster und nothwendiger Zweck ihm sehr nahe liegt, so wie er es auch oft nur mit ungünstigen Verhältnissen derselben zu thun haben kann, die ihnen eine Leistung unmöglich machen. Soll also den, das erstere Verhältniß rein darstellenden und in so fern vollkommen wahren, Begriffen eine practische Folge gegeben werden; so fordert das dieselben bestimmende Gesetz noch eine besondere Berücksichtigung der obwaltenden Umstände, wodurch ausgemittelt wird, ob das Verhältniß wirklich eingetreten sey, wofür allein sie gebildet sind, so daß sich also der Mensch in der Anwendung der objectiven Rechtsbegriffe nicht frei, sondern gebunden findet durch das dieselben begründende Gesetz. In diesem Falle wird der objective Rechtsbegriff oder das objective Recht ein subjectives oder eine wirkliche Berechtigung, und in so fern in diesem Falle das Gesetz in seiner allgemein verpflichtenden Auctorität den Menschen zugleich auffordert, unwürdige Attentate von sich abzuwehren, tritt damit auch zugleich die Befähigung ein, den objectiven Rechtsbegriff in Ausübung zu bringen. Folglich erscheint das Rechtsgesetz auch als Gesetz der Vernunft in einem doppelten Charakter. Einmal als Princip zur Constituirung eines Verhältnisses unter den Personen, nach welchem jeder neben den andern ein eigenthümliches, unantastbares Freiheitsgebiet zukommt, und hier stellt es sich dar in einem eigenthümlichen Kreise von Begriffen. Auf der andern Seite erscheint es als eine Norm für das Benehmen der Personen, fordert aber in dieser Beziehung für jene seine Begriffe noch eine besondere sittliche Beurtheilung der Verhältnisse, so daß sich für die Anwendung derselben noch besonders die allgemeinen sittlichen Grundsätze geltend machen. Da nun schon die Sprache des Lebens für das Rechtsgesetz, in dieser letztern Beziehung gefaßt, ein besonderes Wort, die Befugniß, darbietet, indem die Befugniß ganz besonders auf die Ausübung des Rechtssatzes geht oder bezogen wird; so erkennen wir auch in der Wissenschaft für dieses Wort diese besondere Bedeutung an, und fassen also dieselbe als die Autorisirung des Gesetzes zur Ausübung und Geltendmachung des Rechts, finden auch, wie bemerkt, zugleich in ihr den objectiven Rechtsbegriff wieder, aber in seiner Verbindung mit den allgemeinen sittlichen Grundsätzen (verglichen §. 12).

§. 59.

In der Befugniß ist dann auch zugleich der Gedanke enthalten, daß das in ihr von dem Gesetze affirmirte Handeln moralisch möglich sey; und damit erscheint das Rechtsgesetz auch als ein Permissivgesetz, und das Recht tritt unter den Begriff des moralisch Möglichen oder des Dürfens: und unter diesem Merkmale hat man es auch häufig unter den practischen Begriffen aufgeführt und treffend zu charakterisiren gemeint. Es bietet sich uns aber ohne Schwierigkeit die Bemerkung dar, daß bei dieser Bestimmung des Rechtsbegriffs das handelnde Subject in einer etwas veränderten Beziehung gefaßt wird, als bei der ersten. Dort fanden wir in dem Begriffe das Verhältniß vorherrschend, worein die Person, als solche, zur fremden Willkühr durch das Gesetz sich gestellt sieht, hier dagegen wird sie und ihre Handlung mehr im Verhältnisse zu dem Gesetze selbst gefaßt. Soll nun dabei die ursprüngliche und eigenthümliche Bedeutung des Rechtsbegriffs nicht verloren gehn; so ist eben diese Beziehung nicht aus den Augen zu lassen, in welcher das sittliche Gesetz, als Rechtsgesetz, ganz eigentlich die Person betrachten läßt. Halten wir aber diese Beziehung fest, so finden wir zwar einen Unterschied zwischen dem rechtlich Möglichen und Dürfen und dem sittlich Möglichen und Dürfen überhaupt, nämlich in so fern, als letzteres vom weitern Umfange ist, und das ganze System von sittlichen Gesetzen zur Grundlage hat, während das erstere blos die Bewahrung der Persönlichkeit gegen die fremde Willkühr betrifft, oder auf das Rechtsverhältniß sich bezieht; aber ein Widerstreit findet dabei zwischen beiden in keinerlei

Hinsicht statt. Denn da nach §. 58 die Anwendung der Begriffe von jenem Verhältnisse jederzeit noch eine besondere sittliche Beurtheilung der Umstände fordert; so kann das dem Rechtsgesetze wahrhaft entsprechende Handeln, das juste (agere, kein anderes seyn, als das sittlich rechte in Ansehung des Rechts, oder als das sittlich rechte, in so weit betrachtet, als es auf die Erhaltung des gesetzlich Zuerkannten gegen den Angriff fremder Sinnlichkeit ankommt. Und dies führt uns auf den Begriff des Rechts in adjectiver Bedeutung. Recht (justa) ist diejenige Handlung, welche den Umständen nach erforderlich ist, um nicht ein Opfer der Willkühr des Andern zu werden, und dies ist zugleich das moralisch Rechte (rectum), nämlich in Ansehung des Rechts (quoad jus). Aber es kann eben so wenig, was im besondern Falle Recht (justum) sey, aus den Begriffen des reinen Rechtsverhältnisses allein erkannt werden, so nothwendig auch ihre Klarheit zur allseitigen Kenntniß des Rechtsgesetzes ist, als aus ihnen allein erkannt werden kann, wo wirkliche Befugniß statt findet. Selbst die richtige Anwendung der positiven Gesetze, oder die Bestimmung dessen, was im Besondern Rechtens (juris) sey, setzt die allgemeinen sittlichen Reflexionen voraus, um im höhern und wahren Vernunftsinne des positiven Gesetzes zu handeln, indem der positive Gesetzgeber in seinen Institutionen jene Begriffe des reinen Rechtsverhältnisses zwar dem empirischen Leben des Staatskörpers angemessen machen und in so weit die Voraussetzung der Befugnisse für den Staatsbürger erfüllen kann, aber seiner Stellung nach von dem Einzelnen erwarten muß, daß auch er dieselben Rücksichten in der Beurtheilung der individuellen Verhältnisse nehme. Vergl. §. 18. Kurz, die einzige Basis für das wahrhaft rechtliche Handeln findet der Mensch in den Grundsätzen der Tugend der Gerechtigkeit, die jedoch die Kenntniß der positiven und der reinen Rechtsbestimmungen in sich schließen.

§. 60.

Wir haben aber bisher den Rechtsbegriff nur von seiner formalen Seite in Untersuchung gezogen, oder in so weit, als er überhaupt auf ein sittliches Verhältniß sich bezieht, und zu andern moralischen Begriffen in einem bestimmbaren Verhältnisse steht; nothwendig kommt nun auch die materielle Seite desselben in Betrachtung, oder dasjenige, worauf der Mensch vermöge des Gesetzes Anspruch hat. Zur Beantwortung dieser Frage haben uns die bisherigen Untersuchungen sattsam vorgearbeitet. Es kommt dabei an auf die klare Bestimmung dessen, worauf der eigentliche Werth des Menschen ruht, an dessen Gedanken das sittliche Gefühl geknüpft ist. Dieser Werth, der anfänglich eben so unvollkommen erkannt wird, als sich die menschlichen Anlagen und Kräfte unvollkommen äußern, und dessen unbestimmte Erkenntniß auch die Unbestimmtheit und Einseitigkeit der ersten sittlichen Begriffe veranlaßt, kann nun, so bald auch die, obgleich dunkeln, Regungen der sittlichen Natur mit in Betrachtung gezogen werden, auf nichts mehr beruhend gefunden werden, als auf der sittlichen Natur selbst. So wie nun mit Hülfe dieser Erkenntniß bei der Reflexion auf die Wirkungen des sittlichen Gefühls, worin wir zur Schonung des Menschen uns aufgefordert finden, als der allgemeine Sinn derselben der Gedanke sich ergiebt: dem Menschen es möglich zu lassen, als sittliches Wesen, als Wesen mit Selbstzweck, zu existiren; so haben auch eben diese Anforderungen von Seiten der begünstigten Person aus aufgefaßt, keinen andern Sinn. Die Möglichkeit sittlicher Existenz, mithin alles, was nach der Einrichtung der menschlichen Natur eine Bedingung ausmacht, daß der Mensch als Wesen mit Selbstzweck existiren kann, erscheint hiermit als das Object, worauf der Mensch durch das Gesetz Anspruch hat an die Willkühr aller Uebrigen. Aber das Gesetz spricht für Alle, dieselben Ansprüche sind gegenseitig, so daß die einzelne Person bei dem Verfolgen ihrer Zwecke durch die zu schonende Existenz der Uebrigen beschränkt ist. Mit Rücksicht darauf spricht sich dann der Rechtsbegriff in dem Satze aus: Das Recht (in substantiver materialer Bedeutung) ist das gesetzlich gegründete Verhältniß unter den Menschen, nach welchem jeder Anspruch auf alles dasjenige hat, was nach der Einrichtung der menschlichen Natur zur Möglichkeit sittlicher Existenz erforderlich ist, so weit die gleiche Existenz Aller dabei bestehn kann. Zu diesem Gedanken gelangt die Reflexion, so bald sie mit Umsicht die Thatsachen des Gesetzes im ursprünglichen Bewußtseyn desselben bis zu ihrer Auffassung in Begriffen verfolgt, und eben dahin kommt sie, so bald sie abwärts steigend von dem Begriffe des allgemein verpflichtenden Gesetzes und des darin der Menschheit gesetzten Ziels ausgeht und dabey zugleich die Form oder Allgemeingiltigkeit des Gesetzes berücksichtigt. Denn aus

dem

dem §. 52 aufgestellten Satze: Strebe nach Verbreitung eines wahrhaft sittlich-religiösen Lebens in Angemessenheit zu den in der menschlichen Natur gesetzten Bedingungen, ging §. 53 als erster specieller Satz das Gesetz hervor: die persönliche Existenz Aller bestehen zu lassen, welches Gesetz, von der Seite der dadurch begünstigten Person aus aufgefaßt, zu dem eben angegebenen Begriffe des Rechts sich gestalten wird. Und hiermit glauben wir die Aufgabe unsers gegenwärtigen Abschnitts gelöst und zugleich das allgemeine Kriterium angezeigt zu haben, wornach sich das Rechtsverhältniß weiterhin in Begriffen verfolgen und bestimmen lassen wird.

Zweiter Abschnitt.

Von den Arten der Rechte und ihrem gegenseitigen Verhältnisse. (Collision der Rechte.)

§. 61.

In dem Rechtsbegriffe, denselben in seiner formalen Allgemeinheit gefaßt, besitzen wir also nach §. 57 die Vorstellung von einem in dem sittlichen Gesetze gegründeten Anspruche der Person an die Andern, in Hinsicht gewisser Objecte ihre Willkühr zu beschränken; oder die Vorstellung von der in dem sittlichen Gesetze gegründeten Verknüpfung eines Objects mit einer Person, nach welcher es derselben mit Ausschließung der Willkühr Anderer zusteht. Das allgemeine materielle Merkmal für diese Verknüpfung besteht aber darin, daß das Object eine Bedingung ausmacht zur Möglichkeit sittlicher Existenz, und der mit der Person so verknüpfte Gegenstand macht die Materie des Rechts aus. Die Mannichfaltigkeit der Rechtsobjecte, die Verschiedenheit in der Art ihrer Verknüpfung mit der Person und in der Erkenntniß dieser Verknüpfung begründet aber einen Unterschied unter den besondern Rechtsbegriffen, nach welcher die Sphäre des Rechts in Arten zerfällt, welche hervorzuheben und im Allgemeinen zu charakterisiren noch wesentlich zur Kenntniß des Rechtsbegriffs überhaupt erforderlich ist.

§. 62.

Zuvörderst bietet sich der besonders für die systematische Anordnung der Rechtsbegriffe wichtige Unterschied zwischen ursprünglichen und abgeleiteten Rechten dar. So wie nämlich aus einem Begriffe andere abgeleitet werden können, indem die letzteren als Theile in dem erstern liegen, so kann auch ein Rechtsobject mehrere Theile in sich schließen, welche dem Subjecte ebenfalls zugehören, weil ihm das Ganze zusteht. Begriffe, aus welchen andere abgeleitet werden, heißen ursprüngliche (Grundbegriffe) und die daraus hervorgehenden abgeleitete (Folgebegriffe); mithin theilen sich die Rechte in ursprüngliche, auch Urrechte genannt, und in abgeleitete, überall nämlich mit Rücksicht auf das logische Verhältniß der Begriffe, in welchen wir sie fassen.

§. 63.

Die Art, wie einer Person etwas zukommen kann, ist doppelt; entweder es kommt ihr von Natur zu, ist ihr angeboren, oder es ist von ihr erworben; und daher zerfallen auch die Rechte in angeborne und erworbene. Unter den ersteren wird man diejenigen zu verstehen haben, deren Materie in den natürlichen Anlagen und Kräften des sittlichen Wesens selbst besteht, unter den andern aber diejenigen, deren Objecte durch eine Handlung des Subjects mit seiner sittlichen Existenz in Verbindung gebracht sind. Alle erworbenen Rechte setzen die angebornen voraus; denn sie sind zu betrachten als Ausflüsse derselben. Die erworbenen Rechte sind daher auch sämmtlich abgeleitete, aber nicht alle angeborne sind ursprüngliche.

Denn es können Eigenschaften und Vermögen einem Subjecte angeboren seyn, ob sie gleich nach dem logischen Verhältnisse unter den Begriffen erst in abgeleiteten Merkmalen gedacht werden. Da die erworbenen Rechte unter der Bedingung wirklich werden, daß eine Thätigkeit des Subjects statt gefunden hat; so werden sie auch **hypothetische** genannt: die angebornen aber, die in und mit der reinen menschlichen Natur selbst gesetzt sind, heißen **absolute**.

§. 64.

Alle Rechtsobjecte sind entweder etwas an der Person selbst Befindliches, oder etwas außer ihr, und mit Rücksicht darauf theilen sich die Rechte ein in **Rechte auf sich selbst** und in **Rechte auf etwas Anderes**. Die ersteren beziehen sich sowohl auf die angebornen, als auch auf die erworbenen persönlichen Qualitäten, die der andern Art aber gehen entweder auf Sachen, d. h. auf Gegenstände, welche keine Personen sind, oder auf Personen, und sind also entweder **sächliche**, oder **persönliche**.

Anmerk. Außer den sächlichen und persönlichen Rechten hat man noch eine dritte Art angenommen, und sie bald als persönlich-sächliche, bald als sächlich-persönliche charakterisirt. Allein persönlich-sächliche Rechte, d. h. solche, die sich auf eine Sache beziehen, gleich als wäre sie Person, giebt es nicht; denn eine Sache als Person anzusehn, ist gegen die Vernunft. Die sächlich-persönlichen Rechte aber, d. h. diejenigen, welche sich auf eine Person, gleich als wäre sie Sache, beziehn, werden erst eine Art von den persönlichen überhaupt ausmachen, und können also auch erst bey der weitern Betrachtung und Eintheilung dieser in Erwähnung kommen.

§. 65.

Einen andern Eintheilungsgrund für das Rechtsgebiet, der aber freilich erst im bürgerlichen Leben von Wichtigkeit ist, bietet die Bestimmung und Sanctionirung der Rechte durch eine öffentliche Gesetzgebung dar, und wir unterscheiden in dieser Hinsicht ein äußerlich bestimmtes und ein äußerlich unbestimmtes Recht. Diejenigen, welche das Recht überhaupt nur in der äußern Gesetzgebung gegründet finden, werden zwar nur einerlei Recht, nämlich nur das äußerlich bestimmte, anerkennen, und auch wir behaupten, daß der Bürger in den Puncten des Rechtsverhältnisses, worüber der Staat bestimmt hat, überall kein anderes Recht habe, als das öffentlich bestimmte (§. 8). Aber welches positive Gesetz hat wohl das Rechtsverhältniß seiner Unterthanen nach allen möglichen Beziehungen erschöpft? Sprechen wir nicht auch von einem Gewohnheitsrechte, welches in den freien Sitten und Gebräuchen bestimmt ist? findet man sich, besonders in dem feiner gebildeten Leben und in den Puncten der Ehre nirgends beleidigt, außer durch Uebertretung des im öffentlichen Gesetze Bestimmten? und ist eine Beleidigung ohne ein derselben vorausgehendes Recht? Hätte nun eine Handlung, welche in dem öffentlichen Gesetze nicht bestimmt ist, wirklich keine rechtliche Bedeutung, woher denn das Bedürfniß fortschreitender, nicht blos verändernder, sondern wirklich erweiternder Gesetzgebung, welches die bessern Staaten durch die That anerkennen? Besonders aber kann dem Denkenden der Einfluß nicht entgehen, welchen die freien Sitten und Gebräuche der Staatsgesellschaft auf die Bestimmung der gesellschaftlichen Ansprüche ausüben, und der so wichtig ist, daß selbst die positive Gesetzgebung, die nach Volksthümlichkeit strebt, darauf einzugehen sich genöthigt sieht. So sehr indeß das positive Gesetz sich hineinbilden mag in diese Sitten und Gebräuche, mit fortschreitender Entwickelung des bürgerlichen Lebens werden nie neue Begriffe ausbleiben, wornach der gesellschaftliche Werth gemessen wird, und welche als eine besondere Basis für die gesellschaftlichen Ansprüche und für das Benehmen, ohne nothwendiger Weise mit dem positiven Gesetze in Opposition zu treten und dadurch verwerflich zu werden, sich geltend machen, und viele Handlungen der Anmaßlichkeit, Verkleinerungssucht ansehn lassen als eine Beeinträchtigung des Andern und seiner wohlerworbenen gesellschaftlichen Ansprüche, ohne daß das öffentliche Gesetz Beleidigungen dieser Art als Beleidigungen erreichen und ahnden könnte. Kurz, wir finden das reine Rechtsgesetz in dem Gange der Begriffsentwickelung einer solchen Verfeinerung fähig, daß das äußere Gesetz nicht folgen kann; seine Spuren sind noch in dem Gebiete des Schicklichen unverkennbar, gegen dessen Vernachläßigung weder das Gefühl der Achtung, die ursprüngliche Quelle des Rechtsbegriffs, noch auch die in diesem Gebiete selbst waltenden Grundsätze keineswegs den Menschen schlechthin gleichgiltig und unthätig lassen. Das mögliche Gebiet des Rechtsbegriffs und der Rechtsforderungen werden wir daher nie in dem positiven Gesetze ganz erschöpft finden, und eben so wenig wird das Gebiet des Rechts durch das Merkmal, Bestandtheil einer öffentlichen Zwangsanstalt seyn zu können, erschöpft werden; sondern neben dem positiven Gesetze, als dem äußern Rechte, wird sich immer noch ein feineres geltend machen, welches wir im (logischen, nicht aber realen) Gegensatze das blos innere nennen können. Da letzteres der öffentlichen Bestimmung und Sanction, mithin auch des öffentlichen Schutzes ermangelt, was unleugbar eine Unvollkommenheit desselben ausmacht; so ist auch der Ausdruck „unvollkommenes Recht" dafür, denselben in dieser Bedeutung gefaßt, nicht unpassend.

Anmerk. Andere Eintheilungen der Rechte, z. B. in veräußerliche und unveräußerliche, werden, als unwichtig für die systematische Anordnung und Bezeichnung des Gebiets der Rechtsbegriffe, in den speciellen Betrachtungen ihre Nachweisung erhalten.

§. 66.

Unsere bisherigen Bemerkungen betrafen den Rechtsbegriff in so fern, als er in dem einzelnen Subjecte aus mannichfachen Gründen einer solchen Erweiterung fähig ist, daß sein Gebiet zu einer leichtern Uebersicht der Zerlegung in besondere Theile bedarf, und wir konnten dabei wahrnehmen, daß derselbe zwar eine in der reinen menschlichen Natur selbst gegründete und in so fern völlig allgemeine materielle Bestimmtheit und Bestimmbarkeit besitzt, aber doch nur zum Theil dieselbe behauptet, d. h. so weit er die Grundbedingungen der eignen Persönlichkeit angeht; denn in seiner Erweiterung und Ausdehnung auf das äußere Daseyn ist er der Zufälligkeit unterworfen und bedingt nicht allein durch den Willen des Subjects, welches die Gegenstände jener Sphäre erst mit sich oder seinen Zwecken verknüpfen muß, sondern auch durch zufällige Verhältnisse. Neben der materiellen Seite läßt sich aber in dem höchsten Rechtssatze auch seine formelle als ein wesentliches Element nicht übersehen, wornach das Rechtsgesetz ein allgemeingiltiges, für Alle sprechendes ist, und dem Einzelnen nur in so weit ein Recht auf Inneres und Aeußeres ertheilt, als die Andern gleichfalls als sittliche Wesen mit bestehn können. Unverkennbar liegt in dieser Form für die Rechtsbegriffe des Einzelnen eine Beschränkung, deren Anerkennung in der Würdigung] derselben eine wesentliche Forderung ist. Man nennt das Verhältniß verschiedener Rechte, nach welchem das Eine durch ein anderes, welches in einer gegenüberstehenden Person statt findet, beschränkt wird, oder seine Giltigkeit verliert, die Collision derselben, darf aber dabei nicht an wirkliche Berechtigungen denken, sondern blos an Rechtsgründe oder objective Rechtsbegriffe, wofür erst die Frage entsteht, welcher in einem solchen Falle Anwendung finde zur Erzeugung einer Berechtigung. Unter dieser Bedeutung ist eine Collision nicht allein möglich, sondern das Eingehen in dieses Verhältniß unter den Rechtsbegriffen ist selbst sehr nothwendig, um den einzelnen Rechtsbegriff für den Fall seiner Anwendung auch schon in abstracto gehörig zu würdigen, und den allgemeinen Rechtsgrundsatz: sein Recht nicht weiter auszudehnen, d. h. den Rechtsbegriffen keine weitere Anwendung zu geben, als die Rechte Anderer bestehen können, auch im Besondern anzuerkennen. Schon oft haben wir nämlich die Bemerkung gemacht, daß der an sich giltigste Rechtsbegriff zu seiner Anwendung noch einer besondern Beurtheilung der Verhältnisse bedürfe, damit in der Beilegung einer wirklichen Berechtigung der Sinn des das Recht begründenden sittlichen Gesetzes getroffen werde. Da nun vermöge der

Form des Gesetzes jedes Recht schon dem allgemeinen Begriffe nach nur so weit ausgedehnt werden kann, als man dem bestehenden Rechte eines Andern nicht zu nahe tritt, so daß die Anwendung des einen Rechtsbegriffs in besondern Fällen aufgehoben wird durch einen andern; so ist wohl die Frage natürlich, was es mit diesem Verhältnisse unter den Rechtsbegriffen für eine Bewandtniß habe. Denn möglich bleibt es vorerst, daß, so wie überhaupt aus der Form des Gesetzes für die Anwendung des einzelnen Begriffs eine Beschränkung hervorgeht, welche als ein wahrer Rechtsgrundsatz anerkannt werden muß, eben dieses Verhältniß auch unter den einzelnen Arten der Rechtsbegriffe so statt finde, daß es ein objectives ist, und somit Rechtsgrundsätze giebt, ohne welche die Rechtsbegriffe selbst der nöthigen Bestimmtheit ermangeln würden. Wir benutzen daher die Kenntniß der verschiedenen Arten der Rechtsbegriffe nicht blos zu einer deutlichen Uebersicht über das ganze Gebiet dieser Begriffe, sondern auch dazu, durch die Beurtheilung ihres gegenseitigen Verhältnisses nach dem allgemeinen Sinne des für Alle gleich sprechenden Gesetzes die aus jener Allgemeingiltigkeit hervorgehende Beschränkung für die einzelnen Begriffe nicht blos in flacher Allgemeinheit, sondern auch im Besondern zu finden und anzuerkennen. Nur so werden die einzelnen Rechtsbegriffe die nöthige Bestimmtheit erhalten, ohne welche das Rechtsgesetz nicht allein mit der Moral, sondern auch mit sich selbst leicht in Widerspruch gesetzt werden kann, und daß man eben dieses Verhältniß unter den Rechtsbegriffen zu bedenken nicht selten unterlassen hat, ist ein Hauptgrund gewesen, das

Rechtsgesetz in einem recht starken Gegensatze von den sittlichen Grundsätzen zu finden.

§. 67.

Bevor wir aber die verschiedenen Arten der Rechte in die bemerkte Vergleichung bringen, wo besonders das Verhältniß der angebornen zu den erworbenen in Betrachtung zu ziehen seyn wird, fordert der Fall eine Entscheidung, wo verschiedene Personen in die Lage versetzt sind, daß ein angebornes Gut auf dem Spiele steht, z. B. das Leben, und nur einer sich retten kann. Vorausgesetzt, daß beide Theile gleich unverschuldet in dieses Verhältniß gerathen, und gleich zufällig zu dem Rettungsmittel gelangt sind, so daß für beide nur einerlei Rechtsgrund zur Benutzung desselben statt findet; so haben wir hier einen Fall, wo der Rechtsbegriff eigentlich bei keinem in Anwendung kommt. Nur gegen fremde Willkühr und ihre Folgen ist der Rechtsbegriff gerichtet, hier aber trifft er auf sich selbst in dem Andern, und hebt so seine Wirkung auf. Nach Rechtsbegriffen kann also gar nicht über diesen Fall entschieden werden, und zwar nicht deshalb, weil kein äußeres Strafgesetz hinreichend wäre, die Handlungen des Menschen in solcher Lage zu motiviren, wovon überhaupt die Wirklichkeit des Rechts nicht abhängt; sondern weil dies die Natur des Rechtsbegriffs selbst mit sich bringt. Das menschliche Handeln steht hier unter dem Einflusse und Gesetzen der Liebe.

§. 68.

Was aber das Verhältniß zwischen den angebornen und erworbenen Rechten betrifft; so werden die erstern leicht als die zuerst bestehenden zu erkennen seyn, als die Basis, worauf alle übrigen sich gründen: sie sind die mit der Menschheit selbst gesetzten. Ist es nun wahr, daß durch keine Thätigkeit des Einen ein bestehendes Recht des Andern aufgehoben werden kann; so kann auch insbesondere jede dauernde Zueignung, wodurch etwas durch einseitigen willkührlichen Akt aus dem Sachreiche, zu dessen Gebrauch jeder Person die Möglichkeit als ein angebornes Recht zusteht, mit einer Privatrechtssphäre verknüpft wird, nur unter der Bedingung vor jenem Grundsatze und vor dem für Alle sprechenden Gesetze sich rechtfertigen, als sie nicht unter den Ursachen der völligen Ausschließung der Andern von dem Gebrauche des Sachreichs seyn will, und als sie da, wo dies der Fall ist, d. h. wo der Andere wohl mittelst des Sachreichs sich würde erhalten können, wenn nicht das Mittel occupirt wäre, nicht sich geltend zu machen strebt. Ist es ein wahrer Rechtsgrundsatz, durch keine willkührliche Handlung dem Andern die Bedingungen persönlicher Existenz zu entreißen; so wird wohl auch einer schon vorgenommenen Erwerbung oder Aneignung einer Sache aus dem allgemeinen Reiche der Mittel nicht die Wichtigkeit gegeben werden können, daß sie, unter dem Einflusse der Verhältnisse, unter welchem alle menschlichen Pläne stehn, dieselbe Wirkung haben würde. Es wird vielmehr dieser Akt nur dann vor dem angebornen Rechte Aller auf die Möglichkeit des Gebrauchs der natürlichen Mittel ihrer Erhaltung sich rechtfertigen können, wenn auch in dem Begriffe des erworbenen Eigenthums die Form des Rechtsgesetzes mit aufgenommen wird, nach welcher es nur so lange seine Anwendbarkeit hat, als kein Fall eintritt, wo ein Anderer auf diese Sache zu seiner Erhaltung zurückgedrängt ist, und wo jenes angeborne Recht sich geltend macht. Wenn wir demnach behaupten, daß im Nothfalle der Gefährtete das Recht habe, durch eine von Andern aus dem allgemeinen Reiche der Mittel blos sich zugeeignete Sache sich zu retten; so behaupten wir damit kein Recht, Unrecht zu thun, wofür man oft diesen Fall ansieht und kurz abthut, und für abgethan ansehn muß, wenn man unter Recht überall zugleich die wirkliche Berechtigung denkt; sondern wir behaupten nur eine, aus der Allgemeingiltigkeit des Gesetzes sich nothwendig ergebende Beschränkung der Grundsätze für das erworbene Recht durch die Priorität der angebornen, oder daß der bemerkte Fall nicht zu denjenigen gehört, wofür der Begriff des Eigenthums eigentlich gebildet ist. Ohne diese Beschränkung muß unfehlbar das Rechtsgesetz als sich selbst widersprechend erscheinen; denn man brauchte ja nur bei eintretender Gefahr eines Andern, gestützt auf das Recht der Occupation, das muthmaßliche Rettungsmittel zu präoccupiren, ihm das Zeichen des Eigenthums aufzudrücken, um den Unglücklichen von Rechts wegen dem Tode zu weihen. Das Hinweisen auf das höhere Gesetz der Sittlichkeit wird diesen Widerspruch aus dem Rechtsgesetze selbst nicht entfernen; der Satz: sich nur in so weit Rechte beizulegen, als die Andern mit existiren können, oder als die Handlung nicht unter den Ursachen zur Vernichtung der Persönlichkeit Anderer erscheint, verliert dabei ganz seine

Giltigkeit. Derselbe Widerspruch würde sich auch da zeigen, wo man, gestützt auf das Recht der Verträge, auch dann die Leistung fordern könnte, wenn durch unvorhergesehene Umstände das Unternehmen derselben unfehlbar den Untergang des Promittenten nach sich ziehen müßte; was kann das Recht aus Verträgen bei solcher Folgerung vor dem die Möglichkeit persönlicher Coexistenz fordernden Gesetze für einen Werth haben?

§. 69.

So sehr wir aber auch die Nothwendigkeit dieser Beschränkung in der objectiven Würdigung des erworbenen Rechts durch das angeborne anerkennen, so wenig können wir auch die Beschränkung unbemerkt lassen, welche dagegen für das angeborne Recht statt findet und theils in ihm selbst liegt, theils aus der Beschaffenheit der Objecte sich ergiebt. Das angeborne Recht, so fern es sich auf die äußere Natur bezieht, schließt an sich nicht mehr in sich, als die von Andern zulassende Möglichkeit der Benutzung äußerer Gegenstände, oder der Theilnahme an der Sphäre der Mittel zur Erhaltung und Sicherung der persönlichen Existenz. Hieraus folgt nun zwar, was noch in der Folge besonders gezeigt werden wird, nicht allein das Recht des momentanen Gebrauchs zur Befriedigung der natürlichen Bedürfnisse, sondern auch der dauernden Zueignung, indem nur durch eine fortgesetzte planmäßige Bearbeitung viele Gegenstände erst die rechte Tauglichkeit erhalten können, und der Einzelne erst so zu einer höhern Entwickelung aufzustreben vermag. Auch folgt, daß, so lange der Eine durch die Erwerbung und Ausbreitung seines Freiheitsgebiets die Andern nicht von der Theilnahme an dem Reiche nothwendiger Mittel ausschließt und ihr angebornes Recht verletzt, seine Handlung nicht dem Gesetz entgegen sey. Tritt aber durch die Macht der Verhältnisse, ohne deren Berücksichtigung überhaupt keine Lebensregel fürs Besondere entworfen werden kann, für den Andern der Fall ein, wo die einseitige Erwerbung die dem allgemeinen Rechtsgesetze widerstreitende Folgen auf ihn äußert; so wird jenes angeborne Recht für ihn sich geltend machen, aber natürlich auch nicht weiter, als es an und für sich reicht, d. h. bis zur Abwendung des Dranges der Noth, ohne übrigens die frühere Erwerbung aufzuheben, und da, wo anderweit die Erhaltung möglich geworden ist, sie auf Unkosten des fremden Freiheitsgebiets zu fordern.

§. 70.

Was die Beschränkung des angebornen Rechts durch die Beschaffenheit der Objecte betrifft; so kommt dabei folgender Unterschied unter den Gegenständen des äußern Daseyns in Berücksichtigung. Es giebt nämlich Gegenstände, denen nur durch die menschliche Thätigkeit die Qualität des Mittels für menschliche Zwecke ertheilt worden ist, aber auch solche, welche diese Qualität schon in ihrer natürlichen Beschaffenheit besitzen, und noch an sich tragen, und endlich solche, die durch die Thätigkeit des Besitzers blos eine höhere specifische Tauglichkeit erhalten haben. — Auf die Früchte der Thätigkeit Anderer giebt es ohne besondere Uebereinkunft mit demselben kein Recht; die Mittel der erstern Art gehören also so ausschließlich zur Rechtssphäre ihres Urhebers, als dessen Thätigkeit selbst, und die Rettung Anderer durch dieselben ist für ihren Besitzer bloße Liebespflicht. Anders verhält sichs aber mit den Mitteln der zweiten Art. Gegründet in der Sphäre des Daseyns, worauf allerdings das angeborne Recht Aller eine Beziehung hat, können sie durch einseitige Aneignung jenem Rechte nicht schlechthin entfremdet werden, sondern es wird die Besitznahme in ihren Folgen nothwendig als beschränkt durch das angeborne Recht anzuerkennen seyn, wenn sie als ein einseitiger Akt vor dem für die Erhaltung Aller sorgenden Gesetze gerechtfertigt werden soll. In so weit ist die Entscheidung leicht; schwieriger dagegen scheint dieselbe in Ansehung der dritten Art, wo Persönliches und Natürliches sich mit einander verbindet. Auf das Persönliche giebt es für einen Fremden kein angebornes Recht, andrerseits aber kann doch die Aneignung und Bearbeitung der natürlichen Dinge zu individuellen Zwecken, besonders wenn man sie in der Masse des gesellschaftlichen Lebens sich denkt, zu einem solchen Resultate führen, daß der Einzelne sich dadurch allerdings von der Sphäre der Mittel, worauf er ein angebornes Recht hat, ausgeschlossen sieht und dem Untergange zugeführt wird. Um nun seiner Handlung nicht zugleich die letztere Folge zu geben, wird der Besitzer zwar nicht das Recht haben, den Gebrauch, so weit die Rettung des Zurückgedrängten ihn erheischt, zu versagen; aber auf der andern Seite wird auch jener nicht schlechthin das Recht auf die Früchte der Thätigkeit des Besitzers sich beilegen können, und daher für das Persönliche an der Sache zur Erstattung verpflichtet seyn. Dies sind die Grundsätze, welche sich als objective Feststellung des Verhältnisses zwischen den angebornen und erworbenen

Rechten nach der Idee des für Alle sorgenden Gesetzes ansehen lassen; für die Anwendung derselben aber, wobei zugleich die besondere Lage der Betheiligten in Betrachtung kommt, weist die Rechtslehre, so wie überall, hin an die Moral.

Anm. Die hier angedeuteten Grundsätze für das Eigenthumsrecht werden wir in der Folge besonders entwickeln.

§. 71.

Aus gleichem Standpuncte können und müssen aber auch noch die erworbenen Rechte mit einander selbst in Vergleichung gebracht werden, indem nicht weniger auch Fälle der Art eintreten können, daß verschiedene Personen Anspruch anf Objecte oder auf die Benutzung gewisser Umstände sich erworben haben, wo sie nicht zugleich volle Befriedigung erhalten können; und zwar kann dies geschehn theils so, daß die Ansprüche auf die Leistung einer dritten Person sich beziehn, theils so, daß die beiderseitigen Ansprüche als unmittelbar gegen einander gerichtet erscheinen. Ueber die Möglichkeit des erstern Falles giebt das gewöhnliche Leben zahlreiche Beispiele, und da, so bald kein anderer Grund, wie etwa besondere Verträge, oder die Priorität der Erwerbung vorwaltet, oder sich anwenden läßt, die Erwerbung selbst keinen Unterschied darbietet, dem einen oder andern Theile einen Vorzug zu geben; so wird eins das andere in so weit beschränken, daß die Befriedigung im Verhältnisse zu der realen Wichtigkeit und Größe des Gegenstandes steht.

§. 72.

Was aber den zweiten Fall betrifft, so müssen wir vorerst für die Möglichkeit seines Eintritts noch eine nähere Nachweisung geben, und machen zu diesem Ende aufmerksam auf die Rechte und Verhältnisse gesellschaftlicher Verbindung. So wie nämlich in der angebohrnen Rechtssphäre nicht allein das Recht auf den ungestörten Besitz desjenigen liegt, was die Natur selbst der Person in ihrer Individualität verliehen hat, sondern auch das Recht auf die Möglichkeit einer Sicherung und Erweiterung ihres Wirkungskreises, so hat auch Jeder durch den Eintritt und die Aufnahme in eine gesellschaftliche Verbindung das Recht sich erworben, nicht allein auf ungestörten Besitz des ihm bereits Zugehörenden, sondern auch auf die Möglichkeit, zur Sicherung und Realisirung seiner menschlichen Zwecke die Vortheile des gesellschaftlichen Lebens zu benutzen. Dies sind die beiden Grundrechte der Gesellschaft, welche jeder anderweiten Erwerbung in derselben zur nächsten Basis dienen, und ihr vorausgehn. Vermöge des Rechts auf die Möglichkeit der Theilnahme an den Vortheilen der gesellschaftlichen Verbindung kann aber der eine und andere Theil, begünstigt durch natürliche oder besondere äußere Verhältnisse, seine Erwerbung so weit ausdehnen, daß es dadurch dem dritten unmöglich gemacht wird, den Forderungen menschlicher Bildung und den gesellschaftlichen Ansprüchen zu genügen, so daß er zuletzt an der Ausübung des einen seiner gesellschaftlichen Grundrechte durch die Andern gänzlich gehindert wird, während der Andere vielleicht für jeden Theil seines Rechtsgebiets einen Rechtstitel nachweisen kann.

§. 73.

Betrachten wir nun diesen Punct genauer; so wird wohl Niemand leugnen, daß ein Verhältniß unter den Gliedern eines Vereins, wobei durch die Ausbreitung der Rechtssphäre des einen Theils dem andern die Möglichkeit entrissen ist, den Anforderungen des allgemeinen und gesellschaftlichen Lebens zu genügen, dem für Alle sorgenden Rechtsgesetze nicht angemessen ist, und dem Ideale eines Rechtszustandes nicht entspreche, so daß nicht allein bei der Anordnung der Gesellschaft dem Eintritte eines solchen Verhältnisses gewehrt werden müsse, sondern daß auch jeder Akt fortschreitender Erwerbung als beschränkt anzusehn sey durch die bestehenden Rechte der Uebrigen, wobei jeden Falls das ursprüngliche Recht: nicht ausgeschlossen zu werden durch die Thätigkeit und Erwerbung der Uebrigen von der Theilnahme an den Vortheilen gesellschaftlicher Verbindung, besonders zu berücksichtigen seyn wird. Allein da einerseits jenes allgemeine Recht an sich keinen besondern Gegenstand hat, sondern nur auf die äußere Möglichkeit solcher Theilnahme sich bezieht, und seinen Gegenstand erst von den Verhältnissen erwartet, und da andererseits bei der mannichfaltigen Wechselwirkung der Causalität, woraus die gesellschaftlichen Verhältnisse erwachsen, auch das Persönliche des durch sie begünstigten Subjects Einfluß haben wird, worauf ohne speciellen Vertrag das Recht in Andern sich nicht erstreckt; so wird sichs natürlich im einzelnen Falle nicht objectiv bestimmen lassen, was und wie viel jenem nur im Allgemeinen sich haltenden Rechte zufällt, und eine gewaltsame materielle Ausgleichung der einzelnen Rechtssphären ist hier ohne Rechtsverletzung nicht denkbar. Aber eins ist möglich und also auch durch die Form des Gesetzes nothwendig, nämlich daß nicht allein der Eine aus den ungünstigen Verhältnissen des Andern keine Gelegenheit nehme, seine Erwerbung auf Unkosten desselben zu vermehren, und ihn noch weiter herabzubringen, sondern auch eine schon vollbrachte Erwerbung, z. B. durch eingegangene Verträge, nicht zu einer Ursache herabzuwürdigen, daß der Andere ein Opfer unverschuldeter Verhältnisse werde. Es ist dies eine Folge der Form des Gesetzes, durch welche dasselbe in einer das Mißverhältniß unter den einzelnen Rechtssphären, welches theils durch Umstände, theils durch Freiheit entstehen kann, ausgleichenden Tendenz auftritt, oder als ein Gesetz der Billigkeit, aequitas recht treffend genannt.

§. 74.

Die Billigkeit wird gewöhnlich, im Gegensatze von dem strengen Rechte, erklärt als die Beschränkung des Rechts durch Tugendpflichten (welche Erklärung indeß auch für die Großmuth, so wie für viale Handlungen der Wohlthätigkeit paßt); allein dieser Begriff hat seinen Ursprung innerhalb der Sphäre des Rechtsgesetzes selbst, und zwar in der Form desselben, nach welcher es, als das Princip der Gleichheit, allen Personen auf das Reich der Mittel für die menschliche Existenz ursprünglich gleiche Ansprüche zuerkennt, und die durch einseitige Erweiterung des Rechtskreises unter dem Einflusse empirischer Verhältnisse entstehende Ungleichheit gezügelt wissen will. Diese Zügelung ist aber dadurch möglich, daß die ursprünglichen

Rechte des allgemein menschlichen und des gesellschaftlichen Lebens in der Anwendung der Begriffe dieser und der erworbenen Rechte stets berücksichtigt werden, wofür das Gesetz als die Maxime auftritt: in der Beurtheilung der Berechtigung Bedacht zu nehmen, daß man durch das Verfolgen eines besondern Rechtsbegriffs nicht Ursache werde, daß die Last unverschuldeter Verhältnisse auf den Andern gehäuft und er dadurch von uns zurückgedrängt werde von den Hülfsmitteln des menschlichen und gesellschaftlichen Lebens. Wo gleiche Rücksicht auch da angewendet wird, wo an den Verhältnissen auch die Schuld des Andern mit Theil hat, wird die Billigkeit zur Großmuth, und hier erst geht das Rechtliche über in das blos Sittliche, jedoch in unendlichen Abstufungen; indem auch in der Schuld die Verhältnisse, schlechte Erziehung, so wie die allgemeine menschliche Schwachheit in theoretischer und moralischer Hinsicht mitwirken können, und deren Berücksichtigung auch allgemein, wenigstens in der Lehre von der rechtlichen Zurechnung, als eine Rechtsforderung anerkannt wird.

§. 75.

In dem Begriffe der Billigkeit macht sich also die, auch in die objective Würdigung und Bestimmung der einzelnen Rechtsbegriffe selbst mit aufzunehmende, Form des Rechtsgesetzes geltend als Vermittlerin zwischen denselben für die Fälle ihrer Collision und Anwendung, und wir finden in ihm einen Begriff, welcher für alle Stufen menschlicher Entwickelung, von den ersten Bedingungen der Erhaltung an bis zu den Verhältnissen des feinsten gesellschaftlichen Lebens in den Puncten der Ehre ein Rechtsprincip ist, und er behauptet diesen rechtlichen Charakter, wenn auch in den Verwickelungen gesellschaftlicher Verhältnisse die Grenze der einzelnen auszugleichenden Begriffe nicht so scharf gezogen werden kann, wie in den Grundbedingungen des einfachen Menschenlebens, und wenn auch das verletzte Recht die §. 65 bemerkten Eigenschaften des unvollkommenen annimmt. Wenn man freilich in dem einzelnen Rechtsbegriffe, wie er aus dem Charakter eines persönlichen Wesens sich ergiebt, schon eine wirkliche Berechtigung denkt, die Möglichkeit des Zwangs zur Wirklichkeit des Rechts fordert, und die aus der Form des Gesetzes hervorgehende Beschränkung derselben blos im Allgemeinen andeutet, ohne sie in das Verhältniß der einzelnen Begriffe zu verfolgen; dann muß die Billigkeit, welche eigentlich blos eine Beschränkung seiner Ansprüche nach der Form des Gesetzes, oder nach der Idee der Rechtsgleichheit ist, als ein Nachlassen von seinem Rechte erscheinen, welches dem Rechtsgesetze fremd ist, und dann wird auch das streng rechtliche Handeln dem billigen gegenüber treten. Allein wenn auch der Begriff der Billigkeit blos auf das Verhältniß unter den materiellen Rechtsbegriffen hinsichtlich ihrer Anwendung sich bezieht, und deshalb keinen Bestandtheil aus dem Umfange derselben selbst ausmacht, und wenn auch in der Beurtheilung dieser Verhältnisse Rücksichten zu nehmen sind, welche der äußere Richter nicht verfolgen kann; so kann es doch nie Maxime werden, in der Anwendung eines

Rechtsbegriffs ohne Rücksicht auf die Verhältnisse zu verfahren, wenn man den rationalen Sinn der Berechtigung erfaßt zu haben sich rühmen will, und unter diesen Verhältnissen werden die durch die Form des Rechtsgesetzes unter den Rechtsbegriffen selbst gegründeten, in deren Berücksichtigung eben die Billigkeit besteht, immer den ersten Rang einnehmen, so daß nicht allein die öffentliche Gesetzgebung in ihren Rechtsbestimmnngen darauf wird eingehen müssen (so wie es auch die bessern längst schon gethan haben), wenn sie ihren Institutionen den Charakter wahrer Humanität ertheilen will, sondern daß auch Jeder, der in gleichem Geiste und wahrhaft rechtlich zu handeln gedenkt, nach denselben Rücksichten zu verfahren hat, auch da, wo das öffentliche Gesetz und der Zwang nicht hinreichen kann, d. h. auch in den feinern Verhältnissen des gesitteten Lebens, oder bei dem Streben nach gesellschaftlicher Beförderung und Auszeichnung.

§. 76.

Wir werden die Maxime der Billigkeit, als eine Rechtsforderung, wieder finden in der Lehre von der rechtlichen Zurechnung, behaupten aber, daß sie nicht blos da, wo sichs um die Giltigkeit des Rechts zum Zwange handelt, sondern auch überhaupt in der Beurtheilung der Giltigkeit eines Rechtsbegriffs eine wahre Rechtsforderung sey, und nur durch eine Verkennung ihres Wesens und Grundes aus der reinen Rechtslehre verwiesen werden konnte, wodurch die philosophische Rechtslehre, so viel sie auch von dem in ihr darzustellenden Ideale des Rechts und Rechtszustandes sprechen mochte, mangelhafter wurde in der Darstellung des das Rechtsverhältniß begründenden sittlichen Gesetzes, als jede positive Rechtslehre, welche die Billigkeit in ihre Rechtsbestimmungen mit aufgenommen hat. Oder ist es etwa keine Inconsequenz, in der Ausübung des Rechts zum Zwange die Rücksichtnahme auf die Verhältnisse, in welchen der Verletzer handelte, oder die Unterscheidung zwischen dolus und culpa und reinem Zufalle als eine Rechtsforderung aufzustellen, in dem Verhältnisse des Gläubigers zum Schuldner, des glücklichen Eigenthümers zum Verunglückten aber die Berücksichtigung der Umstände für nicht nothwendig zu finden, um die Giltigkeit des Rechtsbegriffs für die ersteren zu behaupten, und das rücksichtlose Verfahren gegen die letztern nach den Begriffen des Eigenthumsrechts und der Verträge für rechtlich zu erklären? Oder ist es endlich nicht inconsequent, nachdem man die Forderungen der Billigkeit im Allgemeinen aus dem Rechtsgesetze verwiesen hat, zu behaupten, daß z. B. im ehelichen Leben der eine Theil nicht das Recht habe, den Ehecontract aufzuheben, wenn dem andern Theile durch Unglück die Erfüllung seiner ehelichen Pflichten unmöglich gemacht worden ist? Offenbar findet ja dieses Recht blos deshalb nicht statt, weil es eine Forderung der Billigkeit ist, den objectiven Rechtsbegriff nicht auch da gegen den Andern in Anwendung zu bringen, wo derselbe in der Erfüllung seiner Rechtspflichten mit unverschuldeten Hindernissen zu kämpfen hat, und denselben unterliegt. Gewiß, auch die Theorie des sogenannten strengen Rechts muß den Forderungen der Billigkeit huldigen, wenn sie nur einigermaaßen vor der Vernunft, d. h. vor der sittlichen und einzig wahren Bedeutung des Rechtsbegriffs, bestehen will, und huldigt ihnen auch, ohne jedoch es zu wissen oder anzuerkennen, und also auch ohne Consequenz und ohne die rechte Durchführung; und sie weiß es nicht, weil gewöhnlich in den Lehrbüchern derselben dem Begriffe der Billigkeit kaum eine unbestimmte Definition gegeben wird, ohne daß man seinen eigentlichen Grund deutlich gemacht hätte. Nur wolle man daher, daß sich in vielen Fällen die Forderungen der Billigkeit nicht objectiv und materiell bestimmen lassen, keinen Grund nehmen, dieselben ganz aus dem Rechtsgesetze zu verbannen. In sehr vielen Fällen wird sich allerdings die Objectivität nicht ableugnen lassen, und das positive Gesetz wird schon aus dem, über den Privatverhältnissen schwebenden, Rechtsgesetze den Grund entnehmen können, die Forderungen der Billigkeit, so weit sich überhaupt die Verhältnisse des Menschen nach objectiven Begriffen bestimmen lassen, sich mit zur Maxime zu machen. Und da der Einzelne in den Rechtssätzen überhaupt nur unter der Voraussetzung sittlicher Reflexionen eine Basis für sein Benehmen gegen Andere finden kann, wenn er dem wahren Geiste des Rechtsgesetzes angemessen handeln will; so werden sich diese Reflexionen auch da geltend machen, wo die Maxime der Billigkeit für ihn in Anwendung zu kommen scheint, und er wird sich gern bescheiden, in den verwickelten Fällen des Lebens, wo auch die öffentliche Auctorität nicht als Vermittlerin der einzelnen Rechtssphären auftritt, seiner subjectiven Ansicht Nachdruck zu geben.

Dritter Abschnitt.
Von den Folgen oder Ausflüssen des Rechts.

§. 77.

Wenn wir im 1. Abschnitte den natürlichen Rechtsbegriff nach seinem Ursprunge, nach seiner verschiedenen (formalen und materialen) Bedeutung und in seiner practischen Geltung zu bestimmen suchten, und im 2. Abschnitte den Umfang desselben nach seinen Arten und deren gegenseitigem Verhältnisse unter dem allgemeinen Gesetze betrachteten, und dadurch den Uebergang uns bahnten zu den besondern Rechten, so fern deren Mannichfaltigkeit in der Verschiedenheit der (wirklichen oder möglichen) Rechtsobjecte oder Materie liegt; so bietet der Rechtsbegriff auch noch in seiner Allgemeinheit die Möglichkeit zu näheren Bestimmungen dar, welche in der Betrachtung über das Recht überhaupt eine nothwendige Stelle behaupten. Es liegt diese Möglichkeit in der Frage: was der Person alles zukomme in Ansehung der Objecte und ihrer Sphäre, welche vermöge des Rechtsbegriffs als mit ihrer Freiheit ausschließlich verbunden angesehn werden. Wir nennen diese Puncte Folgen oder Ausflüsse des Rechts, indem sie mit dem Rechtsbegriffe, abgesehn von seiner besondern Materie, gesetzt sind, und als besondere Rechtsbestimmungen aus dem Begriffe des Rechts folgen oder fließen, und es wird sich diese Frage beantworten lassen, wenn wir im Einzelnen betrachten, was zur Freiheit der Verfügung über ein Object gehört oder gefordert wird.

§. 78.

Als das Erste, was mit der ausschließlichen Verknüpfung eines Objects mit der Freiheit einer Person gesetzt ist, bietet sich die Erhaltung und Fortdauer des Objects dar, und das Recht auf das Object ist zugleich ein Recht auf die ungestörte Fortdauer desselben. Dies ist unmittelbar klar, schließt aber den Gedanken in sich, daß die berechtigte Person Anspruch habe an jeden Andern, daß er nichts thue, wodurch direct oder indirect die Vernichtung oder Verschlimmerung des Objects verursacht würde, so wie daß ihr von keinem Andern gewehrt werde, für die Erhaltung des Objects Sorge zu tragen, oder auch es zu vernichten, sofern nur dadurch derselbe in seinen bestehenden Rechten nicht verletzt wird.

§. 79.

Die Freiheit in Ansehung des Objects schließt ferner in sich, dasselbe als ein Mittel in Beziehung zu setzen zu den eignen Zwecken, mithin dasselbe sowohl, wo möglich, zu kultiviren, als auch anzuwenden. Nach der materiellen Verschiedenheit der Rechte (der sächlichen, persönlichen) erscheint zwar dieser Punct für das Recht in Ansehung des Objects überhaupt unter gewissen Modificationen; im Ganzen ist er aber nicht zu trennen von dem Begriffe einer ausschließlichen Verknüpfung des Objects mit der Freiheit der Person, und die berechtigte Person hat Anspruch an jeden Andern, sie nicht zu hindern, daß sie das Object, so weit es in ihrem Freiheitsgebiete liegt, nach Belieben in jene Beziehung setze, sowohl der Art, als auch der Zeit nach. Daher giebt es für das Recht, ohne besondere Verabredung, keine Verjährung, oder es hört dasselbe nicht auf durch einen eine Zeitlang fortgesetzten Nichtgebrauch; denn nicht nur, daß der temporäre Nichtgebrauch ein wesentliches Glied ausmachen kann in der Entwerfung eines Lebensplans, und bei der Berechnung und Anordnung der Mittel für die persönlichen Zwecke, so ist auch die Zeit an und für sich unbestimmt, und giebt deshalb auch ohne besondere Verabredung keine Basis ab zur Beurtheilung der Dauer eines Rechts. Wohl aber kann es in dem Interesse einer Gesellschaft liegen, theils zur Sicherung des Besitzes, theils zur Beförderung einer verstandesmäßigen Benutzung ihres Gebiets, einen Zeitpunct festzusetzen, und Verjährung einzuführen. Unter dieser Gestalt, d. h. der Möglichkeit nach, ist die Verjährung den reinen Rechtsbegriffen oder dem Naturrechte nicht fremd oder entgegen.

§. 80.

Eine wesentliche Bedingung ungehinderter Verfügung und des ungestörten Gebrauchs ist die Ruhe und Sicherheit vor feindlichen Eingriffen. Denn jede Handlung, wodurch der Andere feindselige Gesinnung oder den Vorsatz zu erkennen giebt, mir etwas aus meinem Freiheitsgebiete zu entreißen, kann mich in meinem Wirkungskreise oder in der Erfüllung meiner Pflichten eben so hindern und stören, als durch die wirkliche Beraubung eines Objects. Daher ist die Ruhe und Sicherheit selbst ein Gut, welches einen wesentlichen Bestandtheil zu der ungehinderten Disposition über mein Rechtsgebiet ausmacht, und in das Recht auf ein Object mit eingeschlossen ist.

§. 81.

Liegt es in dem Begriffe des Rechts, daß Etwas dem Willen einer Person mit Ausschließung aller fremden Willkühr anheim gestellt ist; so kann auch das Recht durch die fremde Willkühr nicht aufgehoben werden, dies kann nur entweder durch den Willen des Rechtssubjects oder durch den rein zufälligen Untergang des Objects geschehn. Wo fremde Willkühr die Freiheit der berechtigten Person in Ansehung eines Rechtsobjects beschränkt, hört das Recht nicht auf, sondern wird blos der Materie nach verändert, und erscheint zunächst als ein Recht auf Schadlosigkeit. Dasselbe kann aber auf doppelte Art statt finden. Entweder so, daß das entzogene Gut selbst wieder zurückgegeben werden kann, oder so, daß es durch ein anderes von gleichem Werthe ersetzt wird. Ueberall aber findet hier keine Erwerbung statt, sondern das verletzte Recht dauert fort, nur in einer veränderten Gestalt.

§. 82.

So wenig als das Recht durch die Verletzung aufhört, so wenig hört die ihm gegenüberstehende Pflicht dadurch auf, als worin das allgemeine Gesetz fortdauernd das Recht gesichert und erhalten wissen will. Indeß würde doch immer das Recht und mit ihm die sittliche Existenz der herrschenden Sinnlichkeit ausgesetzt seyn, wenn nicht derselben zugleich noch ein anderes Gegengewicht gestellt würde, welches da eingreift, wo die Vernunft des Andern nicht durchdringen kann; und dies ist der Zwang, als die Nöthigung mit Hilfe der Naturnothwendigkeit. Man hat deswegen auch jedes Recht ein Zwangsrecht genannt, oft aber auch dafür ein besonderes Recht aufgeführt. Letzteres unstreitig mit mehr Grunde, nämlich in so fern, als wir darin einen besondern Ausfluß des Rechtsbegriffs überhaupt finden, nach der Besonderheit der Beziehung, worin dabei das Recht gedacht wird. Es findet nämlich hier der Gedanke statt, daß eine Thätigkeit in dem Freiheitsgebiete des berechtigten Subjects liegt, deren Vollbringung weder der Beleidiger noch irgend ein Anderer dem Subjecte verwehren darf. Und deshalb kann auch das Recht, als ein sittlich begründetes Verhältniß unter Personen, in Hinsicht gewisser Objecte sich bethätigen, z. B. durch den Gebrauch und die Veräußerung des Objects, ohne daß gerade diese Seite in Anregung kommen müßte.

§. 83.

Dabei läßt das Recht zu zwingen wieder verschiedene Modificationen zu nach Verschiedenheit des Verhältnisses, worin das berechtigte Subject zur ungezügelten Willkühr des Andern sich befinden kann, und erscheint bald als Recht der Vertheidigung, bald als Recht der Entschädigung. Im erstern Falle hat der Zwang die Abwehr einer bevorstehenden Rechtsverletzung zum Zweck, im andern Falle die Wiedereinsetzung in den vorigen Stand. Dort kann er bestehn theils in der Verhinderung des Anfangs der rechtsverletzenden Handlung und ist Prävention, theils in der Verhinderung der Ausführung einer bereits angefangenen Rechtsverletzung und ist dann Defension im engern Sinne. Hier aber wird er ausgehn können sowohl auf die Wiedererlangung eines entzogenen aber noch vorhandenen Gutes, und ist in so fern Vindication, als auch auf Ersatz für das entzogene Gut durch ein anderes von gleichem Werthe, und ist hier Indemnisationszwang.

§. 84.

Da der Zwang seiner rechtlichen Bedeutung nach überall nur die Abwehr einer Schmälerung des der Person zugehörigen Freiheitsgebiets zum Zwecke hat; so ist er auch durch dieses sein Verhältniß bestimmt, sowohl in Hinsicht der Quantität, als auch in Hinsicht der Qualität; er muß der Gefährdung oder Verletzung proportional und dem Zwecke gemäß seyn. In so fern ist dann das Recht zum Zwange nicht unendlich, sondern jeder Zwang, welcher weiter geht, als zum Schutze des Rechts erforderlich ist, würde selbst ein Angriff seyn, und den Andern zum Widerstande berechtigen. Aber da jeder Angriff, so wie die wirkliche Entreißung eines Gutes, zugleich ein wirkliches Recht verletzt, nämlich das Recht auf Sicherheit, und den Gefährdeten zu Maaßregeln zwingt, die ihm Schaden verursachen können, so wird allerdings die völlige restitutio in integrum dem Beleidiger Nachtheile zuziehn, die als eine aus dem Rechtsgesetz selbst hervorgehende Folge des Unrechts erscheinen.

§. 85.

Wenn aber auch der Zwang in der Größe und Art der Beleidigung seine natürliche Schranke findet, und in so fern nicht unendlich ist; so liegt auch auf der andern Seite in eben der Relativität seiner Größe der Grund, daß ihm keine absolute Grenze gesetzt werden kann. Denn so wie die Sinnlichkeit von Seiten des Beleidigers in dem

Grade hervortreten kann, daß ihm selbst die unveräußerlichen Güter des Menschen von keiner Bedeutung sind, so werden auch diese Güter in ihm dem Zwange keine absoluten Grenzen setzen. Zwar werden die Forderungen der Billigkeit in der Beurtheilung der Ansichten und Handlungen Anderer, so wie die Pflichten der Großmuth hindern, daß ein ursprünglich unbedeutender Rechtsstreit nicht bis zum Aeußersten gesteigert werde; aber eine absolute Schranke in der Selbstvertheidigung kennt das Rechtsgesetz nicht, auch bei der gewissenhaftesten Anwendung der Begriffe desselben: denn die Person kann nie der fremden Sinnlichkeit unterworfen gedacht werden, wenn überhaupt noch von einer Heiligkeit des Rechts geredet werden soll.

Wenn aber irgendwo der Satz gilt, daß der objective Rechtsbegriff zu seiner Anwendung der Beurtheilung der Verhältnisse bedürfe, damit er da, wo er als wirkliche Berechtigung und Befugniß auftritt, im höhern und wahren Vernunftsinne des Rechtsgesetzes gefaßt werde; so gilt dies im gegenwärtigen Puncte, und wir sehen uns dadurch veranlaßt, zur Aufklärung des Rechtsbegriffs in eben diesem Puncte noch folgende Betrachtung anzustellen.

Vierter Abschnitt.

Von der Rechtsverletzung und ihrer rechtlichen Zurechnung.

§. 86.

In jeder Rechtsverletzung liegt eine Störung des der Person angehörigen Freiheitsgebiets; aber nicht jede Störung desselben ist eine Rechtsverletzung. Störungen können nämlich dem Menschen für seinen eigenthümlichen Wirkungskreis von einer doppelten Seite her kommen: durch die bloße Natur, und durch Personen. Bei der Eigenthümlichkeit der Beziehung, in welcher er unter dem Rechtsbegriffe gefaßt wird, sind die Störungen der erstern Art, so fern nichts Persönliches dabei mitwirkt, ohne rechtliche Bedeutung; sie gehören zum Mißgeschick, in dessen Abwehr der Mensch, so weit er Andern nicht zu nahe tritt, keiner rechtlichen Beschränkung unterworfen ist. Nur diejenigen Störungen kommen also hier in Betrachtung, welche die Person von andern Personen erleidet. Soll aber eine wirkliche Rechtsverletzung oder Beleidigung statt finden, so wird bei der Eigenthümlichkeit des Rechtsverhältnisses vorausgesetzt

1) ein Recht auf etwas, welches zu respectiren der Andere die Pflicht hatte, und sich für verpflichtet halten konnte und sollte;
2) eine äußere Thätigkeit des Andern, wodurch die berechtigte Person in ihrer Freiheit, oder in der Ausübung ihres Rechts beschränkt wurde, und

3)

3) ein **Willensakt**, wornach die äußere Thätigkeit als hervorgegangen aus einer Nichtachtung des Rechts und der Persönlichkeit erscheint.

§. 87.

Der erste dieser drei Puncte, so einleuchtend auch seine Wahrheit ist, unterliegt doch in der Anwendung mancherlei Schwierigkeit; denn nicht allein, daß in den besondern Fällen des Lebens verschiedene objective Rechtsbegriffe oft einander sich entgegenstellen, und für beide Theile Gründe zur Berechtigung darbieten, wodurch die meisten Rechtsstreite entstehen, so sind auch häufig die Bestandtheile des Rechts nicht klar, was dieselbe Folge hat. So lange aber Jemand nichts thut, als daß er sein Recht ausübt, beleidigt er den Andern nicht, auch wenn sich dieser dadurch in seinen Plänen gehindert sieht; denn es ist nach der Form oder Allgemeinheit des Gesetzes und der Rechte nothwendig, bei seinen Plänen und in der Ausbreitung seines persönlichen Wirkungskreises sich selbst auf die Möglichkeit des Bestehens fremder Persönlichkeit und fremder Rechte zu beschränken. Daher werden in der Beurtheilung der Berechtigung, um in den Handlungen des Andern mit objectivem Grunde eine Beleidigung zu finden, vorzüglich auch die Grundsätze für die Collision der Rechtsbegriffe in Obacht zu nehmen seyn, so wie, um der Unbestimmtheit der Rechtsbegriffe und des rechtlichen Urtheils abzuhelfen, die öffentliche Darstellung derselben als ein Bedürfniß des gemeinschaftlichen Lebens erscheint.

§. 88.

Was den zweiten Punct betrifft; so kann eine Rechtsverletzung auf verschiedene Weise eintreten. In Hinsicht der Mittel ist sie entweder eine thätliche oder wörtliche (reale oder ideale); in Hinsicht der Ursache besteht sie entweder in dem Vollbringen oder Unterlassen einer Handlung; in Hinsicht der Wirkung besteht sie entweder in der Beraubung eines bereits besessenen Gutes, oder in der Verhinderung einer Erwerbung, welche ohne jene Handlung nach dem gewöhnlichen Laufe der Causalität zu erwarten gewesen wäre. In Hinsicht der Absicht ist sie entweder eine vorsätzliche oder unvorsätzliche, und endlich in Hinsicht der Ausführung ist sie entweder eine angefangene oder vollbrachte. Daß nun auf alle die bemerkten Weisen eine wirkliche Beeinträchtigung und Störung der Person in dem ihr von dem Gesetze gesicherten Wirkungskreise eintreten kann, läßt sich aus täglicher Erfahrung nachweisen; selbst die sogenannte angefangene oder versuchte Rechtsverletzung ist davon nicht ausgenommen; denn dieses Prädikat erhält eine Handlung blos in Beziehung auf die besondere statt gefundene Absicht des Thäters, in anderer Hinsicht ist sie eine wirklich vollbrachte Rechtsverletzung, indem durch die darin kund gewordene rechtsgefährliche Absicht dem Andern Grund gegeben ist, für seine Sicherheit besorgt zu seyn, was ihn in seiner freien Wirksamkeit gar sehr stören kann und muß. Es findet hier eine Störung des Rechts auf Sicherheit statt, und dieser, oft nicht genug hervorgehobene Punct wird wichtig in der Theorie von der Strafe als einem Theile des öffentlichen Rechts.

§. 89.

So nothwendig aber auch zur Wirklichkeit der Rechtsverletzung eine äußere That gehört, indem ohne sie keine Beschränkung für das Freiheitsgebiet eines Andern eintreten kann, so wenig macht dieselbe an und für sich die Rechtsverletzung aus; denn an und für sich ist die äußere That etwas Physisches, das Recht aber ist ein moralisches Verhältniß, welches seinen eigentlichen Feind in der die Persönlichkeit und das Gesetz nicht achtenden Willkühr hat. Von diesem muß daher auch die That kommen, wenn sie eine wirkliche Rechtsverletzung oder Beleidigung seyn soll. Man drückt dies in der Zurechnungsfähigkeit der Handlung aus, deren Theile darin bestehn, 1) daß die verletzende That angesehn werden kann als die Wirkung eines freien Entschlusses einer gewissen Person (imputatio facti); 2) daß die Handlung die Wirkung einer rechtswidrigen Gesinnung war (imputatio juris). Was zuvörderst die imputatio facti betrifft; so kommt dabei zweierlei in Betrachtung. Erstlich ob die Person überhaupt unter den Ursachen der Verletzung sey, und zweitens ob sie sich bei der That in dem Zustande der Wahlfähigkeit befunden habe.

§. 90.

Es können zu einer Verletzung mehrere Ursachen zusammengewirkt haben, sowohl aus dem Reiche der Natur, als auch aus dem Reiche der Freiheit, und deshalb ist die

Zurechnung als imputatio facti in ihrem ersten Theile vieler näherer Bestimmungen fähig. Es bietet sich dafür die Unterscheidung dar zwischen entfernten und nahen Ursachen, zwischen Hauptursachen und Nebenursachen, zwischen Urhebern oder Anstiftern und Vollbringern oder eigentlichen Thätern, zwischen diesen und den bloßen Gehilfen, zwischen Hauptgehilfen und Nebengehilfen.

§. 91.

Anlangend die zur imputatio facti gehörige Wahlfähigkeit der thätigen Person, so wird die Zurechnung nicht statt finden, wenn die That in einer Wirkung der Körperkräfte bestand, welcher der Wille selbst unterliegt, wie bei unwiderstehlichem physischem Zwange, oder in Zuständen des mangelnden Selbstbewußtseyns. Der psychologische Zwang aber, wo von Andern gewisse Triebfedern der Willenskraft in Aktivität gesetzt sind, hebt eben so wenig die Zurechnung auf, als der Umstand, daß der Willensakt oder Entschluß überhaupt Triebfedern hat. Denn die Triebfedern sind allemal etwas Inneres und gehören dem Willensvermögen an, sie mögen im einzelnen Falle geweckt worden seyn, wodurch man will, und es ist gleichviel, ob an den dieselben weckenden Verhältnissen eine fremde Person Antheil nahm oder nicht.

§. 92.

Bei der Imputatio juris kommt dasjenige in Betrachtung, was die Verletzung eigentlich zur Beleidigung macht, nämlich die das Recht und die Persönlichkeit nicht achtende Gesinnung; denn nicht jede verletzende freie That ist eine Beleidigung, sondern nur diejenige, welche aus Nichtachtung des Gesetzes und des Rechts hervorgeht. Das Verhältniß einer Person zu dem Gesetze, daß sie die Forderung desselben nicht erfüllt hat, nennt man Schuld, und so trifft die imputatio juris eigentlich die Schuld, während die imputatio facti auf die Ursache sich bezieht. Soll aber für eine Handlung die Nichtachtung des Gesetzes und des Rechts statuirt werden; so muß angenommen werden können, daß das Gesetz, so wie die Folgen der Handlung, dem Subjecte bekannt waren; denn ohne die Kenntniß des Gesetzes existirt für den Menschen keine Pflicht, und ohne Kenntniß von den Folgen einer That hat das Gesetz für den Willen keine Beziehung auf das Einzelne. Dies liegt in den Gesetzen für die empirische Wirksamkeit unserer Willenskraft, welche in den Vorstellungen und Erkenntnissen erst ihr Object und ihre Richtung findet, damit aber auch unter den Bedingungen der theoretischen Entwickelung erscheint, welche berücksichtigt werden müssen, wenn das Subject nicht die Schuld seiner Verhältnisse tragen soll.

§. 93.

Es giebt aber eine doppelte Art, wie sich die Gleichgiltigkeit gegen das Gesetz und Recht, in welcher eigentlich die Schuld besteht, äußern kann. Erstlich direct, d. h. so, daß die verletzende Handlung vorgenommen wurde mit der Kenntniß und dem Bewußtseyn ihrer Rechts- und Gesetzwidrigkeit; zweitens indirect, d. h. so, daß das Rechtswidrige der Handlung dem Thäter nicht bekannt oder gegenwärtig war, aber doch, nach den Gesetzen der empirischen Cultur, gegenwärtig seyn konnte und mußte, wenn das gehörige Interesse an der Pflicht statt gefunden hätte. Im erstern Falle widerstrebt der Wille der Erkenntniß und dem im Subjecte wirklich gewordenen Rechtsgesetze in Beziehung auf die verletzende Handlung geradezu, im andern Falle geschieht dies auf mittelbare Weise. So bald nämlich der Mensch zum Selbstbewußtseyn erwacht ist, kann ihm, besonders im gesellschaftlichen Leben, das Daseyn und die Nöthigung des Rechtsgesetzes nicht entgehn, so wie auch die Nothwendigkeit und Wichtigkeit der Kenntniß von den Mitteln und Folgen menschlicher Handlungen. Die eigne Cultur erscheint damit als Pflicht, und zwar nicht allein von sittlicher Bedeutung überhaupt, sondern insbesondere auch von rechtlicher. Nun unterliegt zwar die Erfüllung derselben noch gewissen empirischen Bedingungen; denn die menschliche Cultur geht überall nur stufenweise, und hängt hinsichtlich des Stoffes ab von Verhältnissen. Aber fehlt es dem Subjecte nicht an Gelegenheit, hat es sogar Aufforderung von Außen zur Berichtigung und Erweiterung seiner Erkenntniß, zur Gewöhnung an Umsicht und Behutsamkeit in seinen Entschließungen erhalten; so spricht sich je länger je mehr auch in der eignen Uncultur die Schuld aus, mithin auch weiterhin in der fehlerhaften That, welche aus derselben hervorging: denn der Mangel an der zu einem rechtlichen Verhalten nöthigen Cultur kann nach dem Daseyn der äußern Bedingungen zu derselben nur auf dem Willen beruhen, und nur aus dem Mangel an dem gehörigen Interesse für das Gute und Rechte hervorgehen. Die Schuld beschränkt sich also nicht auf die Fälle, wo unmittelbar in der Handlung selbst ein rechtswidriger Wille sich beurkundet, sondern sie kann auch bei Handlungen, aus Unkunde, Uebereilung, Fahrlässigkeit vollbracht, statt finden. Dies begründet denn jene Unterscheidung in Ansehung der Schuld, welche man in dolus und culpa ausdrückt.

§. 94.

Unter dolus wird diejenige verletzende Handlung zu verstehen seyn, in welcher die Verletzung mit Bewußtseyn ihrer Rechts- und Gesetzwidrigkeit (als Zweck oder als Mittel) gewollt wurde, unter culpa hingegen diejenige, welche aus verschuldeter Unbedachtsamkeit oder Unkunde ihrer Rechtswidrigkeit geschah. Wenn also in dem dolus das Bewußtseyn der Rechtswidrigkeit und der Wille vereinigt statt finden, so daß der Wille der Erkenntniß des Rechts sich entgegenstellt, so wird die culpa da statt finden, wo zwar dieser unmittelbare Widerstreit des Willens gegen das Gesetz im Bewußtseyn nicht existirt, wo aber der Wille eine von dem Gesetze abweichende Richtung genommen hat, aus verschuldeter Unkunde oder Unachtsamkeit. Und dies kann der Fall seyn entweder so, daß man den verletzenden Effect wollte und beabsichtigte, ohne daß man die Rechtswidrigkeit desselben kannte, oder so, daß man den verletzenden Erfolg als wirklichen oder wahrscheinlichen, oder möglichen zwar voraussah, aber ihn nicht wollte, und vielleicht nur im Verfolgen seines anderweiten Zwecks auf den Eintritt desselben nicht gehörig achtete, oder endlich so, daß man für eine That den rechtswidrigen Erfolg weder voraussah, noch auch wollte. In allen drei

Fällen existirt die Opposition des Willens gegen die Erkenntniß nicht, worin das Wesen des dolus besteht, und sie machen die drei möglichen Arten der culpa aus, so bald man darin nicht den graduellen, und deshalb auch relativen Unterschied zum Eintheilungsprincip nimmt, sondern den specifischen, welcher in der möglichen Mangelhaftigkeit der Elemente des rechtlichen Handelns liegt, womit sich aber nach den allgemeinen Grundsätzen für die Größe der Schuld noch Unterarten verbinden lassen, wenn überhaupt da, wo der subjective Culturstand in der Beurtheilung des Besondern mit in Betrachtung kommt, einer auf den bloßen Gradunterschied der Einsicht und Ueberzeugung gebauten Eintheilung eine objective Bestimmtheit gegeben werden kann. Eben so, d. h. mit Rücksicht auf die Elemente der Gesinnung, lassen sich drei mögliche Arten des dolus auffinden, entweder man bewirkte den beabsichtigten rechtswidrigen Erfolg, oder anstatt der beabsichtigten Verletzung trat eine andere ein, oder endlich man wollte durch die That blos verletzen, ohne die Art der Verletzung besonders sich vorzusetzen. Ueberall finden wir hier den Willen gegen das erkannte Gesetz gerichtet, was das Wesen des dolus ausmacht, aber in der Art, wie der Wille die Gesetzwidrigkeit in der Erkenntniß bestimmt finden kann, liegt ein Unterschied.

§. 95.

Indem wir hier uns mit den verschiedenen Arten bekannt machten, wie sowohl direct als auch indirect aus der Nichtachtung des Gesetzes Verletzungen hervorgehen können, bringen wir damit zugleich die Gesetze der empirischen Entwickelung in Verbindung, von deren Erfüllung die Größe der Schuld abhängt, und welche jenen verschiedenen Arten ihre nähere Bestimmung ertheilen in der Zurechnung. Es ist diese Rücksichtnahme die Forderung der Billigkeit, nach welcher in der Beurtheilung des Rechtsverhältnisses vermieden werden soll, daß der Andere nicht die Schuld seiner Verhältnisse trage, und die eben so für die Giltigkeit des Zwangsrechts sich geltend macht, wie für die Giltigkeit der einzelnen Rechtsbegriffe überhaupt, und es war daher gewiß ein Mißgriff, die Nothwendigkeit dieser Rücksichtnahme zu behaupten, und die Billigkeit aus dem Rechtsgesetze auszuschließen, so wie zu behaupten, das Rechtsgesetz interessire blos die äußere That. Alle Bedingungen, welchen die empirische Entwickelung des Menschen unterworfen ist, betreffen aber entweder die Erkenntniß, oder den Willen, und so werden sich die Grundsätze für die Größe der Schuld theils auf diesen, theils auf jenen Punct beziehn. Für den Mangel der Erkenntniß oder für das verschuldete Nichtdenken, welches in der culpa herrscht, finden wir folgende:

1) Je mehr der Mensch in seiner allgemeinen Verstandescultur fortgeschritten ist, um so mehr ist ihm die Unbekanntschaft mit dem Rechte und den Folgen seiner Handlungen zuzurechnen.

2) Je mehr er Bekanntschaft hat mit der Natur eines besondern Geschäfts, und den damit verbundenen Gefahren, um so mehr ist ein Versehen als Schuld zuzurechnen.

3) Je mehr er Veranlassung und Aufforderung hatte, z. B. durch Warnung, oder durch das allgemein Ge-

fährliche seiner Handlung, sich von dem Umstande zu unterrichten, desto größer ist in der Unterlassung die Schuld.

4) Je größer die allgemeine Wahrscheinlichkeit einer Verletzung ist, um so größer ist die Schuld.

5) Je mehr Zeit zur Ueberlegung war, um so größer ist die Schuld.

Dagegen machen sich für den Willen bei seinem directen Gegenstreben gegen das erkannte Gesetz, welches in dem dolus statt findet, folgende Grundsätze geltend:

1) Je bekannter ein Subject mit dem Gesetze und den Folgen seiner Handlung war, um so größer ist die Schuld.

2) Je weniger physische Ursachen zu einer rechtsverletzenden That antrieben, je mehr anderweite Anregungen (Dankbarkeit, Verwandtenliebe) zur Erfüllung des Gesetzes der menschlichen Natur gemäß hätten mitwirken sollen, um so größer ist die Schuld.

3) Je wichtiger das verletzte Gut für die menschliche Existenz ist, um so größer ist die Beleidigung und ihre Schuld.

4) Mit je längerer Ueberlegung eine Verletzung ausgeführt wurde, je mehr Anstrengung, unterbrochene Handlungen dazu nöthig waren, um so mehr offenbart sich die Rechtswidrigkeit des Willens.

5) Je entscheidender und schwieriger die Rolle ist, welche der einzelne Theilnehmer an einer gemeinschaftlichen rechtsverletzenden Handlung übernommen und ausgeführt hat, um so größer ist die Schuld.

§. 96.

Dies sind die Grundsätze, welche sich aus den Begriffen von der Gesetzmäßigkeit der practischen Entwickelung des Menschen ergeben, und für die Zurechnung der Verletzung ein objectives Urtheil, wie es von dem äußern Richter gefordert wird, zulassen, unter welcher Eigenschaft die Zurechnung als eine rechtliche erscheint, im Gegensatze von der sittlichen, als einer innern, welche in dem Gewissen des Menschen erfolgt, und zu ihrer Aufklärung noch besondere, von der Moral anzustellende Betrachtung fordert. Nun erhält zwar die Lehre von der Rechtsverletzung und rechtlichen Zurechnung ihre volle Anwendung erst in dem öffentlichen Rechte für den öffentlichen Richter; sie kann aber doch nur aus der Bedeutung des Rechtsbegriffs überhaupt geschöpft werden, und fand daher auch in der Betrachtung über das Rechtsgesetz und den Rechtsbegriff überhaupt ihre passende Stelle.

Zweites Hauptstück.

Von den besondern Rechten.

Erster Abschnitt.

Die angebohrnen oder absoluten Rechte.

§. 97.

Daß unter unsern Rechtsbegriffen, so wie unter den Begriffen überhaupt, das Verhältniß der Abfolge statt findet, haben wir bereits §. 62 bemerkt, und wegen dieses Verhältnisses unterscheidet man zwischen ursprünglichen, (Urrechten,) und abgeleiteten Rechten. Mit diesem Verhältnisse unter unsern Rechten, welches blos logische und systematische Bedeutung hat, ist aber der Unterschied unter denselben nicht zu verwechseln, welcher sich auf den realen Ursprung des Rechts bezieht, oder auf die Art und Weise, wie ein Object in das mittelst des Rechtsbegriffs gedachte Verhältniß zur Person getreten ist, und wornach man von angebohrnen und erworbenen, oder absoluten und hypothetischen Rechten spricht; denn auch unter den absoluten oder angebohrnen, d. h. ohne irgend einen vorausgegangenen Akt des Menschen ihm zukommenden Rechten, oder wo das Rechtsobject etwas der Person Angebohrnes ist, findet das Verhältniß statt, daß das eine Recht aus dem andern in logischer Abfolge fließt. Wenn also der Gang der Wissenschaft es erheischt, die unter gewissen charakteristischen Merkmalen näher zusammengehörenden Begriffe besonders abzuhandeln, und wenn hinsichtlich des natürlichen Privatrechts eine passende Veranlassung dazu in der Verschiedenheit zwischen den angebohrnen und erworbenen gegeben wird; so wird sich die Darstellung der erstern nicht auf das in logischer Bedeutung höchste Recht allein beschränken können, sondern alle diejenigen abhandeln müssen, welche dem Menschen ohne vorausgegangene Handlung in und mit seiner Natur selbst gegeben sind.

§. 98.

In der Aufstellung des höchsten Rechtsbegriffs kommt aber der Umstand nothwendig in Erwägung, daß man das Recht überhaupt sowohl formal als auch material fassen kann, und daß es in beider Hinsicht besonderer Bestimmungen fähig ist, die sich als besondere Rechte betrachten lassen. Dort erscheint es als ein Verhältniß unter den Personen, nach welchem der einen etwas ausschließlich für ihre Freiheit ein Object ist, und was im Einzelnen zur Freiheit in Ansehung des Objects gehört, giebt abgeleitete Rechtsbegriffe, wie §. 75—85 in der Lehre von den Ausflüssen des Rechts gezeigt worden ist. In der materialen Begriffsbestimmung dagegen wird für dieses Verhältniß zugleich das oberste Object bezeichnet (§. 58), in welchem jenes Verhältniß seine practische Bestimmung findet, und durch dessen Analyse ebenfalls besondere Rechte sich ergeben. Fragt man nun, von welchem Gesichtspuncte aus die Darstellung der einzelnen Rechte vorzunehmen sey; so bietet zuvörderst der Rechtsbegriff in der erstern Bedeutung ein Element dar, welches sich als eine Grundforderung des ganzen Rechtsgesetzes ansehn läßt, und daher auch häufig als ein Urrecht dem natürlichen Privatrechte an die Spitze gestellt worden ist; dies ist nämlich die äußere Freiheit, welche in der Beschränkung fremder Willkühr durch das Gesetz der Person zuerkannt und garantirt wird, und wofür jedes andere Recht nur als eine nähere Bestimmung angesehn werden kann. Allein so gewiß auch das Rechtsgesetz ein Gesetz für die äußere Freiheit ist; so gehört doch die äußere Freiheit blos zu den Merkmalen des Rechtsbegriffs, welches eben in der gesetzlichen Anforderung an Jeden auf Beschränkung ihrer Willkühr gedacht wird, kommt somit zwar allerdings bei jedem besondern Rechte vor, bleibt aber doch, ohne Angabe einer Materie, in Beziehung auf welche der Eine von dem Andern nicht gestört werden soll, eine leere Form, zu deren Anwendung wo anders her die Erkenntniß kommen muß; denn an sich ist die äußere Freiheit ein bloßes Verhältniß, welches seine Bestimmtheit nur durch diejenigen Begriffe erhalten kann, die es constituiren. Zur positiven Kenntniß von dem Umfange des Rechtsbegriffs, oder von den eigentlichen Bestandtheilen der persönlichen Freiheitssphäre führt demnach der Begriff der Freiheit nicht. Dasselbe gilt auch von allen übrigen §. 75—85 bemerkten Ausflüssen des ohne Object gelassenen Rechtsbegriffs, unter welchen man noch weiter Urrechte gesucht und gefunden hat, z. B. das Recht auf Sicherheit; denn an und für sich, oder ohne Kenntniß der Objecte, in Ansehung welcher die Sicherheit, die eigentlich nur einen Bestandtheil der äußern Freiheit ausmacht, practisches Bedürfniß ist, läßt dieses Recht ebenfalls keine Bestimmtheit zu, und führt nicht zur Kenntniß des Umfangs des persönlichen Freiheitsgebiets. Es wird daher die Darstellung der natürlichen Privatrechte beginnen müssen mit der Angabe des höchsten angebohrnen Rechtsobjects, und indem die Reflexion dasselbe nach den einzelnen Bestandtheilen seines Objects verfolgt und zugleich das Recht darauf nach den Bestandtheilen des formalen Rechtsbegriffes bestimmt, wird es gelingen, der Rechtssphäre des Menschen, so weit sie zuvörderst die angebohrnen Rechte in sich begreift, die extensive und intensive Deutlichkeit zu geben.

§. 99.

Das Object, worauf sich die gesammte Rechtsgesetzgebung der Vernunft bezieht, ist die persönliche Existenz des Menschen selbst; denn nur in so fern, als der Mensch Person ist, macht er ein Subject von Rechten aus, und alles, was ihm kraft des Gesetzes zukommt, das kommt ihm blos zu dem Ende zu, damit er als persönliches Wesen neben den Andern existiren kann. Folglich muß die Persönlichkeit auch unter demjenigen, worauf der Mensch ein Recht hat, zu oberst gestellt, und das Recht darauf als das höchste und ursprünglichste anerkannt werden. Dies führt denn auch zugleich die Bestimmung über die Zahl der Urrechte von selbst herbei. Es ist nur ein einziges, und zwar das Recht auf Persönlichkeit.

§. 100.

Bevor aber irgend einer von den Puncten, worin sich das Gebiet des Rechtsbegriffs ausbreitet, in Betrachtung gezogen werden kann, fordert der Umstand eine Erwähnung, daß das Recht auf persönliche Existenz allgemein ist. Denn so wie das sittliche Gesetz in der Verpflichtung für Alle giltig ist, so spricht es auch als Rechtsgesetz für Alle, woraus unmittelbar folgt, daß der Einzelne auf die Erfordernisse persönlicher Existenz nur in so weit wirklichen Anspruch haben wird, als gleiche Existenz jedem Andern möglich bleibt. Dieser Punct macht sich daher in der materialen Bestimmung der individuellen Freiheitssphären eben so nothwendig geltend, als er einen wesentlichen Theil in der Idee des das Recht begründenden Gesetzes ausmacht. Aber auf welche Weise? Gewöhnlich wird derselbe als ein besonderes Recht aufgefaßt, nämlich als das Recht auf Gleichheit. Allein die Gleichheit drückt jederzeit nur ein Verhältniß zwischen gewissen Größen aus, ohne selbst einen Bestandtheil davon auszumachen. Nach ihr können zwar verschiedene Sphären begrenzt und geformt werden; der Stoff zu denselben muß aber wo anders her kommen. Weit entfernt also, daß die Gleichheit einen Theil aus dem Umfange eines Rechtsgebiets ausmachen sollte, giebt ihre Forderung vielmehr jedem materialen Rechtsbegriffe eine Beschränkung hinsichtlich seiner Giltigkeit für das Subject; ohne materialen Rechtsbegriff aber ist ihre Vorstellung leer, oder anwendungslos. Nun können zwar aus der Nichtachtung dieser Grenze Verletzungen, und dadurch gewisse Rechtsforderungen entstehen, zu deren Begründung man sich auf die Gleichheit als einen Bestandtheil des Rechtsgesetzes berufen kann; allein dies wird immer nur in Beziehung auf gewisse Rechtsobjecte statt finden können, und die Gleichheit an sich hat für das Rechtsgebiet keine andere Bedeutung, als die Grenze in physischen Dingen, welche zwar zum Princip für das Urtheil über dasjenige dient, was in oder außer denselben ist, und in so fern zu der Vorstellung von dem Ganzen gehört, aber doch keinen Theil aus dem Umfange des Ganzen ausmacht. Die Gleichheit ist daher eine Bestimmung des Rechts auf Persönlichkeit selbst, und nur wenn dieses Element in den Begriff desselben mit aufgenommen ist, erhält man einen vollgiltigen Rechtssatz. Ein Jeder hat einen gesetzlich gegründeten Anspruch auf persönliche Existenz, so weit dieselbe auch jedem Andern unangetastet bleibt, macht demnach den obersten Rechtsbegriff aus.

Anmerk. Wer den obersten practischen Grundsatz für einen blos formalen hält, ihn in dem Gedanken der Allgemeingiltigkeit des Gesetzes findet, wird consequent das Urrecht in nichts anderes, als in das Recht auf Gleichheit setzen können, mag dann aber auch zusehn, wie er, ohne zu einer andern Erkenntnißquelle für den Rechtsbegriff seine Zuflucht zu nehmen, und neben dem formalen gegen sein Vorgeben noch ein materiales Princip zu statuiren, zu einer Materie für jenen Begriff gelangt; und woher dann noch ein Unterschied zwischen angebohrnen und erworbenen Rechten, wenn der Mensch für sein Recht und überhaupt für sein Handeln nichts als die Form mit auf die Welt gebracht hat? Vergl. §. 51.

§. 101.

Mit dem Rechte auf persönliche Existenz hat man nun auch dem Menschen das Recht auf alles dasjenige zuerkannt, was zu dem Umfange der seine Persönlichkeit constituirenden Kräfte gehört, so wie auf dasjenige, was gefordert wird, wenn überhaupt etwas als ein ausschließliches Object für den Willen des Subjects betrachtet werden soll.

Von der letztern Seite her kommen wir nun zuerst auf das Recht auf die Fortdauer und Erhaltung, welches als das Recht der Subsistenz und Integrität, auf die Anlagen und Vermögen der empirischen Natur des Menschen bezogen, oder nach der erstern Rücksicht näher bestimmt, zu mancherlei besondern Rechtsbegriffen sich verzweigt. Es bezieht sich so wohl auf den körperlichen, als auch auf den geistigen Theil der menschlichen Natur, und erscheint damit als das Recht auf Leben, auf Gesundheit, so wie auf die Fortdauer aller der Zustände, worein die Natur oder die eigne Kraft die Person gesetzt hat. Ueber alles dieses kann nur der eigne Wille bestimmen, so weit dabei der Persönlichkeit Anderer nicht zu nahe getreten wird. Wo die sittliche Theilnahme uns auffordert, den gegen sich selbst und seinen höhern Zweck handelnden Menschen zu etwas zu bestimmen, was wider seinen gegenwärtigen Entschluß ist, kann dies vor dem Rechte desselben nur dann vertheidigt werden, als anzunehmen ist, daß er bei eintretender Besonnenheit unser Verfahren gegen ihn billigen werde und müsse.

§. 102.

Neben der Erhaltung macht auch der Gebrauch des Objects einen Bestandtheil des Rechts auf dasselbe aus (§. 77.), und in Ansehung der die Persönlichkeit constituirenden Kräfte ist dies um so offenbarer, als nur durch die Ausbildung und Anwendung derselben jener Zweck erreicht werden kann, um dessentwillen das Recht überhaupt seine practische Nothwendigkeit hat. Nach der Verschiedenheit der Kräfte zerfällt aber auch für diesen Punct das Recht der Persönlichkeit in verschiedene Theile; es bezieht sich auch hier so wohl auf den Geist als auch auf den Körper, für deren besondere Theile und Seiten es sich weiter verfolgen läßt. Was zuvörderst die geistige Natur betrifft; so finden wir den allgemeinen Umriß in den drei Hauptfactoren des geistigen Lebens, nämlich in dem Erkenntnißvermögen, dem Gemüthe und dem Bestrebungsvermögen. In dem Erkenntnißvermögen spiegelt sich dem Menschen das Reich der Dinge, in ihm besitzt er die Anlage, sich der Stellung, welche er in der Reihe der Dinge einnimmt, bewußt zu werden, so wie desjenigen, was in dem Gesetze seiner Natur ihm nothwendig gemacht ist. Unter den Bedingungen eines sittlichen Daseyns steht daher die Erkenntnißkraft und ihre Cultur mit oben an, und zeigt sich damit als ein wesentliches Object in der Sphäre der angebohrnen Rechte des Menschen. Das Recht auf ungestörten Gebrauch seiner Kräfte erscheint also in der Beziehung auf die Erkenntniß als das Recht auf Erweiterung und Berichtigung seines Erkenntnißgebiets, auf Freiheit in der Wahl der Gegenstände und deren Behandlung, in der Benutzung der Hilfsmittel, folglich auch auf Freiheit des Gedankenverkehrs mit andern Personen, oder auf Gedankenfreiheit, so weit dabei dem Rechte Anderer nicht zu nahe getreten wird. Jeder Zwang, welcher dem Menschen, an und für sich genommen, für geistige Beschäftigung auferlegt wird, jedes Hinderniß, welches die Hemmung des Fortschrittes in der Erweiterung und Aufklärung der Begriffe beabsichtigt, ist also einem angebohnen Rechte der Menschheit entgegen.

§. 103.

Sind aber wohl unter die rechtswidrigen Hindernisse auch die falschen Lehren und die Lügen zu zählen? Hindernisse für die Aufklärung des Verstandes sind dieselben erfahrungmäßig allerdings, indem sie nämlich den Irrthum veranlassen; aber sie erhalten diese ihre hindernde Kraft nie ohne Mitwirkung und ohne Schuld des Subjects. Jeder Gedanke, der zur Ueberzeugung und dadurch Grund wird zu fehlerhafter Cultur, wird dies eigentlich erst durch das Subject selbst, indem ihm die Freiheit der Prüfung und des Glaubens schon der Natur der Sache nach bleibt, so wie die Freiheit des Verkehrs mit dem Lügner. Indem also die Lüge und Irrlehre blos als Hinderniß eines leichten, sichern Fortschrittes intellectueller Cultur angesehen wird, wobei aber die Möglichkeit der Berichtigung der Gedanken nicht geschmälert wird, ist sie nichts Rechtswidriges; und so findet auch ein Recht auf Wahrhaftigkeit, so erwünscht dieselbe für die gesunde Wirksamkeit des Verstandes ist, in dem Austausch der Gedanken, so fern er blos zur Befriedigung des Wissenstriebes dienen soll, nicht statt. Damit wollen wir aber nicht behaupten, daß die Lüge in keinem Verhältnisse und in keiner Beziehung rechtswidrig seyn könne, und daß es überall kein Recht auf Wahrheit gäbe, nur hier findet die Betrachtung dieser Verhältnisse nicht ihren Ort, wo sichs blos um das Recht auf Freiheit der intellectuellen Ausbildung handelt.

§. 104.

Neben dem Erkenntnißvermögen nimmt das Gemüth des Menschen, als der Sitz der Gefühle und Triebe, einen wichtigen Antheil an der persönlichen Existenz. In dem Gemüthe besitzt der Mensch einen unvertilgbaren Trieb nach Wohlseyn und Genuß. Dieser Trieb ist so natürlich und so innig in die Persönlichkeit des Menschen verwebt, als der Trieb zum Daseyn und Leben selbst. In seinem Gemüthe ruht dem Menschen alle Zufriedenheit, hier liegt die Quelle aller Heiterkeit und Kraft für das Handeln. Seinem Gemüthe genug zu thun, sich des Wohlseyns fähig und theilhaftig zu machen, wozu die Natur selbst ihm Anlage und Gelegenheit gab, darauf hat ebenfalls der Mensch ein angebohrnes Recht, so weit diese Selbstbefriedigung nicht auf Unkosten Anderer geschieht. Die mannichfaltigen Seiten der menschlichen Natur und die Verschiedenheit der darin angelegten Arten des Wohlseyns begründet aber unter den Menschen eine Verschiedenheit in der Befriedigung des Triebes nach Wohlseyn, daß die Wahl sich nothwendiger Weise wird richten müssen nach der individuellen Disposition und dem subjectiven Geschmacke, weshalb ein Jeder nicht allein das Recht hat, Zufriedenheit des Lebens sich zu erstreben unter der bemerkten Beschränkung, sondern auch dies thun mag auf die seinem Geschmacke zusagende Weise, was wir die Geschmacksfreiheit nennen.

§. 105.

Das Recht findet sein unmittelbarstes Object in dem practischen Vermögen, namentlich in der sittlichen Kraft; denn um ihretwillen ist der Mensch überhaupt erst ein Subject von Rechten. Alles, was zur Bethätigung derselben gehört, liegt dem höchsten Zwecke eines jeden

Menschen eben so nahe, und muß ihm eben so heilig seyn, als der Person selbst, in welcher sie wohnt. An dem Rechte auf Erfüllung seiner Pflicht ist daher kein Zweifel möglich. So leicht man sich aber über die Unzertrennlichkeit des Rechts von der Pflicht, beides im Allgemeinen genommen, wird vereinigen können, so leicht kann das Recht, wo es in unmittelbarer Beziehung auf die Erfüllung einer Pflicht gedacht wird, Schwierigkeit finden in den besondern Fällen des Lebens, wo über dasjenige, was Pflicht ist, nicht allein wegen der häufigen Mangelhaftigkeit sittlicher Erkenntniß und Beurtheilung, sondern auch wegen der Eigenthümlichkeit vieler Verhältnisse, die Ansicht sehr verschieden seyn kann. Wo findet alsdann das Subject für die Entscheidung über die Pflicht und über das damit verbundene Recht ihr Princip? Da jeder Mensch die nächste Quelle seiner sittlichen Begriffe in sich selbst trägt, da jeder alle sittliche Nöthigung nur in seinem Gewissen findet, und seine subjective Würde, so wie die höhere Zufriedenheit des Lebens nur in dem Grade behaupten oder gewinnen kann, als er treu ist seinem innern Richter; so steht er auch von Natur unter keiner fremden Auctorität, und ist für den Gebrauch seiner sittlichen Kraft Niemand verantwortlich, als seinem eignen innern Richter. Und wenn die Sicherung seines menschlichen Daseyns und dessen Zweck es ihm nothwendig macht, sich mit andern zu verbinden zur gemeinschaftlichen Regulirung ihres Lebens nach einerlei Grundsätzen; so hat er hierzu nicht allein das Recht, sondern ist auch fortwährend für die Theilnahme an der Verbindung schlechthin abhängig nur von seinem Gewissen. Ist er aber unabhängig von fremder Willkühr und Auctorität in dem, was ihm für den Zweck seines Daseyns zu thun oder zu lassen ist; so ist er dies auch in Hinsicht desjenigen, was er an sich selbst zur Disciplinirung seiner eignen Kräfte, und also namentlich auch zur Erweckung und Stärkung seiner religiösen Anlagen für geeignet hält. Denn der innige Zusammenhang, in welchem die Religion, als Sache des Glaubens wie des Cultus, mit dem gesammten sittlichen Daseyn des Menschen steht, ist bereits §. 43 von uns angedeutet worden, so wie ihn auch schon die Erfahrung des täglichen Lebens zeigt. Als Freiheit des Gewissens und insbesondere auch als Freiheit der Religion lassen sich demnach mit einem Worte die Güter bezeichnen, worauf der Mensch hinsichtlich seiner höhern sittlichen Kraft ein angebohrnes Recht hat.

§. 106.

Obgleich der eigentliche Werth des Menschenwesens blos auf seiner geistigen Natur ruht; so macht doch auch der Körper desselben für die menschliche Existenz einen so wesentlichen Bestandtheil aus, daß seine Zustände selbst in sittlicher Hinsicht nichts weniger als gleichgiltig sind. Er macht den unzertrennlichen Gefährten und unentbehrlichen Gehilfen der geistigen Kraft während der ganzen Dauer ihrer empirischen Wirksamkeit aus, von dessen Energie und Fähigkeit nicht selten vorzugsweise das Gelingen unserer Zwecke abhängt. Es bedarf daher dieser Theil der menschlichen Natur nur einer Erwähnung, um das Recht auf seine Entwickelung und Cultur der Art und dem Grade nach, so weit die Persönlichkeit Anderer dadurch nicht beeinträchtigt wird, ebenfalls unter den angebohrnen Rechten der Menschheit mit aufzuführen.

§. 107.

Der Mensch unterliegt aber für seine Subsistenz und Entwickelung äußern Bedingungen; weder erhalten noch veredeln kann er sich, ohne Gebrauch zu machen von den Dingen des äußern Daseyns. Nun bedarf es zwar erst einer Handlung der Person, um sich mit bestimmten Dingen in eine wirkliche practische Verbindung zu setzen, und auf keins derselben giebt es ein angebohrnes Recht; aber auf diejenigen Handlungen, wodurch überhaupt jene Bedingungen der persönlichen Existenz erfüllt werden können, und welche selbst etwas Persönliches ausmachen, ist das Recht, so weit die Erfüllung dieser Bedingungen auch allen Andern möglich gelassen wird, mit dem Rechte auf Persönlichkeit unmittelbar mit gesetzt, und läßt sich charakterisiren als das Recht auf die äußern Mittel der persönlichen Existenz. Diese Mittel sind nun doppelter Art: Sachen und Personen, und mit Rücksicht darauf zerfällt wieder dieses Recht in zwei andere. Was zuvörderst das Sachreich betrifft; so weiß es schon die gemeinste Erfahrung, daß der Mensch, ohne sich der Gegenstände desselben zu bedienen, des Grundes und Bodens, der Luft, Nahrungsmittel u. d. gl., keinen Augenblick subsistiren kann, und eben so bekannt ist es, daß nicht allein sehr viele Gegenstände nur durch eine planmäßige, fortdauernde Bearbeitung zu einem Mittel menschlicher Erhaltung und Erhöhung der persönlichen Kräfte und Fähigkeiten werden, sondern daß es dem Menschen auch nur dann möglich wird, an der Ausbildung seiner edlern Kräfte zu arbeiten, wenn er hinsichtlich seiner Subsistenzmittel gesichert ist. Hieraus geht nun hervor, als eine Bedingung der sittlichen Existenz, nicht allein der momentane Gebrauch des Sachreichs, sondern auch ein ausschließliches, bleibendes Besitzthum aus demselben, und damit ein Recht darauf. Da aber, wie bemerkt, jede bestimmte äußere Sache dem Menschen an und für sich fremd ist, und es von Umständen abhängt, mit welchen Gegenständen dieser Art er zusammentrifft, auch eine erkennbare Handlung erforderlich ist, wenn die Sache als mit einer Person verknüpft angesehn werden soll; so ist dieses Recht freilich kein Recht auf bestimmte Sachen, sondern nur auf Sachen überhaupt, oder mit andern Worten, auf die Möglichkeit der Erwerbung, welches man auch das formale Sachenrecht nennt. Und hierin finden wir einen Punct, von welchem aus das Recht auf persönliche Existenz sich ausbreiten kann auf Objecte, welche nicht zur menschlichen Individualität selbst gehören, und woran sich das materiale Eigenthumsrecht, so wie die Theorie von demselben anschließt.

§. 108.

Die zweite Art der äußern Gegenstände sind die Personen, und wir finden in der Gemeinschaft oder in der gesellschaftlichen Verbindung derselben ein so wichtiges Beförderungsmittel menschlicher Existenz, daß erst dadurch der Mensch eines menschlichen Daseyns fähig wird. Nun ist aber jeder Mensch ein Wesen mit Selbstzweck, und kann, nach dem ersten Grundsatze des Rechts, nur durch den eignen Willen ein Mittel für die Zwecke der andern werden, so daß keiner vermöge eines angebohrnen Rechts in dem Andern ein Mittel besitzt. Jedoch findet das angebohrne Recht auf Mittel überhaupt auch hier eine Stelle, indem mit dem Rechte auf Persönlichkeit auch das Recht auf dasjenige gesetzt ist, was eine Bedingung ausmacht, der Vortheile des geselligen Lebens theilhaftig zu werden, und was sich mit einem Worte als das Recht der Socialität bezeichnen läßt. Nach der Vielseitigkeit dieses Verhältnisses schließt aber das Recht auf Socialität mehrere Puncte in sich. In Beziehung auf die Person, mit welcher die Verbindung zu suchen ist, erscheint es als das Recht des Antrags oder Gesuchs, vermöge dessen ein Jeder fordern kann, wegen der auf Gemeinschaft abzweckenden Handlung, so fern sie nichts Unsittliches ist, nicht als Beleidiger angesehn und behandelt zu werden. Keine Gemeinschaft aber ist möglich ohne Sprache, d. h. ohne sinnliche Merkmale der Gedanken und des Willens, und das willkührliche Spiel mit derselben würde das wichtigste Band des socialen Lebens zerreißen, und daher hat Jeder mit dem Rechte auf Socialität ein Recht auf die Giltigkeit dieses Bandes oder auf äußere Wahrhaftigkeit. Auf die Giltigkeit dieses Bandes kann er gegen Jeden dringen, der sich der Sprache bedient, um in ihm einen Gehilfen für seine Zwecke zu suchen. Wir nennen dieses Recht das Recht auf äußere Wahrhaftigkeit, welche von der innern wohl zu unterscheiden ist, indem die innere Wahrhaftigkeit auf der Uebereinstimmung der Zeichen mit den Gedanken beruht, während es bei der äußern nur auf die Uebereinstimmung des Aeußern, nämlich der Worte, Zeichen und des anderweiten Benehmens in Ansehung des Rechtsobjects ankommt. Auf die innere giebt es kein Recht; denn es wird dabei das Wort oder Zeichen in einem Verhältnisse gedacht, welches, als ein blos inneres mit einer fremden Existenz nicht in Berührung steht, nur als Andeutung eines bevorstehenden äußern Benehmens in Ansehung eines Rechtsobjects ist es von rechtlicher Bedeutung, und so bald es von der Art ist, daß es nach allgemeinen Verstandesgesetzen als eine Willensäußerung angesehn werden muß, qualificirt es sich auch zu einer Basis für das Benehmen gegen den Andern. Dies erkennt jedermann an für das Recht der Vertheidigung, und daß die Sprache als das äußere Band des Geisterreichs auch da in dieser Bedeutung anerkannt werde, wo sie als Mittel zur Anordnung der persönlichen Freiheitssphären gebraucht wird, wie bei Verträgen, dazu giebt es eben so gewiß ein Recht, als es ein allgemeines Bedürfniß des sittlichen Lebens ist, und bei welchem Rechte die geheimgehaltenen anderweiten Gesinnungen nicht in Betrachtung kommen.

§. 109.

Hindernisse für die Socialität können aber nicht blos von den unmittelbaren Theilnehmern oder den Vertragschließenden selbst kommen, sondern auch von fremden Personen, und zwar so wohl durch Zwang, als auch durch Beraubung des guten Namens. Daß jeder Zwang, wodurch der gegenseitigen Annäherung oder der Ausführung einer getroffenen Uebereinkunft Schwierigkeiten gelegt werden, so bald er nicht in der gehörig begründeten Ausübung eines schon bestehenden Rechts für den Andern besteht, eine Rechtswidrigkeit sey, ist leicht zu finden; denn er ist eine

Beschränkung in Ansehung der Befriedigung eines sittlichen Bedürfnisses. Gleiche nachtheilige Wirkung läßt sich aber auch von dem zweiten Verfahren, oder von der Verläumdung behaupten. Denn selbst bei einer idealen Beurtheilung des Werthes der Ansichten und Aeußerungen eines Menschen über den andern wird der Auctoritätsglaube, welcher dem practischen Leben nun einmal Bedürfniß ist, nicht ohne Einfluß auf unser Urtheil über den sittlichen und gesellschaftlichen Werth eines Menschen bleiben; aber um so nachtheiliger wird er für den Einzelnen werden können, wenn er von der List und Ränkesucht benutzt wird, das Zutrauen gegen den Andern zu untergraben oder zu schwächen, wo subjectiv oder objectiv eine genaue Untersuchung der Sache nicht möglich ist. Daher wird jede Verläumdung und lügenhafte Verdächtigmachung zu den Entwürdigungen des Menschen zu zählen seyn, auf deren Enthaltung mit dem Rechte auf Socialität ein Recht existirt, wenn auch die Anwendung und Geltendmachung seines Begriffs mehr, als die irgend eines andern, eine behutsame Beurtheilung der Umstände fordert, damit derselbe beim Handeln seinen eigentlichen Gegner treffe. Zugleich finden wir hier einen Punct, wo die Lüge auch eine rechtliche Bedeutung hat, und als etwas Rechtswidriges erscheint, so daß man auch von einem Rechte auf Wahrhaftigkeit reden kann. Dieses Recht, an sich blos Enthaltung von jeder Beeinträchtigung der Person durch Verläumdung fordernd und als das Recht auf Unbescholtenheit oder guten Namen bekannt, hat nun zwar ursprünglich nur negative Bedeutung, selbst da, wo es zu dem Rechte auf Widerruf sich gestaltet; in so fern es aber zugleich eine Bedingung für die Erwerbung der Ehre ausmacht, erhält es für das gesellschaftliche Leben auch eine positive Wichtigkeit.

§. 110.

Wenn es überhaupt in dem Rechtsverhältnisse liegt, daß ein Object ausschließlich dem Willen des Rechtssubjects anheimgestellt ist, und man deshalb neben der Erhaltung und dem Gebrauche des Objects auch den Nichtgebrauch als einen Ausfluß des Rechts auf dasselbe anerkennen muß (§. 79.), so finden wir eben darin auch Bestimmungen für das Recht, in so fern es sein Object in angebohrnen Vermögen und Kräften oder in der Befriedigung natürlicher Bedürfnisse besitzt. Der Mensch an und für sich unterliegt daher auch keinem fremden Urtheile und Zwange, wenn er seine natürlichen Vermögen nicht gebrauchen oder auf dieselben ganz Verzicht leisten will, mithin auch da nicht, wenn er darüber zu Gunsten Anderer verfügen und sich gegen dieselben verpflichten will. Dies hebt auch so wenig nothwendiger Weise die persönliche Existenz auf, daß vielmehr eine Gemeinschaft, dieses so wichtige Beförderungsmittel wahrhaft menschlicher Existenz, blos dadurch erst möglich wird; denn nach dem auf die Erhaltung der sittlichen Existenz Aller gerichteten Gesetze wird Gemeinschaft nur möglich durch Austausch von Pflichten und Rechten, wozu also mit dem Vermögen auch das Recht als ein angebohrnes erscheint. Indeß kann doch nach eben diesem Gesetze die Uebertragung seiner Rechte auf Andere nicht in dem Umfange geschehn, daß der Mensch ganz zu einem rechtlosen Wesen würde; denn dies hieße: das sittliche Gesetz, welches erst die Rechte zur Möglichkeit seiner Erfüllung ertheilt, unter die Willkühr stellen. Jeder auf die Vernichtung der persönlichen Existenz selbst gerichtete Akt ist daher ohne alle rechtlichen Folgen, und kann keine Erwerbung für den Andern begründen. Nur auf Theilnahme an den persönlichen Kräften kann das Recht auf Andere übertragen werden, bei dessen Ueberlassung die eignen Zwecke des vernünftigen Daseyns verfolgt werden können; die Persönlichkeit selbst aber muß unangetastet bleiben, und das Recht darauf ist ein unveräußerliches.

§. 111.

Daß endlich auch die anderweiten formalen Rechtsbestimmungen, wie das Recht auf Sicherheit (§. 79), und namentlich das Recht zum Zwange (§. 32), Anwendbarkeit haben auf die angebohrnen Rechte, ergiebt sich aus ihrer Bedeutung. Sie sind mit dem Rechtsverhältnisse überhaupt gesetzt, und ob sie gleich ohne Beziehung auf bestimmte Objecte nur leere Formen sind; so sind sie doch, als nähere Bestimmungen des Rechtsbegriffs überhaupt, auch nähere Bestimmungen für die angebohrnen Rechte, und durch sie wird der Inhalt der Begriffe derselben erweitert. Von angebohrnen Rechten selbst aber kann überall nur geredet werden mit Zuziehung der Objecte, welche dem Menschen für seine Thätigkeit in seiner Persönlichkeit und deren Vermögen und Bedürfnissen gegeben sind, und indem wir dieselbe, wenn auch nur im Umrisse, bezeichneten, gelangten wir nicht allein zu mehrern Rechten, welche sämmtlich angebohrne sind und durch die fortschreitende Analyse der menschlichen Natur und ihrer

Bedürfnisse sich leicht noch vermehren lassen, sondern fanden eben damit auch das Rechtsgebiet abgesteckt, von welchem aus der Mensch seinen Freiheitskreis durch eigne Thätigkeit oder Erwerbung erweitern kann.

Zweiter Abschnitt.

Von den hypothetischen Rechten.

§. 112.

Unter den hypothetischen Rechten versteht man diejenigen, welche einer Person zukommen in Folge eines von ihr vollbrachten Aktes, oder deren Objecte das Subject erst mit sich durch eine Handlung in das Rechtsverhältniß gebracht hat. Zweierlei wird hierbei vorzüglich in Betrachtung kommen: 1) die Entstehung dieser Rechte oder die Erwerbung, und 2) ihre Bestandtheile. Da aber die Rechte dieser Art, ihrem Begriffe nach, abhängig sind von zufälligen Handlungen, und deshalb im Einzelnen auch einen ganz zufälligen Umfang haben, da ferner die Erwerbung nach der Beschaffenheit der Objecte und nach den Verhältnissen sich richten muß, worin das erwerbende Subject ursprünglich oder vor der Erwerbung zu dem Objecte steht, und welches beides im Einzelnen ebenfalls zufällig ist; so wird sich die Theorie begnügen müssen mit der Betrachtung der Arten von den Gegenständen, worauf sich die Erwerbung erstrecken, und von den Verhältnissen, worin dieselbe erfolgen kann, um das Rechtliche in ihr und ihren Folgen darzustellen.

§. 113.

Der Punct, wovon die Theorie der erworbenen Rechte ausgeht, und woran sich die übrigen Bemerkungen darüber anschließen, ist die Erwerbung, und es wird dafür besonders auf zwei Stücke ankommen: 1) auf den Erwerbstitel, und 2) auf die Erwerbungsart. Unter dem Erwerbstitel, gewöhnlich auch der Rechtsgrund der Erwerbung genannt, hat man sich dasjenige Recht zu denken, um deswillen dem Subjecte die Erwerbung zukommt, oder worin die Rechtsfähigkeit zur Erwerbung besteht. In der Angabe desselben kann man aber bald weniger, bald weiter zurückgehn in der Abfolge der Rechtsbegriffe, so daß man für die Erwerbung einen nähern und einen entferntern Rechtsgrund unterscheiden kann. Zunächst steht dem erworbenen Rechte die vollbrachte Handlung, und in so fern darauf ein wirkliches Recht statt fand, macht sie den nächsten Rechtsgrund dafür aus. Weiterhin liegt das Recht, von welchem diese Handlung ihre Rechtmäßigkeit erhält, bis man zuletzt in dem höchsten Grunde alles Rechts auch den höchsten Grund der besondern Erwerbung findet. Das Zurückgehn auf den absolut höchsten Rechtsgrund ist indeß nicht überall nothwendig, und in demjenigen Abschnitte der Wissenschaft, welcher der Darstellung der Grundsätze für die Erwerbung, nach der Entwickelung der höchsten Rechtsbegriffe, besonders gewidmet ist, genügt es, blos bis zu demjenigen Rechtsbegriffe zurückzugehn, mittelst dessen die erworbenen Rechte an die angebohrnen zunächst sich anschließen. Mit ihm zu beginnen, ihn als den ursprünglichen Rechtsgrund der Erwerbung zu bezeichnen, und so das erwor-

bene

bene Recht mit dem angebohrnen zu verknüpfen, ist daher auch die angemessenste Verfahrungsart für unsern gegenwärtigen Abschnitt.

§. 114.

Die zweite Rücksicht fordert die Erwerbungsart; in ihrer Verschiedenheit liegt der hauptsächlichste Grund von der Verschiedenheit der Grundsätze für die Erwerbung. Jede Erwerbung ist aber entweder eine ursprüngliche, oder eine abgeleitete; jene bezieht sich auf Gegenstände, welche noch keinen Theil eines besondern Rechtsgebiets ausmachen, also herrnlos sind, diese hingegen findet bei Objecten statt, welche bereits in dem Gebiete einer Person liegen. Da jede dieser beiden Arten unter besondern Grundsätzen steht; so betrachten wir auch jede besonders, und fragen also zuerst: auf welchem Rechtsgrunde und auf welchen rechtlichen Bedingungen ruht die ursprüngliche Erwerbung?

Erste Abtheilung.

Von der Occupation oder ursprünglichen Erwerbung.

§. 115.

Eine ursprüngliche Erwerbung ist nur bei Sachen möglich; denn alles Persönliche hat von Anfange an seinen Herrn, und wird umschlossen von dem angebohrnen Rechte auf Persönlichkeit. Unsere gegenwärtige Betrachtung wird also blos das Recht auf Sachen betreffen; indem nur diese von Natur eine von der Person unabhängige Existenz haben. Von einem Rechte auf Sachen war nun zwar schon §. 107. die Rede; aber dies war ein Recht auf Sachen überhaupt, oder auf die Möglichkeit der Erwerbung; hier dagegen kommt in Frage, wie ein Recht auf bestimmte Sachen entsteht, und zwar nicht blos hinsichtlich ihres momentanen Gebrauchs, sondern auch auf die fortdauernde Ausschließlichkeit desselben, wofür wir den Begriff des Eigenthums besitzen. Unter Eigenthum überhaupt versteht man jedes Object, welches nach sittlichen Begriffen mit einer Person so verknüpft ist, daß es nur dieser, mit Ausschließung aller andern Personen zusteht, dasselbe zu behandeln, oder als Mittel für ihre Zwecke zu betrachten, und dasjenige, was der Person in Ansehung eines in solchem Verhältnisse mit ihr stehenden Objects zukommt, macht das Eigenthumsrecht aus. Wenn wir also in dem Rechtsbegriffe, denselben in seiner reinen, formalen Bedeutung gefaßt, dasjenige Verhältniß unter den Personen denken, nach welchem der einen wegen des sittlichen Gesetzes gegen die Willkühr der Uebrigen Etwas zukommt; so tritt bei dem Eigenthume noch ein Object zu dem Rechtsbegriffe, in Hinsicht dessen derselbe Giltigkeit hat, und der Rechtsbegriff erhält dadurch eine materiale Bestimmung. Von dieser durch die Beziehung des reinen Rechtsbegriffs auf ein bestimmtes Object entstandenen Bestimmung desselben müssen aber diejenigen Begriffe unterschieden werden, welche wir §. 75 ff. als Ausflüsse des reinen Rechtsbegriffs kennen gelernt haben, und welche, eben als Ausflüsse des Rechtsbegriffs überhaupt, auch von ihm in dieser besondern Beziehung gefaßt gelten, und dann zusammen das Eigenthumsrecht geben oder ausmachen. Es ist demnach der Begriff des Eigenthums nicht richtig bestimmt, wenn man das Eigenthum überhaupt als dasjenige erklärt, was eingeschlossen ist in die Freiheitssphäre einer Person; denn dies ist auch die Thätigkeit, welche sich auf das Object dem reinen Rechtsbegriffe nach bezieht, oder in Ansehung des Objects vermöge desselben vorgenommen werden kann, und ihrem Umfange nach die Bestandtheile des Eigenthumsrechts ausmachen. Eigenthum und Eigenthumsrecht sind also verschieden, und zwar so, daß jenes die Objecte sind, welche in der Freiheitssphäre einer Person liegen, während dieses diejenigen Handlungen in sich schließt, welche in Ansehung jener Objecte, dem allgemeinen und auch hier giltigen Rechtsbegriffe nach, von der Person vorgenommen werden können. Wird dasjenige, wofür wir den Begriff des Eigenthumsrechts besonders besitzen, Eigenthum in subjectivem Sinne genannt, so kann die wissenschaftliche Begriffsbestimmung nichts dadurch gewinnen, indem es ein Mißbrauch mit dergleichen, außerdem vieldeutigen Ausdrücken ist, sie auch da zur Unterscheidung in Anwendung zu bringen, wo die unterschiedentlichen Theile schon ihre besondern Namen besitzen.

§. 116.

Alle Gegenstände, welche, außerhalb der persönlichen Kräfte eines Subjects liegend, Mittel für die Zwecke desselben seyn können, sind entweder Sachen, oder Personen; und auf beide kann sich die Erwerbung erstrecken. Aber nicht in gleichem Umfange. Da nämlich jede Person als Wesen mit Selbstzweck gebohren ist, d. h. als ein Wesen, dem seine Kräfte zunächst um sein selbst willen verliehen sind, und da alles Recht nur zu dem Ende und unter der Bedingung gegeben ist, daß der Mensch in dieser Art neben den Andern existire; so kann, bei dieser Tendenz des Gesetzes, die Erwerbung an Personen sich nie so weit erstrecken, daß sie ganz in das Rechtsgebiet einer andern übergehen, sondern die Erwerbung kann hier nur theilweis geschehn, d. h. so, daß eine Person nur auf gewisse Thätigkeiten oder Eigenschaften der Andern das Recht von ihr sich erwirbt, wobei es jener möglich bleibt, die nothwendigen Zwecke des menschlichen Daseyns zu verfolgen, und zwar in der Uebertragung des Rechts selbst. Wenn wir also hier Rechte finden, deren Objecte, als etwas Persönliches, auch nach der Erwerbung mit der persönlichen Existenz ihres ursprünglichen Inhabers in einer moralischen Beziehung bleiben; so kann das Eigenthum, so fern es etwas Aeußeres ist, nur in Sachen bestehn. Indem aber der Mensch auch in sich selbst Objecte seines Rechts besitzt, die zugleich Gegenstände seiner ausschließlichen Behandlung sind, z. B. alle seine geistigen und körperlichen Kräfte, so wie seine Gedanken; so muß das Eigenthum und Eigenthumsrecht nicht nothwendig blos auf Sachen bezogen werden, sondern man hat dann ein doppeltes Eigenthum, ein inneres und ein äußeres, und wo dasselbe blos auf Sachen bezogen wird, entsteht das Eigenthum im engern Sinne. Das innere Eigenthum und die darauf sich beziehenden Rechte haben wir im vorigen Abschnitte im Umrisse bezeichnet; die jetzigen Betrachtungen betreffen also blos das äußere, und die darauf sich beziehenden Ausflüsse des reinen Rechtsbegriffs, und es fragt sich nun vorerst: wie und unter welchen Bedingungen kann Etwas, was nicht ursprünglich in dem Verhältnisse des Eigenthums zu der Person steht, in dieses Verhältniß gesetzt werden?

§. 117.

Da alles erworbene Recht eine Thätigkeit von Seiten des Subjects voraussetzt; so kommen wir auch hier auf dieselbe, als auf die erste Bedingung für die Erwerbung einer Sache. Indeß ist nicht jede Thätigkeit, wodurch das Subject eine Sache mit sich in Verbindung bringt, zu einer Erwerbung geeignet, sondern die Hauptsache dabei ist, daß jeder Andere die Pflicht anerkennen muß, das handelnde Subject in seiner Handlung nicht zu stören, oder die Handlung nicht als nicht geschehn zu betrachten, und dies führt uns zu folgenden Erfordernissen einer wirklichen Erwerbung. 1) Muß ein Recht zur Handlung statt finden, so daß ein schon bestehendes Recht der Person verletzt würde, wenn ihre Thätigkeit von Andern willkührlich gehindert oder als nicht geschehn betrachtet werden sollte. 2) Die Thätigkeit selbst muß eine äußere seyn, theils damit überhaupt eine Verknüpfung der Sache mit etwas Persönlichem erfolge, und die ursprüngliche Unbestimmtheit der Sache als eines möglichen Mittels für menschliche Zwecke aufgehoben wird, theils damit jeder Andere in der Verknüpfung derselben mit etwas Persönlichem einen Verpflichtungsgrund erhalte, die Sache nicht mehr als einen Gegenstand seiner Willkühr anzusehn. 3) Muß sich in der Thätigkeit ein auf die Aneignung der Sache gerichteter Willensakt aussprechen, damit die Verknüpfung der Sache mit etwas Persönlichem als eine moralische, unter den Gesetzen der Freiheit stehende erscheine, und wirkliche Beziehung auf die Zwecke des menschlichen Daseyns erhalte, um welcher willen überhaupt alles Recht eine Bedeutung hat. An diese drei Puncte werden sich alle Bestimmungen über die Rechtlichkeit der Erwerbung anschließen lassen.

§. 118.

Was den ersten Punct betrifft; so wird vor allem ein Recht nachzuweisen seyn, vermöge dessen es dem Menschen von Andern möglich gelassen werden muß, Gegenstände aus dem Sachreiche mit seinen persönlichen Zwecken zu verknüpfen, und sie zu behandeln als Mittel für dieselben. Und dieses Recht finden wir in dem §. 107. aufgeführten angebohrnen Rechte auf Sachen überhaupt. Dieses Recht, welches wir als dasjenige Glied in der Reihe unserer Rechte anerkennen, woran sich alle aus unmittelbarer Erwerbung entstandenen sächlichen Rechte anschließen an die Sphäre der angebohrnen, suchen wir aber vorerst noch genauer und näher zu bestimmen, sowohl in Ansehung seiner Materie als auch in Ansehung seiner Form. Zuvörderst bietet sich dabei die Bemerkung dar, daß es, als ein angebohrnes, seinen nächsten Gegenstand nicht in Sachen selbst hat, sondern in der eignen Persönlichkeit; denn nur diese ist dem Menschen angebohren. Es ist also jenes Recht weder ein Recht auf alle Sachen, noch auf gewisse, sondern nur ein Recht auf die Befriedigung eines Bedürfnisses der persönlichen Existenz, welches aber in so fern Beziehung auf Sachen hat, als jenes Bedürfniß nicht ohne Benutzung des Sachreichs geschehn kann. Bei der Vielseitigkeit jenes Bedürfnisses enthält jedoch dieses Recht verschiedene Forderungen in sich, und erscheint dadurch als ein mehrfaches

Recht. Nach der Einrichtung seiner Natur kann nämlich der Mensch ohne Sachreich nicht subsistiren, und wer ihn von dem Gebrauche der in dem Sachreiche niedergelegten Mittel ausschließen wollte, würde ihm das Recht auf die Erfüllung einer Grundbedingung der persönlichen Existenz vernichten. Da nun ferner diese Bedingung nicht hinlänglich erfüllt werden kann ohne eine ungestörte und fortgesetzte Behandlung gewisser Naturdinge und ohne die Aufbewahrung ihrer Früchte; so finden wir darin nothwendige Bestandtheile und Forderungen des Rechts auf persönliche Subsistenz.

Neben der Subsistenz und Erhaltung macht aber auch die Entwickelung der persönlichen Kräfte eine sittliche Forderung aus, und daß der Mensch zur Erfüllung dieser Forderung der Naturgegenstände ebenfalls nicht entbehren könne, liegt am Tage. Er muß nicht allein in Hinsicht seiner Subsistenzmittel gesichert seyn, sondern bedarf auch gewisser Gegenstände zu ausschließlicher Behandlung, und wird überhaupt nur dann jener Forderung hinlänglich genügen können, wenn er einen Theil aus dem Reiche der Mittel zu ausschließlicher Disposition oder Verfügung hat; denn bei der Allgemeinheit physischer Bedürftigkeit liegt in der Freiheit der Verfügung über gewisse Sachen zugleich ein Mittel, auch andere Personen mit sich auf dem Wege nach eigner Veredelung zu verbinden. Ist nun alles dieses ein sittliches Bedürfniß; so ist es auch eine Forderung des Rechtsgesetzes für den Einzelnen, und das angebohrne Recht auf die Bedingungen der persönlichen Existenz erscheint in Beziehung zu dem Sachreiche nicht allein als das Recht, Naturgegenstände zu benutzen zur Befriedigung temporärer

Bedürfnisse, sondern auch als das Recht zu einer ausschließlichen Disposition über einen Theil derselben.

§. 119.

Nun ist aber dieses angebohrne Recht der Form nach allgemein, und damit in dem Einzelnen beschränkt; nur so weit kann dasselbe ausgedehnt und für giltig gehalten werden, als auch den übrigen Personen die Befriedigung jener Bedürfnisse möglich bleibt. Da aber das allgemeine oder formale Sachenrecht seinen eigentlichen Gegenstand nicht in den Sachen selbst, sondern nur in der Befriedigung eines persönlichen Bedürfnisses besitzt; so wird auch durch die Thätigkeit des Einen in der Aneignung gewisser Sachen das Recht der Uebrigen nicht verletzt, so bald ihnen die Befriedigung jener Bedürfnisse möglich bleibt, und es würde ein Akt bloßer Willkühr seyn, nichts desto weniger eine solche Handlung zu wehren oder erfolglos zu machen. Wir müssen es daher auch für eine Verkennung jenes angebohrnen Rechts auf Sachen erklären, wenn man behauptet, daß zur rechtlichen Giltigkeit einer auf die Aneignuug einer Sache abzweckenden Handlung erst die Beistimmung aller Uebrigen erforderlich sey, gleich als ob sie ihrem Rechte auf die bestimmte Sache erst entsagen müßten, nnd gleich als ob der Einzelne auf diesen Entschluß aller Uebrigen erst warten müsse, bevor es ihm rechtlich möglich sey, mittelst einer Sache eine Bedingung seines sittlichen Lebens zu erfüllen. Zwar kann nicht geleugnet werden, daß das menschliche Leben, wie überall, so auch in Ansehung des äußern nothwendigen Mein und Dein an Sicherheit gewinne durch ein positives Gesetz im bürgerlichen Leben; aber die Sicherheit des Rechts ist doch nicht eins mit dem Rechte selbst, und man mag eine ausdrückliche oder stillschweigende Uebereinkunft für nöthig halten zur rechtlichen Möglichkeit des Eigenthums, so wird man doch zuletzt dem Einzelnen das Recht einräumen müssen, im Fall der Andere weder die eine, noch die andere in besondern Fällen zugestehn, und lieber in natürlicher Ungebundenheit leben will, sich in der Befriedigung seiner sittlichen Bedürfnisse gegen fremde Willkühr zu verwahren, wenn nicht alles, was ohne Voraussetzung eines Vertrags gegen die rechtliche Möglichkeit des Privateigenthums gelten soll, auch in Ansehung des momentanen Gebrauchs, besonders so fern derselbe ein Verbrauch ist, so wie in Ansehung des Völkereigenthums gelten, und das sittlich Nothwendige unter die Willkühr gestellt werden soll. Das angebohrne Recht auf Sachen ist aber, wie bemerkt, nur ein Recht auf die Befriedigung eines Bedürfnisses des persönlichen Lebens, in so fern dieselbe gewisse Dinge aus dem Sachreiche erheischt, und so bald dem Uebrigen die Befriedigung dieses Bedürfnisses möglich bleibt, wird ihr Recht durch die einseitige Aneignung einiger Dinge nicht verletzt. Aus diesem Grunde, so wie aus Rücksicht auf jenes angebohrne Recht, mit welchem auch seine Ausflüsse, namentlich das Recht der Vertheidigung, gesetzt sind, wird man dem Einzelnen so wie einer Mehrzahl das Recht nicht versagen können, jeden Andern, der sich nicht zur Befriedigung des oft erwähnten Bedürfnisses des sittlichen Lebens mit ihm vereinigen will, abzuhalten, damit er nicht dieselbe ihm unmöglich mache.

§. 120.

Bevor wir aber zu den Erfordernissen übergehn, unter welchen das angebohrne Recht auf Eigenthum überhaupt zur Anwendung gebracht wird auf bestimmte Sachen, ziehen wir die Beschränkung dieses Rechts in Betrachtung, welche anderweit aus der Allgemeinheit desselben für den Einzelnen hervorgeht. In so fern das sittliche Gesetz dem Menschen das Recht ertheilt, mit seinen persönlichen Kräften und Vermögen sich anzubauen in dem Reiche der Mittel und seine Existenz und Freiheitssphäre durch Gegenstände dieser Art zu befestigen und zu erweitern, kann der Andere, so lange auch ihm dasselbe möglich bleibt, die Handlungen des Erstern nicht als ungeschehn betrachten, und in so weit hat der Satz: res nullius cedit primo occupanti, seine Giltigkeit. Aber der Fall, wo verschiedene Personen in einer Sache ein Mittel für ihre Zwecke finden, kann nicht damit abgethan und entschieden gehalten werden; denn die Bedürfnisse, welche der Erwerbung eine sittliche Nothwendigkeit ertheilen, sind verschiedenartig und nicht von einerlei practischem Gewicht oder von gleicher Nöthigung. Es kann der Eine in der Sache des einzig von der Natur ihm übrig gelassene Rettungs- und Erhaltungsmittel finden, während sie sich dem Andern nur zur Verschönerung oder Erweiterung seines Daseyns anbietet. Nach allgemeinen practischen Begriffen geht aber die Erhaltung der Verschönerung vor, und wenn daher auch das für alle Personen in gleichem Grade sich interessirende Gesetz in dem Falle, wo gleiche Verhältnisse für die Erwerbenden obwalten, keinen Theil besonders begünstigt, und, die Entscheidung den individuellen Rücksichten anheimgebend, keine Veränderung in dem oben angeführten Rechtsgrundsatze begründet; so spricht sich doch das Rechtsgesetz im zweiten Falle nicht auf dieselbe Weise aus. Wir finden es hier vielmehr in dem Grundsatze der Billigkeit, d. h. in dem Satze: durch willkührliche Thätigkeit den Andern nicht zum Opfer seiner Verhältnisse zu machen, und insbesondere nicht unter die Ursachen der Vernichtung des Andern zu treten, wo die Erhaltung von der Natur möglich gelassen ist. Dieser Grundsatz, welcher überhaupt nur so lange von den Rechtsgrundsätzen getrennt werden konnte, als man die Form des Gesetzes blos in flacher Allgemeinheit anerkannte, ohne die darin gegründete Beschränkung der einzelnen Rechte durch einander weiter in Betrachtung zu ziehn, giebt der ursprünglichen Erwerbung, so wie dem rechtlichen Handeln überhaupt, allererst den Charakter der Humanität und Allgemeingiltigkeit, während ohne die in ihm enthaltene Beschränkung des einzelnen Rechtsbegriffs das Rechtsgesetz nicht selten nur als der Beschützer des groben Egoismus erschien.

§. 121.

Durch diese Betrachtungen sollte aber vorerst nur die innerhalb der angebohrnen Rechte liegende Basis klar werden, worauf die Rechtlichkeit der ursprünglichen Erwerbung gegründet ist. Die Erwerbung selbst beginnt erst mit einem Akte der Person. Die nothwendigen Bestandtheile dieses Aktes haben wir im Allgemeinen schon §. 117. aufgestellt; sie können aber statt finden unter verschiedenen Modificationen. Vorerst kann eine Handlung der angegebenen Art auf die Weise vollbracht werden, daß die Person die Sache mit sich in ein solches Verhältniß bringt, daß sie derselben mächtig ist, während jeder Andere eben deshalb ausgeschlossen ist von ihrer willkührlichen Behandlung. Ein solches Verhältniß nennt man Besitz, und die Person, welche in diesem Verhältnisse ist, Besitzer. Weilen wir einige Augenblicke bei dem Wesen des Besitzes überhaupt; so wird darunter dasjenige Verhältniß zwischen einem handelnden Subjecte und einem Objecte gedacht, daß das erstere des letztern nach der Naturgesetzmäßigkeit ausschließlich mächtig ist; und worauf sich dieses Verhältniß erstrecken kann, darauf hat der Begriff des Besitzes eine mögliche Anwendung. Daher kann man eben so gut von einem Besitze seiner eignem Kräfte und Rechte reden, so bald der Mensch ihre Ausübung und Anwendung in seiner Gewalt hat, als vom Besitze äußerer Sachen. Gewonnen wird der Besitz, so bald der Mensch zu diesem Verhältnisse mit einem Objecte gelangt, und dauert so lange, als dieses Verhältniß dauert. Tritt der Mensch durch eigne oder durch fremde Causalität aus diesem Verhältnisse heraus, so hört der Besitz auf.

§. 122.

Was hier von dem Besitze überhaupt gesagt ist, hat seine Giltigkeit noch für den Besitz, dessen Object eine Sache ist. Er tritt ein, so bald die Person die Sache ergreift, oder sich überhaupt zu derselben in eine Lage versetzt, um sie als Mittel für die eignen Zwecke zu behandeln und jeden Andern davon abzuhalten, und so lange diese Einschließung der Sache in den eignen Freiheitskreis mit der Ausschließung der Willkühr Anderer von der Einwirkung auf dieselbe dauert, so lange ist auch die Person in dem Besitze derselben, hört aber auf Besitzer zu seyn, so bald durch eigne oder fremde Causalität dieses ihr Verhältniß zur Sache aufgehoben wird. Hiermit ist aber der Besitz nur in so weit bestimmt, als blos das Physische dabei in Betrachtung kommt, ohne welches der Begriff desselben keine Anwendung hat. Bei der Nothwendigkeit der moralischen Begriffe für alle menschlichen Handlungen und Verhältnisse kann sich aber das Physische nach seiner Reinheit nur in der Abstraction behaupten, und so wohl für den Anfang als für das Aufhören des Besitzes machen sich im Leben zugleich auch die moralischen Begriffe geltend, vermöge welcher der Besitz zugleich entweder ein rechtlicher oder ein unrechtlicher seyn wird, so wie auch nur von diesen Begriffen es abhängen wird, ob der Besitz als ein Moment in der Erwerbung der Rechte angesehn werden kann und soll, oder nicht. Um also dem Besitze eine rechtliche Bedeutung abzugewinnen, und von bestimmten damit erworbenen Rechten zu reden, welche Rechte des Besitzes heißen, muß man nothwendig zurückgehn auf das Recht zu besitzen, d. h. so wohl auf das Recht, in dieses Verhältniß zu treten, als auch auf das Recht, ungestört darin zu bleiben, und Jeder, der etwas Höheres als die Macht und physische Gewalt in der Bestimmung der menschlichen Verhältnisse anerkennt, wird für allen seinen Besitz sich müssen berufen können auf ein Recht, welches zu respectiren der Andere die Pflicht hat.

§. 123.

Zuvörderst bietet sich nun für den Besitz überhaupt, derselbe mag sich auf etwas Persönliches in der eignen Individualität, oder auf Sachen beziehn, so daß dabei der Besitz blos als Thatsache ohne Rücksicht auf seinen Eintritt genommen wird, das in dem angebohrnen Rechte auf Persönlichkeit selbst liegende Recht dar, von Andern nicht willkührlich gezwungen zu werden, und unter gewissen Verhältnissen *) lassen sich allerdings auch Rechte des Besitzes daraus ableiten. Allein dieses Recht ist, so wenig als ein anderes, unbeschränkt; es setzt namentlich voraus, daß ich die Andern selbst nicht erst verletzt habe. Soll also jenes allgemeine Recht für den besondern Besitz einer Sache volle Anwendung und die von ihm umschlossenen Folgen haben; so kann von denjenigen Begriffen, welche der Erwerbung aus dem Sachreiche zur besondern Basis dienen, nicht abstrahirt werden. Es muß ein Recht zu derjenigen Thätigkeit vorhanden seyn, wodurch das Verhältniß des Besitzes herbeigeführt wurde, und dies wird der Fall seyn, so bald bei ursprünglicher einseitiger Erwerbung die Thätigkeit unter den Bedingungen vollbracht wurde, welche wir §. 118 ff. aufgefunden haben. In diesem Falle verwandelt sich das Recht zu besitzen, als ein Theil des formalen Sachenrechts, durch den vorgenommenen Akt in Rechte des Besitzes, d. h. in Rechte

*) Gegen den nicht verletzten Dritten, und vor dem positiven Gesetze, wo die Geltendmachung des verletzten Rechts nicht durch Selbsthilfe, sondern nur durch den öffentlichen Richter geschehn darf, und wo dem Richterspruche erst eine Ausmittelung des Rechts der Besitznahme vorausgehn muß. Dieses letztere Verhältniß mit seinen eigenthümlichen, auf den Proceßgang gerichteten Rechten, während welcher indeß die Proceßordnung selbst ein höheres Recht für den Besitz anerkennt, ist dem Naturrechte fremd, wo der Besitz blos als ein Moment rechtlicher Erwerbung des Eigenthums gefaßt wird.

zu denjenigen Handlungen, wodurch die vorgenommene Besitznahme allererst ihren Zweck erreicht und erreichen kann, und die, mit dem Akte der Besitznahme erst practisch möglich gemacht, erworbene Rechte finden lassen.

§. 124.

Um diese Rechte des Besitzes, so weit sie in der Occupation gegründet oder herbeigeführt sind, nach ihren Haupttheilen zu übersehen, heben wir die in dem Besitze selbst enthaltenen zwei Hauptstücke hervor: 1) ist während desselben die Sache in die Gewalt der Person eingeschlossen, und 2) ist sie zugleich von der Willkühr der Uebrigen ausgeschlossen. In so fern nun der Mensch überhaupt das Recht hat, eine Sache zu sich in diese Lage zu bringen, hat er auch 1) das Recht auf diejenige Behandlung der Sache, wodurch dieselbe ein Mittel für seine Zwecke wird, und da Jeder, der ihn darin stören wollte, ihm zugleich jenes Recht verletzen würde; so kommt ihm als ein von jenem Rechte unzertrennlicher Ausfluß auch 2) das Recht auf diejenigen Handlungen zu, wodurch die Willkühr des Andern in Schranken gehalten, oder für die Verletzung Entschädigung erreicht wird. Auf diese beiden Puncte reduciren sich daher auch alle Rechte des Besitzes. Leicht wird es nun werden, diese Rechte nach jenen beiden Gesichtspuncten auch im Einzelnen weiter zu bezeichnen. In der erstern Hinsicht wird sich nämlich das Recht des Besitzes geltend machen 1) als das Recht der Inhabung und der Aufbewahrung, 2) der Specification, 3) des Gebrauchs und 4) des Verbrauchs der Sache. In der zweiten Hinsicht aber spricht es sich aus

1) als das Recht der Vertheidigung mit seinen Arten und 2) als das Recht der Entschädigung mit seinen Arten (vergl. §. 83.), welches letztere jedoch allemal in einem Verhältnisse statt finden wird, wo es passender mit dem besondern Namen eines Rechts aus dem Besitze sich bezeichnen läßt.

§. 125.

Indem wir das Recht der Entschädigung und des darauf abzweckenden Zwanges, als Ausflüsse jedes Rechts, auch im Gefolge der Rechte des Besitzes anerkennen müssen, wird es klar, daß die angeführten Rechte des Besitzes nicht für den Besitz an sich, als bloße Thatsache genommen, behauptet werden können, sondern nur für den rechtmäßigen; denn wenn auch der Mensch durch eine unrechtmäßige, mit Gewalt, oder verstohlner, oder betrügerischer Weise von ihm bewerkstelligte Besitznahme gegen Jeden, nicht von ihm Verletzten, des Rechts auf Zwanglosigkeit nicht verlustig wird, indem er nicht unter dem Richterstuhle eines andern steht, den er nicht verletzt hat, so daß in dieser Beziehung allerdings die Rechte des Besitzes Anwendung haben, so hat er diese Rechte doch nicht gegen den verletzten ersten Besitzer, vielmehr dauern sie in diesem als das Recht auf Entschädigung fort, auch nachdem er nicht mehr in dem Besitze einer Sache selbst ist, und werden in so fern auch füglicher Rechte aus dem Besitze genannt. Folglich kann Jemand in dem Besitze einer Sache seyn, ohne nothwendiger Weise auch die Rechte des Besitzes zu haben, vielmehr wird ein Besitz, dem es an dem Rechte zu besitzen gebricht, gegen diejenige Person, wo jenes Recht in Ansehung der Sache zur Anwendung gekommen ist, ohne weder von ihr aufgegeben, noch zweifelhaft zu seyn, als ein blos physisches Verhältniß erscheinen, welches, so wie jedes andere, wobei abgesehn wird von allem rechtlichen Grunde, des Rechts ermangelt; der Besitzer ist hier blos physischer Inhaber, auf welchem die Folgen des Rechts aus dem frühern Besitze lasten.

§. 126.

Das Recht des Besitzes mit seinen Ausflüssen enthält aber nur in so weit eine Erwerbung in Ansehung der Sache in sich, als es dem Besitzer den Anspruch an jeden Andern zuerkennt, nicht aus diesem Verhältnisse zur Sache und aus den damit verbundenen Vortheilen gesetzt zu werden. Es ist daher noch kein Recht an der Sache (jus in re), sondern nur ein Recht auf diejenige Thätigkeit, wodurch der Besitz bewerkstelligt, benutzt und erhalten wird, und es wird sich als Recht aus dem Besitze nur gegen denjenigen geltend machen, welcher die Person aus jenem Verhältnisse gesetzt hat. Auf dem dritten Besitzer hingegen lasten die Folgen des Rechts auf den verlornen Besitz in keinerlei Art, in so fern dabei anzunehmen ist, daß nicht er den ersten Besitzer aus seinem Besitze mit gesetzt hat.

§. 127.

Durch die Besitznahme und den Besitz kann sich demnach allerdings nach streng rechtlichen Begriffen die ursprünglich auf das blos Persönliche beschränkte Freiheitssphäre erweitern und ausbreiten in das Sachreich. Aber wäre der Freiheitskreis hier fortwährend nur auf dasjenige beschränkt, was der Mensch so eben mit seiner physischen Kraft zu umfassen vermag; so würde weder seine Subsistenz gesichert, noch eine höhere Entwickelung möglich seyn, und deshalb haben wir es schon oben (§. 118.) als ein sittliches Bedürfniß gefunden und anerkannt, daß auch dann noch Sachen der Person zur ausschließlichen Disposition bleiben, und von den Andern als der Person zugehörige respectirt werden, wenn das physische Verhältniß des Besitzes nicht statt hat; ein Bedürfniß, zu dessen Befriedigung dem Einzelnen das Recht nicht abgesprochen, oder wozu derselbe nicht der Willkühr Anderer hingegeben werden kann, wenn das sittlich Nothwendige nicht überhaupt unter die Willkühr gestellt werden soll. An einem angebohrnen Rechte des Menschen auf ein solches Verhältniß zu den Dingen läßt sich daher nicht mit Grunde, und ohne in den zuletzt bemerkten Widerspruch mit den sittlichen Begriffen zu fallen, nicht zweifeln, und wenn auch dieses Recht zunächst kein Recht auf bestimmte Sachen ist, sondern, damit es letztere werde, gewisse Handlungen voraussetzt; so kann doch diesen Handlungen, so bald sie sonst die §. 117 ff. aufgestellten Eigenschaften haben, nicht erst dann jene rechtlichen Wirkungen zuerkannt werden, wenn es den Uebrigen gefallen hat, ihnen etwa vertragsmäßig diese Würde zu geben. Es kommt also nur darauf an, die Art und Weise anzugeben, wie außer der unmittelbaren Kraftanwendung bei dem Besitze und außer den Verabredungen die Sache blos nach allgemeinen practischen Begriffen als eine solche kenntlich gemacht werden kann, die bereits mit menschlichen Zwecken in Verbindung gesetzt ist, um in den Andern den Gedanken der Pflicht zu erwecken, sie zu respectiren.

§. 128.

Im Allgemeinen kann nun wohl diese Art in nichts anderm bestehn, als darin, daß der Sache die Spuren und Zeichen menschlicher Thätigkeit aufgedrückt werden, und dies kann im Einzelnen auf doppelte Weise geschehn, theils durch Formation und Specification, theils dadurch, daß sie auf künstliche Weise mit schon formirten Sachen in Verbindung gesetzt wird. Dadurch haftet an der Sache etwas Menschliches (Thätigkeit), und das Recht auf dieselbe wird zu einem Rechte an der Sache (in re). Indem nämlich, Sachen zu haben und zu behandeln, vermöge der allgemeinen Verstandes- und Vernunftgesetze anerkannt werden muß als ein menschliches Bedürfniß, zu dessen Befriedigung keiner dem Andern, so bald sie ihm selbst möglich gelassen ist, das Recht absprechen kann, muß Jedem die Pflicht einleuchten, eine darauf abzweckende Handlung nicht für Nichts zu achten, und die Person an der Vollbringung derselben nicht zu hindern. Nun aber macht die Formation und Specification unwidersprechlich einen Theil solcher Thätigkeit aus, und so lange sie dauert, oder nach Naturgesetzen ohne Dazwischenkunft Anderer dauern konnte, haftet etwas an der Sache, worauf, und auf dessen weitere Benutzung, wo auch die Sache sey, eben so ein Recht der Person statt findet, als der Andere die Pflicht anerkennen muß, dasselbe zu respectiren. Und dies ist die in der allgemeinen menschlichen Natur angelegte Grundlage zur sittlichen Möglichkeit und Nothwendigkeit eines Verhältnisses zwischen Person und Sache, nach welchem die letztere dem Rechte der erstern auch in den Händen des zweiten und dritten Besitzers nicht entfremdet wird, und welches das Eigenthumsverhältniß im engern und strengen Sinne genannt wird. Zwar werden diese natürlichen Zeichen des Eigenthums nicht hinreichen, in den mannichfaltigen Verwickelungen des Lebens die einzelnen Rechtsgebiete auseinander zu setzen; es werden willkührliche Zeichen hinzukommen müssen, welche Uebereinkunft fordern, so daß je länger je mehr das Eigenthum eine vertragsmäßige Existenz erhält, und als auf Verträge gegründet erscheint. Die Verträge und die positiven Institutionen können aber dabei nichts anders seyn, als das Mittel, einerseits das rein Natürliche zur äußern Anerkennung zu bringen, andrerseits die Befriedigung jenes allgemeinen sittlichen Bedürfnisses in Uebereinstimmung zu setzen mit den empirischen Verhältnissen des gesellschaftlichen Lebens, und daß das Eigenthumsverhältniß auch eine rein natürliche Nothwendigkeit und zugleich Grundlage seiner Wirklichkeit hat, macht selbst für die positiven Institutionen darüber erst einen rationalen Charakter möglich.

§. 129.

Durch die bisherigen Bemerkungen über das Eigenthumsrecht sollte blos gezeigt werden, wie das ursprünglich nur auf die eigne Persönlichkeit gerichtete und dieselbe umfassende Recht sich verbindet mit Sachen, und wie auch Objecte dieser Art auf eine dauernde Weise durch Rechtsbegriffe verknüpft werden können mit dem Persönlichen. So wie aber das Recht überhaupt mehrere Folgen in sich schließt, die als nähere Bestimmungen der rechtlichen Einschließung eines Objects in das Freiheitsgebiet einer Person sich ansehn lassen (vergl. §. 75.), so auch das Recht, in so fern es sein Object in einer Sache, die einer Person eigenthümlich ist, findet, und es ergeben sich hieraus mehrere Rechte, welche die erworbenen Eigenthumsrechte genannt werden, im Gegensatze von dem ursprünglichen oder formalen Eigenthumsrechte. Um nun dasjenige, was der Person hinsichtlich ihres Eigenthums vermöge des Begriffs vom Eigenthumsverhältnisse alles zusteht, im Besondern aufzufassen, heben wir die verschiedenen Seiten hervor, welche das Eigenthumsverhältniß darbietet, und haben dabei besonders folgende zwei ins Auge zu fassen. Einmal finden wir darin den Eigenthümer in Beziehung zur Sache und zweitens in Beziehung zu fremden Personen. Dort kommt ihm zu, über die Sache nach eigner Willkühr zu verfügen, hier kommt ihm zu, was zur Behauptung der Integrität seines Rechts auf die Sache gehört. Und so finden wir die Haupttheile des Eigenthumsrechts, die häufig sehr willkührlich bestimmt worden sind, in dem Eigenthumsverhältnisse selbst mit Nothwendigkeit gesetzt. Sie besteht in dem Verfügungsrechte, und in dem Rechte auf Schadlosigkeit, von denen jedes wieder seine besondern Puncte in sich begreift, und wenn wir auch in der Bezeichnung derselben mit demjenigen zusammentreffen, was wir früherhin als Ausflüsse des Rechts überhaupt bemerkt haben; so treten doch jene allgemeinen Bestimmungen hier in besondern Beziehungen auf und können überhaupt nicht von dem Eigenthumsrechte getrennt werden, wenn sie auch demselben nicht allein angehören.

§. 130.

In so fern eine Sache Eigenthum einer Person ist, steht sie in ausschließlicher Beziehung zu den Zwecken derselben, und können also ihre Bestimmung, als Mittel für menschliche Zwecke, überhaupt nur von dieser Person erhalten. Sie also zu sich in das äußere Verhältniß zu setzen, um ihr eine Bestimmung für die individuellen Zwecke geben zu können, ferner sie auch wirklich als ein Mittel zu behandeln und zu benutzen, und endlich sie von der Sphäre ihrer Mittel auszuschließen, oder das Recht auf dieselbe zu veräußern, dies alles kann der Person nicht abgesprochen werden, so bald sie einmal das Recht der freien Verfügung über die Sache hat. Demnach zerfällt also das Recht der freien Verfügung wieder in drei Theile, 1) in das Recht zu besitzen, 2) in das Recht des Gebrauchs, und 3) in das Recht der Veräußerung.

Anmerk. Häufig wird die Proprietät unter den Eigenthumsrechten aufgeführt; allein die Proprietät ist das constitutive Merkmal des Eigenthumsverhältnisses selbst, denn die Sache wird ja eben Eigenthum genannt, als sie der Person eigen (propria) ist.

§. 131.

Was zuerst das Besitzungsrecht betrifft, welches hier also als ein erworbenes im Gegensatze von dem angebohrnen, formalen genommen wird; so bezieht es sich blos auf die äußere Bedingung des Gebrauchs der eigenthümlichen Sache, welche Bedingung, in so fern sie blos ein physisches Verhältniß ausmacht, und von der wirklichen Benutzung der Sache verschieden ist, für einen besondern Bestandtheil des Eigenthumsrechts anzusehn ist. Wir finden demnach den Besitz in einem dreifachen Verhältnisse zu dem Eigenthume, dessen Unterscheidung in einer Theorie des Besitzes und des Eigenthums nicht fehlen darf. 1) Kann der Besitz gefaßt werden als dem Eigenthume entgegengesetzt; da sich nun bei dem Besitze schon an und für sich etwas Persönliches an der Sache befindet, nämlich die Einwirkung der Person auf dieselbe, welche Jeder, der nicht dadurch verletzt worden ist, zu respectiren hat; so erscheint er an sich als Object gewisser Rechte, nämlich derjenigen, die sich auf die Benutzung und Fortdauer dieses Verhältnisses selbst beziehn. Indeß sind diese Rechte, wegen der bedingten Giltigkeit ihres Grundes, nämlich des natürlichen Rechts auf Zwanglosigkeit, nur bedingt, und stehn insbesondere auch den wirklichen Eigenthumsrechten nach; nur müssen vor dem öffentlichen Richter die letztern erst bewiesen werden, um sich gegen die erstern geltend zu machen, und so lange dies nicht bewerkstelligt werden kann, ist kein Grund vorhanden, warum der Besitz nicht fortdauern sollte. In so fern wird daher auch häufig der Besitzer als präsumtiver Eigenthümer angesehn. Die zweite Bedeutung erhält der Besitz für die Erwerbung des Eigenthums, und macht den ersten Schritt dazu aus, der aber nothwendig vorausgesetzt wird; denn ohne Besitznahme fehlt es an der äußern Beziehung oder Verknüpfung der Sache mit den individuellen Zwecken, die bei jeder Erwerbung etwas Wesentliches ist.

§. 117.

Die dritte Bedeutung gewinnt endlich der Besitz dadurch, daß er als ein Bestandtheil von den Eigenthumsrechten gefaßt werden kann, und hier macht er ebenfalls etwas Wesentliches aus. Denn da das Eigenthum statt finden kann ohne Besitz, der Besitz aber eine Bedingung des Gebrauchs ist, worin das Eigenthumsrecht zuletzt seinen Zweck hat; so kann das Recht, sich zu der Sache in die äußere Lage zu setzen, wo der Gebrauch möglich ist, nicht von dem Rechte getrennt werden, dessen Begriffe nach die Sache nur den Zwecken und der Freiheit der Person untergeordnet ist.

§. 132.

Anlangend das Gebrauchsrecht, so hat es so viele Seiten, als der Gebrauch verschieden statt finden kann. Der Gebrauch kann sich nun nicht allein auf die verschiedenen Theile der Sache erstrecken, sondern er kann auch selbst verschiedentlich erfolgen, und dies giebt dem Rechte auf Gebrauch wieder verschiedene Beziehungen und läßt es finden als ein verschiedenes. Unterscheiden lassen sich aber in einer Sache besonders zwei Stücke; sie selbst und ihre Dependenzien. Unter der Sache selbst verstehn wir die Substanz, wie sie mit allen ihren Kräften und Eigenschaften eine Individualität constituirt, unter den Dependenzien aber alles dasjenige, was zwar einer von der Sache abgesonderten Existenz fähig ist, jedoch seinem Ursprunge nach nicht ohne dieselbe ist, und also sich ansehn läßt als einen Ausfluß derselben. Hat nun das Recht auf eine Sache überall nur in so fern für die Person Werth und Bedeutung, als sie die Vortheile, welche dieselbe für die menschlichen Zwecke darbietet, benutzen kann; so können auch die Dependenzien, als worin eben diese Vortheile und Nutzbarkeit der Sache bestehn können, ursprünglich von dem Rechte auf den Gebrauch der Sache überhaupt nicht ausgeschlossen seyn, sondern werden eine Vermehrung des Eigenthums ausmachen, ohne einen besondern Akt der Erwerbung.

§. 133.

Dasselbe Recht fordert auch die Freiheit des Gebrauchs der Art nach. Es giebt überhaupt eine doppelte Art des Gebrauchs: einen unmittelbaren und einen mittelbaren. Bei dem erstern wird die Sache direct bezogen auf die Befriedigung einer Forderung der menschlichen Natur, und derselbe ist entweder Gebrauch im engern Sinne, oder ein Verbrauch, je nachdem bei der Benutzung der Sache die weitere Nutzbarkeit bleibt, oder verloren geht. Bei dem mittelbaren Gebrauch aber wird die Sache angewendet zur Erzeugung anderweiter Mittel für die menschlichen Zwecke, sie wird gebraucht als Mittel zur Sicherung und Erweiterung des individuellen Freiheitsgebiets, und soweit dadurch dem Rechte Anderer nicht Abbruch geschieht, ist diese Art der Benutzung, so wie die erstere, in dem Rechte auf die Sache etwas Wesentliches. Der Eigenthümer hat also nicht allein das Recht, die Sache in jede beliebige Lage zu bringen, und durch Specification dieselbe nutzbarer zu machen, sondern auch alles dasjenige als das Seinige anzusehn, was sie vermöge ihrer natürlichen oder durch Kunst bewirkten Kräfte, Eigenschaften und äußern Lagen aus dem Gebiete herrnloser Sachen so mit sich verbunden hat, daß es ohne Beschädigung, oder Verminderung ihrer Nutzbarkeit nicht von ihr getrennt werden kann. Man nennt die Vermehrung des Eigenthums aus und durch eine eigenthümliche Sache, wozu kein besonderer Akt der Erwerbung erforderlich ist, Accession, die also, ihr Princip in dem Rechte ungestörter Nutzbarkeit und Nutzung habend, theils in den Früchten des schon erworbenen Eigenthums, theils in herrnlosen Sachen bestehn kann, in welchem letztern Falle sie Accession im engern Sinne genannt wird. Doch beschränkt sich die Accession im letztern Sinne nur auf den angegebenen Fall, und wo die herrnlose Sache blos in eine solche Verbindung mit der eigenthümlichen getreten ist, daß sie ohne Verletzung von derselben getrennt werden kann, wird zur Erwerbung derselben ein besonderer Akt eintreten müssen, der auch Andern möglich ist, und nur von dem Eigenthumsrechte unterstützt wird, in so fern als der Eigenthümer, vermöge des Besitzungsrechts, das Recht hat, Jeden von der Sache überhaupt auszuschließen.

§. 134.

Ein besonderes Verhältniß für das Eigenthumsrecht tritt ein, wenn sich Sachen verschiedener Herrn ohne deren Willen und Schuld mit einander verbinden. Da das Eigenthum überhaupt nicht an räumliche Verhältnisse gebunden ist; so kann auch dadurch für keinen Theil das Recht auf die Sache verloren gehn, und keiner kann die fremde Sache als Accession betrachten. Ist die zu der andern hinzugekommene Sache ohne Verletzung derselben von ihr wieder zu trennen; so hat ihr Eigenthümer das Recht der Zurücknahme, und der Andere, wenn er sie im Besitze hat, ist verpflichtet, sie zurückzugeben. Ist die Zurücknahme nicht ohne Beschädigung der andern Sache, oder gar nicht möglich; so wird das rechtliche Urtheil für die Auseinandersetzung der beiden Rechtssphären ihr Princip in der Maxime der Ausgleichung finden, deren Ergebniß aber mit nach der empirischen Natur der Sachen und Umstände sich wird richten müssen.

§. 135.

Aus der Freiheit der Verfügung über eine Sache ergiebt sich weiter auch die Freiheit des Nichtgebrauchs derselben, und das Recht darauf ist um so weniger einem Zweifel unterworfen, als der eine Zeitlang fortgesetzte Nichtgebrauch einer Sache eine wesentliche Bedingung ihrer Nutzbarkeit ausmachen kann. Da nun blos der Eigenthümer das Recht hat, über die Art des Gebrauchs zu bestimmen, folglich auch über die Zeit, wie lange der Nichtgebrauch währen soll; so giebt es ohne Verabredung keine Verjährung (vergl. §. 77.) und es kann durch den bloßen Nichtgebrauch weder ein Recht verloren, noch andrerseits erworben werden.

§. 136.

Wenn es erst das Werk des freien Willens der Person ist, eine Sache in Beziehung zu ihren Zwecken zu setzen, und ein Recht darauf sich zu erwerben; so muß mit dem Rechte auf diesen Akt auch das Recht darauf verbunden seyn, die Sache wieder aus dieser Beziehung zu setzen, sie von der Sphäre ihrer persönlichen Mittel auszuschließen oder zu veräußern. Dies kann geschehn so wohl durch Entsagung, als auch durch Uebertragung, weshalb das Recht der Veräußerung wieder in zwei Bestandtheile zerfällt. Da die Veräußerung gerade die dem Gebrauch entgegengesetzte Bestimmung über die Sache und eine besondere Seite der freien Verfügung ausmacht; so wird auch das Recht darauf mit dem Rechte auf den Gebrauch in dem Verhältnisse der Disjunction stehn, und obgleich im Einzelnen die Veräußerung ebenfalls als ein Mittel zu gewissen Zwecken angewendet werden kann, namentlich wo sie als Uebertragung erscheint; so hebt dies doch die wesentliche Verschiedenheit der Richtung, welche die Sache in der Veräußerung und in dem wirklichen Gebrauche erhält, nicht auf.

§. 137.

An die Betrachtungen über den Ursprung und die Bestandtheile des Rechts zu ausschließlicher Verfügung über eine Sache schließt sich noch die Frage nach den Wirkungen einer getroffenen Verfügung über das Eigenthum hinsichtlich ihrer Dauer an, welche ihre besondere Wichtigkeit als die Frage nach der Giltigkeit testamentarischer Verfügung hat. Wir suchen dieselbe zu beantworten durch die Rücksicht auf die einzelnen Bestandtheile des Eigenthumsrechts, ohne welche sie nicht vollständig gegeben werden kann. Man kann nämlich nach den verschiedenen Seiten des Rechtes der freien Verfügung über das Eigenthum das Testament von einem doppelten Gesichtspuncte aus betrachten und beurtheilen, 1) als eine Veräußerung, 2) als ein Mittel der gegenwärtigen Benutzung. Von dem erstern Standpuncte wird es allgemein von seinen Bestreitern nach reinen Rechtsbegriffen angesehn, wenigstens herrscht derselbe überall vor, und da es nun ohne Sinn ist, ein Recht zu veräußern, wenn man es nicht mehr hat; so ist der Streit bei dieser Ansicht und Auffassung ohne Schwierigkeit zu beseitigen. Aber wie? wenn die Gewißheit des Uebergangs meines Eigenthums auf eine bestimmte Person nach meinem Tode eine wesentliche Bedingung ausmacht, für dessen gegenwärtigen Gebrauch, was doch unleugbar unendlich oft der Fall seyn kann! würde nicht der Grundsatz oder die Handlungsweise, wobei eine solche Anordnung des Eigenthümers keine Berücksichtigung findet, eine wesentliche Bedingung sittlicher Existenz aufheben? Und diesen in dem Streite über die Giltigkeit testamentarischer Verfügung nach reinen Rechtsbegriffen oft gar nicht berücksichtigten Punct halten wir für den entscheidenden, und gehen von der Thatsache aus, daß die Gewißheit wegen der Giltigkeit der letzten Anordnung über das Seinige auf den Fall des Todes einen entscheidenden und höchst wichtigen Einfluß hat auf den Gebrauch des Seinigen, auf die Einrichtung seiner gesammten Thätigkeit und auf die Ruhe des ganzen Lebens. In Ermangelung derselben wird nämlich der Einzelne nicht allein dazu genöthigt werden, im Widerspruche mit der Freiheit des Gebrauchs, entweder bei Lebzeiten das Seinige Andern zu überliefern und sich der Gefahr künftigen Mangels auszusetzen, oder in seinem Besitze hilflos zu bleiben, sondern er wird sich auch dadurch bestimmt finden müssen, von allem relativ Brauchbaren, zu dessen Erzeugung er nur für bestimmte Personen sich berufen fühlen kann, seine Thätigkeit zu enthalten, und Verzicht zu leisten auf die heiligsten Regungen seines Gemüths der Liebe und Dankbarkeit, wohl auch auf Aussöhnung des Gewissens, und dies alles wegen des Rechts der Uebrigen auf die *Möglichkeit künftiger Erwerbung*, welche eben durch eine solche Beschränkung des Eigenthumsrechts erst recht problematisch wird. Wenn also auch durch die Nichtachtung einer Verfügung auf den Fall des Todes weder ein Recht des verstorbenen Erblassers, noch ein wirklich erworbenes Recht des bestimmten Erben auf die Sache verletzt wird; so zeigt sich doch in ihr eine Maxime, welche das menschliche Leben in seinen innersten Triebfedern lähmt, und dessen Freiheit zerstört, und welcher entgegenzutreten ein Jeder, also auch der bestimmte Erbe, das Recht hat. Es ist also die Heilighaltung der letzten Verfügung keine Rechtspflicht gegen den Verstorbenen, sondern gegen die noch lebenden Eigenthümer überhaupt, indem für einen jeden die Gewißheit in dieser Hinsicht eine wesentliche Bedingung sittlicher Existenz oder des freien Wirkens und Gebrauchs seines Eigenthums ist, so daß wir hier nur einen Punct aus dem Rechte des ungehinderten Gebrauchs finden, dem das an sich unbestimmte, seine Ausübung selbst vernichtende, Recht des Einzelnen auf die Möglichkeit künftiger Erwerbung untergeordnet ist. Nun leugnen wir zwar nicht, daß diese Sicherheit nicht ohne ein öffentliches Institut der Person gewährt werden kann; dies ist ja aber der Fall mit jedem Rechte, und die Sanktion der Testamente durch den Staat ist nichts anders, als eine öffentliche Anerkennung und Regulirung eines gemeinschaftlichen sittlichen Bedürfnisses, oder einer Bedingung sittlicher Existenz, dem das unbestimmte Occupationsrecht des Einzelnen untergeordnet ist, so wie dem Gebrauchsrechte des wirklichen Eigenthums überhaupt, so bald die sittliche Existenz seines Subjects nicht auf dem Spiele steht. Von den Erbverträgen und der Intestaterbfolge werden wir in der Folge handeln.

§. 138.

So wie wir den Menschen nach dem Rechtsverhältnisse überhaupt in einer doppelten Beziehung finden, einerseits zu dem Objecte des Rechts, andrerseits zu den übrigen Personen, in welchen beiden Hinsichten der Rechtsbegriff noch besonderer Bestimmungen fähig ist, so steht auch die Person als Eigenthümer in dieser doppelten Beziehung, und muß auch in letzterer, wegen der Besonderheit des Eigenthumsverhältnisses, noch besonders betrachtet werden, so daß wir für das Eigenthumsrecht auch von dieser Seite her noch mehrere nähere Bestimmungen erhalten. In so fern nun die Person ein Recht auf die Sache hat, d. h. in so fern nur ihr mit Ausschließung aller Andern die freie Verfügung über dieselbe zusteht, wird sie von jeder fremden Handlung, wodurch sie Störung für ihre Freiheit erhält, verletzt, und da dieses dem Eigenthumsrechte geradezu entgegen ist; so zeigt sich das Eigenthumsrecht als ein Recht auf Schadlosigkeit oder Unverletztheit in Ansehung des Eigenthums. Nun kann aber der Person Störung für ihre freie Verfügung auf verschiedene Weise kommen, nämlich 1) so, daß die Verletzung zwar noch nicht erfolgt, aber doch zu befürchten ist, und 2) so, daß sie schon wirklich statt gefunden hat. In ersterer Hinsicht erhalten wir das Vertheidigungsrecht im weitern Sinne, in der andern das Recht der Entschädigung.

§. 139.

Das Vertheidigungsrecht in Ansehung des Eigenthums schließt wieder mehrere Puncte in sich, die sich aber sämmtlich auf folgende zwei reduciren lassen. 1) Das Recht, Vorkehrungsmaaßregeln zu treffen zur Abwehr möglicher Verletzung (jus securitatis); 2) das Recht, jeden wirklichen Angriff abzuwehren (Vertheidigungsrecht im engern Sinne). So wie aber überall die genauere Bestimmung der Rechtsbegriffe auch eine Betrachtung ihrer Ausdehnung in der Anwendung fordert, so auch die Bestimmung des Vertheidigungsrechts, und es bieten sich dafür besonders die Fragen dar: ob sich das Vertheidigungsrecht auch erstrecke auf die Abwehr des unschädlichen Gebrauchs, ferner auf die Abwehr des Nothgebrauchs. Was zuerst den unschädlichen Gebrauch betrifft; so ist er allerdings anzusehn als ein Eingriff in das Freiheitsgebiet des Eigenthümers: denn nur diesem muß es zu beurtheilen überlassen bleiben, ob und wie er etwas von seinem Eigenthume zu seinem Nutzen verwenden will, und was schädlich oder unschädlich ist. Und mithin kann ihm das Recht, sich dafür nicht dem fremden Urtheile zu unterwerfen, nicht abgesprochen werden.

§. 140.

Nicht aber dürfte derjenige, welcher die wahre Bedeutung des Eigenthums festhält, in die Behauptung stimmen, daß es auch in dem Rechte des Eigenthümers liege, den Nothgebrauch schlechthin zu verwehren. Das Eigenthum hat seine Bedeutung in der Sicherung der persönlichen Existenz und des höhern menschlichen Zwecks gegen die Willkühr Anderer, ist aber auch zugleich beschränkt in der Existenz der Andern; denn seine Erwerbung steht unter der Forderung, daß die Zueignung jenen die Erfüllung der Bedingung menschlicher Existenz nicht unmöglich mache. Ist nun diese Beschränkung aus der allgemeinen Form des Gesetzes nicht abzuleugnen, und steht zuerst der Begriff des angebohrnen Eigenthums-

rechts

rechts für seine Anwendung unter diesen rechtlichen Bedingungen, wie kann man seinen Folgen, d. h. den Grundsätzen für das erworbene Recht eine Ausdehnung geben, wodurch jene Schranken bei Seite gesetzt werden? Bleibt nicht das angebohrne Recht auf Subsistenz Aller, auch nachdem es dem Einzelnen beliebt hat, Sachen mit seinen individuellen Zwecken zu verbinden? Hat das Recht dazu nicht auch fortwährend nur in so fern Giltigkeit vor dem für Alle sprechenden Gesetze, als es nicht unter den Ursachen der Vernichtung Anderer auftreten will? Dieses würde es aber, in dem Falle, wenn das Unglück oder die Natur in einer occupirten Sache der Person das einzige Mittel der Rettung darbietet. Gewiß wäre dies eine Deutung des Rechtsbegriffs, wobei weder die Bedingungen der Coexistenz, noch der eigentliche Sinn des Rechtsgesetzes berücksichtigt würde. Ein Recht, Unrecht zu thun, wird damit gar nicht behauptet; so kann es nur derjenige ansehn, welcher die wahre Beziehung des Rechtsbegriffs übersehend, denselben nicht im Unterschiede von seiner Anwendung festhält. Es ist vielmehr hier ein Fall, wo der Begriff des erworbenen Eigenthumsrechts nicht seinen Gegner und die Stelle seiner Anwendung findet, sondern wo das angebohrne Recht sich geltend macht, von welchem das erworbene bedingt ist. Freilich sprechen wir hier bei dem Nothfalle blos von rein natürlichen Dingen und zwar nicht allein von der reinen Naturnothwendigkeit, sondern auch von rein natürlichen Mitteln; denn wo in dem Andern eigne Schuld obwaltet, oder wo der Gegenstand erst durch seinen Eigenthümer ein Mittel geworden ist, worauf das angeborne Recht sich nicht erstreckt, ist die Ueberlassung des Gebrauchs Liebespflicht.

§. 141.

Nach seinem zweiten Bestandtheile fanden wir das Eigenthumsrecht, dasselbe in Beziehung auf fremde Personen gefaßt, als das Recht der Entschädigung, und können darin ebenfalls besondere Modificationen unterscheiden. Ist nämlich die verlorne Sache in ihrer Integrität wieder zu erhalten; so erscheint es als Vindicationsrecht, oder als das Recht gegen jeden dermaligen Besitzer; und ist der Verlust nicht durch die Sache selbst gut zu machen, so zeigt es sich als das Recht auf Ersatz. Aber in der einen, wie in der andern Hinsicht ist jenes Recht noch einer nähern Bestimmung fähig; indem nicht allein der Charakter des gegenwärtigen Besitzers verschieden seyn kann, nach dem Unterschied zwischen redlichen und unredlichen, sondern indem auch die Sache in dem fremden Besitze Veränderungen erhalten haben kann, die eben so gut Verbesserung, als Verschlimmerung seyn können.

Ist der Besitzer ein unredlicher; so ist im Allgemeinen die Entscheidung leicht. Er ist ein Beleidiger, und somit zur vollen Schadloshaltung verpflichtet, in Ansehung des positiven, so wie des negativen Schadens, mit Ausnahme desjenigen, der durch Unfälle verursacht worden ist, die mit dem unredlichen Besitze in keiner Causalität stehn. Die etwa vorgenommenen Verbesserungen der Sache kann er zwar, im Fall sie ohne Schaden derselben zurückgenommen werden können, rechtlich zurücknehmen, außerdem aber und im Allgemeinen erhält nur durch die völlige Schadlosigkeit das Eigenthumrecht gegen den unredlichen Besitzer seine wahre Befriedigung.

§. 142.

Der redliche Besitz kann auf eine doppelte Weise eintreten: entweder durch Occupation einer anscheinlich herrnlosen Sache, oder durch Vertrag mit einem Dritten, welcher die Sache für sein Eigenthum hielt oder dafür ausgab. Hier kommt nur der erste Fall in Betrachtung; denn der letztere kann nur nach den Grundsätzen des Vertrags beurtheilt werden. Soll nun auf erstere Weise ein redlicher Besitz eines fremden Eigenthums erfolgen; so ist dies nur dadurch möglich, daß die Sache innere oder äußere Merkmale hat, welche ihre Herrnlosigkeit präsumiren ließen (z. B. Unkenntlichkeit der Zeichen des Eigenthums, das Liegen an einem öffentlichen Orte), und da dies nicht füglich ohne Schuld des Eigenthümers eintreten kann, so wird zwar bei einer unwidersprechlichen Nachweisung des Eigenthums die Zurückgabe von rechtlicher Nothwendigkeit seyn: aber Ersatz für den unterdeß gezogenen Nutzen, oder für die durch Benutzung oder Vernachlässigung des fremden Besitzers entstandene Verschlimmerung der Sache kann der Eigenthümer nicht fordern, eben weil es Folge seiner Nachlässigkeit und Schuld war, daß der Andere bona fide die Sache als die Seinige ansehn und benutzen konnte. Auch auf die rechtliche Beurtheilung der von dem redlichen Besitzer gemachten Verbesserungen hat dieser Umstand Einfluß, indem nicht allein die gemachte Verbesserung, im Fall sie von der Sache trennbar ist, von ihrem Urheber zurückgenommen, sondern auch von ihm für die untrennbare Zuthat Entschädigung gefordert werden kann, vorausgesetzt, daß durch die Verbesserung die Sache nutzbarer geworden, und nach allgemeinen Gesetzen der Zweckmäßigkeit als Verbesserung angesehn werden muß: denn bloße Verschönerungen, wo nur die Subjectivität und der individuelle Geschmack herrscht und Verbesserungen finden kann, bieten keinen objectiven Grund dar, sie bei der Auseinandersetzung in Anschlag zu bringen.

§. 143.

So verzweigt sich also der Begriff des Rechts für das Eigenthum immer mehr, je weiter man die einzelnen Seiten und Bestandtheile des einen und andern in Betrachtung bringt; da aber die allgemeine Wissenschaft nur an die reinen Begriffe der Person, des Rechts und des Eigenthums gewiesen ist; so ist auch eben darin für ihre Darstellung die Grenze gesteckt, und sie muß die Beurtheilung des Empirischen und die weitere Anwendung der reinen Begriffe und der daraus sich ergebenden Sätze der empirischen Rechtslehre überlassen. Aber das Aufhören des Eigenthumsrechts bietet noch einen Punct dar, wofür die aus dem Begriffe dieses Rechts sich ergebenden Grundsätze in Betrachtung zu ziehen sind, und wir finden dafür folgende. Das Eigenthumsrecht hört auf 1) durch den Tod des berechtigten Subjects; 2) durch Verzichtleistung des Subjects, dieselbe mag unmittelbar freiwillig, oder in Folgen gewisser Rechtsverhältnisse erfolgt seyn; 3) durch den Untergang der Sache, in so fern derselbe keine Folge fremder Rechtsverletzung ist; 4) durch gänzliches Verschwinden der Sache aus dem Besitze unter derselben Bedingung; 5) durch das gänzliche Verschwinden der Zeichen des Eigenthums, als womit der Grund der Verpflichtung für die Andern wegfällt, ohne welche das Eigenthum keine moralische Bedeutung hat, oder überhaupt nicht möglich ist.

Zweite Abtheilung.

Von den Rechten der Verträge.

1) Im Allgemeinen.

§. 144.

Jede Person mit allen ihren angebohrnen und erworbenen Rechten bildet einen Kreis, welcher gegen alle fremde Willkühr durch moralische Begriffe geschlossen ist. Will nach diesen Begriffen die eine aus dem Gebiete der andern sich etwas erwerben; so kann dies nur mit dem Willen dieser andern geschehn, oder durch beiderseitige freiwillige Uebereinkunft. Die Uebereinkunft zweier oder mehrer Personen wegen des Uebergangs gewisser Rechte von der einen auf die andere derselben nennt man Vertrag, welcher also die zweite mögliche Art der Erwerbung ausmacht, nämlich die abgeleitete.

§. 145.

Was die allgemeinen Bestandtheile des Vertrags betrifft; so werden zu jedem vorausgesetzt 1) zwei Partheien (physische oder moralische Personen), welche die Contrahenten oder Paciscenten genannt werden, und von welchen die eine die übertragende und die andere die übernehmende ist; 2) ein Object, worüber die Uebereinkunft getroffen wird, und 3) die Uebereinkunft selbst, wodurch der

Wechsel des Subjects für das Recht unmittelbar bewirkt wird. An diese drei Puncte werden sich alle die Bemerkungen knüpfen lassen, welche die Aufklärung des Rechtlichen in den Verträgen zur Absicht haben. Im Allgemeinen aber ergeben sich zur Beurtheilung der auf den Vertrag Bezug habenden Rechte folgende Sätze: 1) es werden zu jedem Vertrage bereits Rechte vorausgesetzt, und zwar nicht allein zur Schließung der Verträge überhaupt, sondern auch hinsichtlich des Objects eines jeden Vertrags insbesondere; denn außerdem hätte der Vertrag keinen rechtlichen Grund, noch könnte er eine rechtliche Folge haben. Verträge können überall nur statt finden als die Ausübung eines den Contrahenten zustehenden Rechts. 2) Es giebt eine doppelte Art von Rechten, welche in einer Theorie der Verträge nothwendig in Betrachtung kommen, nämlich Rechte zu Verträgen und auch Rechte aus denselben; jene machen den Rechtsgrund zur Abschließung des Vertrags aus, diese sind dessen Folgen, oder die durch ihn erworbenen. 3) Es läßt sich auch bei den Verträgen eine doppelte Seite des Rechtsverhältnisses unterscheiden; es giebt Rechte, welche die Contrahenten unter sich haben, und Rechte, welche ihnen hinsichtlich des Vertrags gegen jeden Dritten zukommen. Die erstern machen die innere, die letztern die äußere Seite des bei Verträgen eintretenden Rechtsverhältnisses aus.

§. 146.

Reflectiren wir nun auf den Grund der rechtlichen Möglichkeit der Verträge überhaupt; so kommt zuerst das Recht für diejenigen Handlungen in Betrachtung, welche das Eingehn des Vertrags betreffen, und zwar zuerst das Recht zur Annäherung der einzelnen Personen an einander, entweder um den Antrag zu einer Umtauschung der Rechte zu machen, oder um sich um die Unterstützung des Andern zu bewerben, und zwar kommen schon diese Handlungen hier in Erwähnung, weil sie nicht allein einen nothwendigen Bestandtheil eines solchen Geschäfts ausmachen, sondern auch mancherlei Hindernisse erfahren können zur Verletzung der Person. Um den Rechtsgrund dafür zu finden, müssen wir aber zurückgehn auf die Sphäre der angebohrnen Rechte, weil ursprünglich kein anderes Recht zur Annäherung an fremde Personen statt findet. Für die Erwerbung durch Occupation fanden wir den Rechtsgrund in dem angebohrnen Rechte auf Sachen überhaupt, als worin eine Bedingung der Existenz eines Jeden liegt. Aber nicht blos des Gebrauchs von Sachen bedarf der Mensch zur Möglichkeit seiner Existenz, auch die Verbindung mit andern Personen ist ihm nothwendig, wenn er dem Zwecke seines Daseyns sich nähern soll; und deshalb kommt ihm das angebohrne Recht der Socialität zu. Dieses Recht ist es nun, welches für die auf Abschließung der Verträge zielenden Handlungen sich geltend macht, in diesem findet der erste Schritt zur abgeleiteten Erwerbung seinen rechtlichen Grund, und die abgeleitete Erwerbung stützt sich in so fern eben so auf ein angebohrnes Recht, wie die ursprüngliche.

§. 147.

Das so eben angeführte Recht betraf blos die rein persönlichen Handlungen für die Vereinigung der Contrahenten. Jeder Vertrag fordert aber auch eine Handlung, durch welche das Recht von der einen Person übergehn soll auf die andere; und da dieser Uebergang rechtlich nicht möglich wäre, wenn es nicht auch ein Recht der Uebertragung giebt, so fordert auch dieser Punct eine besondere Erwähnung. Ein gegründeter Zweifel an dem Daseyn eines solchen Rechts wird weiter nicht vorkommen können; denn sich zu verpflichten, für Andere zu wirken, und ihnen dadurch ein Recht auf eine Leistung zu geben, d. h. sich selbst in Hinsicht einer Leistung von ihrem Willen abhängig zu machen, widerspricht im Allgemeinen weder der eignen persönlichen Existenz, noch der Persönlichkeit Anderer, und dies um so weniger, als darin ein Mittel liegen kann, die eignen höhern Zwecke zu sichern, wozu Jeder ein angebohrnes Recht hat. Wenn es also ein angebohrnes Recht ist, über die eigne Thätigkeit auch zu Gunsten Anderer zu verfügen, und wenn es der eigne Zweck und die fremde Sicherheit fordert, ihnen selbst ein Recht darüber einzuräumen; so wird es auch nicht weniger in der Freiheit der Person liegen, dasselbe Verfahren auch bei erworbenem Eigenthume anzuwenden, worauf das Recht der freien Disposition und insbesondere auch der Veräußerung als etwas Wesentliches statt findet. An der rechtlichen Möglichkeit der Verträge oder an Rechten zu Verträgen fehlt es also im Allgemeinen nicht; aber, welche Handlungsweise ist geeignet, diesen Zweck zu erreichen?

§. 148.

Zu jeder Uebereinkunft, welche eine Veränderung des Rechtsverhältnisses unter den Contrahenten bezweckt, wird vorausgesetzt: 1) eine beiderseitige Willenserklärung, und

2) die Uebereinstimmung in derselben. Ohne Erklärung ist der Wille des Einen dem Andern nicht erkennbar, und bietet ihm keinen Grund dar, sich in Angemessenheit zu demselben für berechtigt oder für verpflichtet zu halten, und an eben diesem Grunde würde es beiden fehlen ohne Uebereinstimmung derselben. Dabei ergiebt sich der Inhalt der beiderseitigen Willenserklärung aus der Natur des Geschäfts selbst. Der Uebertragende wird zu erklären haben, daß er, im Fall der Einwilligung von Seiten des Andern, sich für verpflichtet halten wolle, demselben etwas zu leisten, oder eins seiner Rechte auf jenen übergehn zu lassen, welche Willenserklärung man ein Versprechen nennt; der Uebernehmer dagegen wird zu erklären haben, daß er das Versprochene hinfort als das Seinige ansehn wolle, und diese Willenserklärung heißt die Annahme des Versprechens. Durch diese beiderseitigen Erklärungen ist dann der Vertrag abgeschlossen; ist aber die Leistung und deren Annehmung wirklich geschehn, so ist der Vertrag erfüllt oder vollzogen.

Wie und wodurch geht nun aber das Recht von dem Einen auf den Andern über? durch die Annahme des gethanen Versprechens, oder erst durch die Annehmung der Leistung?

§. 149.

Da die Leistung und deren Annehmung an und für sich, d. h. ohne daß sie als Erklärung des Willens angesehn werden können, blos physische Thätigkeiten sind, welche zwar Besitz, nirgends aber das Eigenthumsverhältniß begründen; so ergiebt sich, daß nicht in ihnen, sondern in der Erklärung des Willens zunächst der Grund gesucht werden müsse, wenn der Promissar, oder der Annehmer des

Versprechens vermöge des Vertrags ein Recht hinsichtlich des Objects sich beilegen will. Ist es aber die Willenserklärung, was hierbei das entscheidende Gewicht hat; so kann es wohl keinen Unterschied machen, ob dieselbe durch die That oder blos durch wörtliche Versicherung geschieht, so bald sie nur deutlich ist, und daher muß das bloße Versprechen nach Beschaffenheit der Handlung eben so gut dem Promissar Grund geben, sich in Ansehung des Zugesicherten für berechtigt zu halten, als bei hinzugefügter Leistung, eben weil letztere nur als Ausdruck des Willens eine rechtliche Wirkung hat, was man auch allgemein, und wie wir in der Folge sehn, mit Recht, dadurch anerkennt, daß man der Uebergabe und Annahme einer Sache, von Wahnsinnigen und wirklich Betrunkenen vollbracht, keine rechtliche Wirkung zuschreibt.

§. 150.

Wie aber kann die Annahme eines Versprechens ein Recht auf die Leistung des Versprochenen erwerben? Unstreitig nicht anders, als wie eine andere Handlung ein Recht erwerben kann, nämlich so, daß sie die Ausübung eines Rechts ist. Giebt es also ein Recht einerseits, und andrerseits eine Pflicht, den Worten eine solche Bedeutung beizulegen, daß sie den Versprechenden binden, wenn er auch im Innern nicht den wirklichen Willen gehabt, oder denselben vor der Leistung geändert hat? Die Bedeutsamkeit der Sprache für die sittliche Coexistenz wird darauf antworten. Die Sprache ist das Band der vernünftigen Geister in dem Kreise der Erfahrung. Durch die Maxime, in den Worten des Andern Lügen zu präsumiren, würde nicht allein die Würde der Menschheit verletzt, sondern auch das wichtigste Band der Menschheit zerrissen, es würde durch sie nicht allein der Einzelne, sondern auch das Ganze aller der Vortheile verlustig werden, welche die Coexistenz und das sociale Verhältniß den Menschen zu seinen nothwendigen Zwecken darbietet. Ist es also Pflicht, das Wort eines Menschen in Ehren zu halten und nicht überall Lügner zu präsumiren; so findet auch ein Recht statt auf eine dieser Pflicht entsprechende Handlungsweise des Andern, und ein freiwillig gegebenes Versprechen nicht halten, würde nicht blos eine Selbstentehrung seyn, sondern als Maxime eine wesentliche Bedingung sittlicher Coexistenz vernichten, und deshalb hat Jeder das Recht, einer Handlung, wodurch diese Maxime geltend gemacht werden soll, sich zu widersetzen. Indem also der Promissar das Versprechen annimmt und darnach verfährt, bedient er sich seines Rechts, und da der Promittent im Weigerungsfalle dieses Recht verletzen und eine Bedingung der sittlichen Coexistenz und Socialität vernichten würde; so hat er zur Haltung seines freiwilligen Versprechens eine Rechtspflicht.

Nicht der Wille an und für sich, nicht der erklärte Wille an und für sich, weder in dem Einen, noch in dem Andern, noch in beiden zugleich (ob der Wille in beiden zugleich wirklich statt finde, kann außerdem nicht erkannt werden), ist der letzte wahre Grund des Wechsels zwischen Recht und Pflicht unter den Contrahenten in Ansehung eines Objects; sondern das höhere Gesetz für die Heiligkeit einer jeden Bedingung sittlicher Coexistenz und das allgemeine Recht auf die Heilighaltung derselben, worunter der individuelle Wille steht, und welches der Promittent durch sein Versprechen freiwillig auf sich in Anwendung gesetzt hat, dies ist es, was ihn an seine Willenserklärung bindet, und zugleich den Promissar berechtigt, das Versprechen und seine Gegenerklärung zum Grunde seines Handelns zu machen. Dieses allgemeine Gesetz der Heiligkeit des Versprechens ist aber gar nicht einerlei mit der Pflicht, Wahrheit zu sagen, und begründet nicht das Recht auf innere Wahrhaftigkeit; denn ob es der wirkliche, ernste Wille des Promittenten war, oder nicht, darauf kommt hier nichts an, wenn nur Worte und That übereinstimmen, und auf diese äußere Wahrhaftigkeit kann von den Interessenten gedrungen werden, wenn der Promittent nur in einem Zustande sich befand, wo er sittlicher Rücksichten fähig und seines Willens mächtig war.

§. 151.

So findet also auch für die Uebereinkunft selbst ein Recht statt, welches unter den angebohrnen liegt, und vermöge dessen diese beiderseitige Handlung einen Wechsel zwischen Recht und Pflicht unter den Contrahenten in Ansehung eines Objects zur Folge hat. Bei der Mannichfaltigkeit der möglichen Gegenstände eines Vertrags, bei der in der Erfahrung vorkommenden intellectuellen und moralischen Schwäche ist aber die Anwendung dieses Rechts so mannichfaltigen Mängeln ausgesetzt, daß die Rechtmäßigkeit des Vertrags für die einzelnen Seiten desselben noch einer nähern Bestimmung bedarf, ehe die aus dem Vertrage hervorgehenden Rechte im Einzelnen dargestellt werden können. Nach den drei Bestandtheilen des Vertrags lassen sich alle Bedingungen der Giltigkeit desselben auf die drei Puncte beziehn: 1) die Contrahenten müssen als freie Personen handeln; 2) das Object muß practisch möglich seyn, und 3) der Wille muß hinlänglich erklärt seyn.

Zu dem ersten dieser Puncte gehört zuvörderst: die Contrahenten müssen in dem Gebrauche ihrer Vernunft seyn, d. h. in Zuständen sich befinden, wo sie nach den allgemeinen Gesetzen und Regeln des Handelns ihre Verhältnisse zu beurtheilen vermögen; denn diese Fähigkeit gehört wesentlich zum Wollen im wahren Sinne des Worts, fordert aber deshalb hier noch eine besondere Erwähnung, weil der Mensch, auch bei der Allgemeinheit der Persönlichkeit der Anlage nach, empirisch in Zuständen seyn kann, wo jene Anlage nicht in Aktivität ist, z. B. bei Kindern, Wahnsinnigen, wirklich Betrunkenen, mit welchen also kein rechtsgiltiger Vertrag geschlossen werden kann, eben weil sie in diesen Zuständen nicht fähig sind, nach sittlichen Regeln zu handeln und sich selbst zu verpflichten.

§. 152.

Aber auch in den Zuständen geistiger Gesundheit und Reife können der Person für ihren Willen Hindernisse entstehn, welche, so fern sie durch den Mitcontrahenten verursacht worden sind, den etwa erfolgten Aeußerungen ebenfalls den Charakter verpflichtender Willenserklärungen rauben. Dies kann auf doppelte Art geschehn, theils durch Hinderung der richtigen Ansicht von dem Objecte der Leistung, theils durch Zwangsmittel. Ist die Vorstellung von dem Objecte der Leistung eine falsche; so wird man natürlich durch den Vertrag nicht das erreichen, was man eigentlich gewollt hat. Aber so gewiß dies auch ist, so kann doch bei der in jedem Contrahenten vorausgesetzten Verstandesfähigkeit, und also auch zu fordernden Anwendung derselben, das Daseyn einer falschen Vorstellung von dem Objecte den Vertrag nicht schlechthin ungiltig machen; denn sonst würde der Andere sehr häufig auch nur ein Opfer der Schuld und Nachlässigkeit des Irrenden werden, und kein Vertrag wäre sicher. Um hier für die Zurechnung ein möglichst bestimmtes Princip zu finden, kann nur die allgemeine Rechtsforderung gebraucht werden. Nach derselben, welche an sich nur negativ ist, und jede Störung und Hinderung der Lebensthätigkeit des Einen durch den Andern entfernt wissen will, ist auch das eigentlich Rechtswidrige für diesen Punct nur darin enthalten, daß ein Contrahent dem Andern für den Gebrauch seines Verstandes ein Hinderniß in den Weg legt, oder ihn gar unmöglich macht, wozu aber die positive Belehrung über die Natur des Gegenstandes nicht gehört. Nur in den Fällen wird auch letztere zu dem Vertrage vorausgesetzt werden, wo der Natur und Lage der Sache nach die Erzeugung der rechten Ansicht davon nur durch den Mitcontrahenten erfolgen konnte, und deshalb entweder als eine Bedingung des Vertrags gefordert wurde, oder nach allgemeinen Verstandesgesetzen vorausgesetzt werden mußte. Jede durch die Mitcontrahenten verursachte Fehlerhaftigkeit der Vorstellung, wodurch natürlich auch zugleich die Freiheit des Willensvermögens gehemmt wird, es geschehe unabsichtlich oder absichtlich (durch Betrug), kann für den Urheber kein Recht erzeugen, sondern hebt die Giltigkeit des Vertrags auf. Freilich wird dieser Grundsatz in der Anwendung und für die Beurtheilung der einzelnen Fälle seine eigene Schwierigkeit haben, auch häufig, besonders da, wo die Schuld beiderseitig ist, in die Forderungen der Billigkeit übergehn; aber die reine Norm, nach welcher die Entscheidung sich richten muß, bleibt er nichts destoweniger.

§. 153.

Das zweite von außen kommende Hinderniß für die Freiheit des Willens ist die Gewalt. Gewalt nämlich kann dem Willen dadurch angethan werden, daß man den Andern in eine solche Lage setzt, daß er in einer Handlung, hier also in dem Vertrage, ein nothwendiges Mittel seiner Rettung findet. Jeder Zwang aber, von Seiten der einen oder andern Parthei kommend, der nicht etwa in einem frühern Rechte gegründet ist, welches durch den Vertrag festgestellt werden soll, hebt die Rechtmäßigkeit des Vertrags auf; eben weil hier die freie Einwilligung gar nicht vorausgesetzt werden kann. Der Zwang aber ist entweder ein physischer, oder ein psychologischer. Der erstere findet statt, wenn unmittelbar durch physische Kraft eine Erklärung der Einwilligung abgenöthigt wird, z. B. durch gewaltsame Führung der Hand zu einer Unterschrift; der letztere dadurch, daß der Person von der andern die Wahl gestellt wird zwischen dem Vertrage und einem von ihr zu erduldenden, gegenwärtig oder zukünftig bevorstehenden Uebel. Im erstern Falle ist das für eine Willenserklärung angenommene Zeichen rein physisch ohne alle moralische und rechtliche Zurechnung für den Promittenten, im andern Falle ist zwar die Erklärung ein Werk des eignen Entschlusses, aber nicht des Entschlusses, ein Recht zu veräußern, sondern nur ein Recht gegen ungerechte Angriffe zu behaupten. Der Vertrag erscheint hier als ein Mittel der Nothwehr, oder der Selbstvertheidigung gegen einen Beleidiger und kann weder Rechte noch Pflichten erzeugen. Aber wohl müssen wir bemerken, daß die Gefahr, zu deren Abwehr der Vertrag geschlossen wurde, von den Mitcontrahenten verursacht seyn muß; denn gegen anderweite Gefahren kann eine Person nicht gegen ihren Willen von uns zum Mittel gebraucht werden.

§. 154.

Anlangend das Object des Vertrags; so muß es 1) ein veräußerliches Gut seyn, d. h. es muß von der Person getrennt werden können, ohne daß sie aufhört, Person zu seyn, oder ohne daß es ihr unmöglich wird, ihrem Vernunftzwecke nachzustreben. Denn da dem Menschen alles Recht nur in so fern ertheilt wird, als die sittliche Existenz ihm möglich bleiben soll; so kann keine Handlung, wodurch dieser Zweck selbst vernichtet würde, durch die Vernunft geheiligt und affirmirt werden. Sie ist rechtlich unwirksam und es kann weder eine Pflicht entstehn, keine Person weiter seyn zu wollen, noch ein Recht für den Andern, einer darauf gerichteten Erklärung Zwang folgen zu lassen. Beide Theile würden sich selbst des Gesetzes entheben, durch dessen Auctorität erst ihre Handlung eine moralisch nothwendige Folge erhält. Vielmehr fordert und autorisirt das über alle individuelle Willkühr erhabene Gesetz den Verirrten, jederzeit zur Pflicht zurückzukehren.

§. 155.

2) muß das Object ein practisch-möglicher Gegenstand seyn. Die practische Möglichkeit ist aber doppelter Art: entweder physisch, oder moralisch. Die erstere beruht auf den Kräften der menschlichen Natur, und was dieselbe übersteigt, ist physisch unmöglich. Uebersteigt es die menschliche Natur überhaupt, so ist es dem Menschen absolut unmöglich: übersteigt es nur die individuellen Kräfte eines Subjects, so ist es relativ unmöglich. Nun kann etwas schon vor dem Vertrage unmöglich seyn und vielleicht nur möglich scheinen; aber es kann auch erst nach demselben und vor der Vollziehung des Vertrags unmöglich werden. Das absolut physisch Unmögliche, so fern es dies schon vor dem Vertrage war, hebt schlechthin den Vertrag auf, und weder der eine noch der andere Theil kann aus ihm etwas erwerben; denn beide Theile tragen hinsichtlich der Beurtheilung gleiche Schuld. Die erst späterhin eingetretene Unmöglichkeit macht aber die Frage nöthig, ob sie durch Schuld des Promittenten eingetreten ist, oder nicht. Im erstern Falle wird das Recht des Promissars Schadenersatz erheischen; weil außerdem derselbe die Schuld des Andern büßen und der Vertrag in die Willkühr des Promittenten gegeben werden würde. Im andern Falle hört das Recht auf die Leistung auf, weil es der Promissar hier nicht mit dem Willen des Andern zu thun hat, sondern mit der Naturnothwendigkeit. Bei dem relativ oder subjectiv Unmöglichen, so fern es dies schon vor dem Vertrage war, kann der Vertrag nicht ohne Schuld des Promittenten entstanden seyn, indem nur eine Ueberschätzung seiner Kräfte ihn und den Promissar wird veran-

laßt haben, einen Vertrag zu schließen; und er ist deshalb zum Schadenersatz verbunden. Im Fall des spätern Eintrittes der Unmöglichkeit aber findet dieselbe Unterscheidung statt, wie bei der absoluten, nämlich in verschuldete und unverschuldete, zu deren Beurtheilung auch dieselben Entscheidungsgründe sich geltend machen.

§. 156.

Das moralisch Mögliche beruht auf sittlichen Gesetzen, und was denselben entgegen ist, ist ebenfalls dem Menschen als einem vernünftigen Wesen nicht möglich. Das moralisch Mögliche und Unmögliche ist aber wieder doppelter Art; in so fern eine Handlung mit den Rechtspflichten oder mit den Liebespflichten zusammengehalten werden kann. Gegen eine bestehende Rechtspflicht kann kein Vertrag giltig seyn, die Leistung sey sogleich anfänglich einer schon bestehenden Rechtspflicht entgegen, oder werde es erst nach Abschluß des Vertrags vor der Vollziehung; denn eine willkührliche Handlung, wodurch das Recht eines Andern gekränkt wird, widerspricht dem Rechtsgesetze. Doch hat der Promittent die Rechtswidrigkeit bei der Abschließung des Vertrags gewußt, ohne daß sie dem Promissar bekannt seyn konnte; so liegt in dem Vertrage ein Mißbrauch des Promissars, welcher ihm das Recht auf Ersatz für den durch den Vertrag verursachten Schaden giebt. Weniger übereinstimmend ist aber das Verhältniß des Vertragsrechts zu den Liebespflichten bestimmt worden.

§. 157.

Daß der Mensch in der Ausübung seines Rechts, Verträge einzugehn, nicht aller sittlichen Rücksichten enthoben sey, wird wohl zugestanden werden müssen; denn alles Recht geht ja auf die Erhaltung der sittlichen Freiheit, und die Ausübung und Sicherung derselben bezweckt auch insbesondere das Recht zur Abschließung der Verträge. Wollte also Jemand sich verbindlich machen, für keinen Menschen je etwas zu thun, nie an der eignen Vervollkommnung zu arbeiten, oder jederzeit zu Werken der Unzucht zu Dienste zu stehn, wird wohl aus einem solchen, ganz freiwillig gegebenen Versprechen für den Promissar ein wirkliches Recht entstehn? gewiß nicht, obgleich dadurch keines Andern Recht verlezt wird; denn es würde dadurch die sittliche Freiheit aufgehoben, welche ein unveräußerliches Gut ist. Wollte man die Rechtsgiltigkeit eines solchen Vertrags behaupten; so würde man auch behaupten müssen, daß der Mensch sich seiner Pflichten begeben, sie seiner Willkühr und der Willkühr Anderer unterordnen könnte, man würde eine Pflicht übernehmen lassen, gegen eine angebohrne Pflicht zu handeln. Giebt es aber keine solche Pflicht, wie kann der Andere ein Recht darauf haben! Ein Vertrag, der die Nichtausübung irgend einer Pflicht betrifft, ist also ungiltig, es mag jene Pflicht früher oder erst später erkannt worden seyn. Der Mensch kann zwar die Erfüllung derselben, sobald sie eine Liebespflicht ist, fortdauernd freiwillig unterlassen ohne Andern verantwortlich zu seyn; aber die Möglichkeit ihrer Erfüllung kann er nicht weggeben, folglich kann auch der Andere kein Recht auf die Unterlassung derselben erwerben.

§. 158.

Außer dem, daß der Vertrag auf eine Leistung gehn kann, die an sich etwas Unsittliches ist, wo also eine directe Opposition gegen das Sittengesetz von den Contrahenten gebildet werden soll, kann er auch indirect oder in so fern den Liebespflichten entgegentreten, daß in Folge desselben die Ausübung der letztern nicht möglich wird. Und hier ist allerdings das Verhältniß ein anderes. Denn da der Mensch zunächst sich selbst Zweck ist; so kann er auch seine Verhältnisse ändern, er kann andere Personen in sein Interesse ziehn, und dagegen sich ihnen besonders verpflichten (§. 147.), ohne daß es im Allgemeinen dem Moralgesetze entgegen ist, so bald nur die Rechte Anderer unangetastet bleiben, und die Möglichkeit sittlicher Existenz in keiner Hinsicht aufgehoben wird. Diese übernommenen Pflichten treten aber auf in der Reihe der Rechtspflichten, und da überhaupt zwischen diesen und den Liebespflichten das Verhältniß statt findet, daß im Collisionsfalle, d. h. da, wo sich Gelegenheit und Veranlassung darbietet, mehrere Handlungen, welche unter dem Begriffe der Pflicht gedacht werden, in Ausübung zu bringen, obgleich nur eine gethan werden kann, die Rechtspflicht der Liebespflicht vorgeht, oder vielmehr allein Pflicht ist (im subjectiven Sinne oder Verpflichtung, vergl. meine phil. Tugendlehre §. 113 ff.); so wird auch der Vertrag nicht aufgehoben, wenn er Ursache wird, daß der Promittent eine sonst wohl statt findende Liebespflicht nicht erfüllen kann, vielmehr ist die Beobachtung des Vertrags hier allein Pflicht (im subjectiven Sinne), und es würde etwas sittlich Unmögliches seyn, mit Aufopferung desselben jene Handlung zu thun. Wir müssen demnach behaupten:

ein sittlich Verbotenes kann nicht zum Zwecke eines rechtsgiltigen Vertrags gemacht werden, weil dies in Opposition treten hieße gegen das sittliche Gesetz mit Berufung auf die Heiligkeit desselben für die Folgen des Vertrags; bleibt aber bei dem Vertrage die Möglichkeit sittlicher Existenz, dann ist der Vertrag giltig, und ihn einer Liebeshandlung aufzuopfern wäre sittlich unmöglich.

§. 159.

Was endlich den dritten Bestandtheil des Vertrags betrifft, nämlich die Uebereinkunft oder das Versprechen und dessen Annahme; so haben wir schon §. 148. bemerkt, daß die beiderseitige Willenserklärung hinlänglich deutlich seyn müsse. Dazu wird nun zweierlei vorausgesetzt: 1) Bestimmtheit der Willenserklärung in Hinsicht des Objects: denn wenn schon der Wille an und für sich als ein verstandesmäßiger Akt sein Object fordert; so wird dies um so nothwendiger seyn, wenn ein Anderer wissen soll, worauf er seine Einwilligung zu beziehn habe, und was er mit dem Willen des Andern sich soll erwerben können. Ein unbestimmtes, das Object nach den allgemeinen Kategorien nicht bezeichnendes Versprechen ist rechtlich so gut, als gar keins, weil dabei das Object der Einwilligung und Erwerbung fehlt, oder mit einem Worte, weil dann eine wahre Uebereinkunft über das zu bewirkende Rechtsverhältniß nicht denkbar ist.

2) wird vorausgesetzt Bestimmtheit der Willenserklärung hinsichtlich des Zeichens, wodurch der Wille für den Andern allererst erkennbar wird. Was empirisch dazu

gehört, ist nach dem Conventionellen in der Bezeichnung der Gedanken zu bestimmen, dessen Bekanntschaft bei der zum Vertrage nöthigen Verstandesthätigkeit vorausgesetzt werden muß. Im Allgemeinen aber lassen sich folgende Arten der Willenserklärung unterscheiden: eine ausdrückliche und eine stillschweigende. Sie kann nämlich geschehn durch Sprache, d. h. durch Hervorbringung von Zeichen, die an sich nichts andres sind, als ein Ausdruck eines Innern, und dies ist eine ausdrückliche Erklärung. Sie kann aber auch erfolgen durch Handlungen, die an sich nicht diesen Zweck haben, die aber entweder nach allgemeinen Verstandesgesetzen, oder nach der Sitte der Eine nicht vornehmen und der Andere nicht geschehn lassen oder erwiedern kann, wenn er nicht einwilligte, so daß durch Thun oder Lassen der Eine dem Andern Grund zu der Ueberzeugung der Einwilligung giebt, und folglich den Andern zum Gegenstande seiner Willkühr machte, wenn er sich nicht auch zu demjenigen verpflichtet halten wollte, was zur Beendigung des Geschäfts oder zur Durchführung des angefangenen Verhältnisses erforderlich ist. Das Eingehn in ein Rechtsverhältniß durch Handlungen, wobei man, ohne sich besonderer Zeichen zu bedienen, blos nach gewissen geltenden Begriffen oder Grundsätzen zu einer Leistung verpflichtet, nennt man einen stillschweigenden Vertrag, der wegen der natürlichen oder conventionellen Giltigkeit jener Begriffe eben so giltig ist, wie der ausdrückliche, indem sonst gegen die Anwendung derselben eine Erklärung nothwendig gewesen wäre.

§. 160.

Wenden wir uns nun zu den Folgen der Verträge oder zu den Rechten aus denselben, welche wir oben §. 145. von ihren Gründen oder den Rechten zu Verträgen unterschieden haben; so stoßen wir zuerst auf die Rechte, welche in so fern aus dem Vertrage hervorgehn, als er ein Verbalvertrag ist, d. h. als die Leistung (persönliche Thätigkeit, Uebergabe, Zurückgabe) noch nicht geschehn ist, und finden hier für den Promissar das Recht auf die Erfüllung des Versprechens. Dieses Recht ist aber ein blos persönliches, und unterscheidet sich als solches in vielen Stücken von dem Eigenthumsrechte, was man finden kann, wenn man die beiden Hauptseiten des Eigenthumsrechts betrachtet, wo es sich theils als das Recht der freien Verfügung über die Sache, theils als das Recht auf Schadlosigkeit in Hinsicht derselben darstellt. Wenn das Eigenthumsrecht, in so fern es sich unmittelbar auf die Sache bezieht, als das Recht der freien Verfügung erscheint, und in das Recht des Besitzes, Gebrauchs und der Veräußerung zerfällt; so finden wir hier das Recht des Besitzes als das Recht, in den Besitz gesetzt zu werden, und dadurch die Möglichkeit des Gebrauchs zu erhalten, das Recht der Veräußerung aber erscheint hier als das Recht des Erlasses; denn da der Promittent bei dem Eingehn des Vertrags einen ganz persönlichen Zweck kann gehabt haben, und es in der Regel nicht gleichgiltig ist, mit wem man in dem Verhältnisse des Gläubigers steht; so kann das Recht der Cession seiner Ansprüche an jeden Dritten nicht als ein allgemeines Vertragsrecht angesehn werden, wenn nicht der Promittent ganz gegen seinen Willen in Rechtsverhältnisse durch den Promissar versetzt und empfindlich prägravirt werden soll. Nur als Zwangsrecht gegen die Nichtleistung findet eine beliebige Cession statt, außerdem nicht, eben weil das Verhältniß hier ein persönliches ist, und weil keiner die Person in Verhältnisse setzen darf, wozu sie nicht ihre Einwilligung gegeben hat. Bei gewissen Arten der Geschäftsführung kann dies indeß conventionell werden.

§. 161.

Eine Modification erleidet das Recht, wenn es ein persönliches ist, im Gegensatze von dem Eigenthumsrechte auch in dem Puncte, wo es als ein Recht auf Schadlosigkeit erscheint, und nach Umständen sowohl das Recht zur Vertheidigung, als auch zur Entschädigung in sich schließt, und wo sich das Eigenthumsrecht geltend macht gegen jeden Angreifer und gegen jeden Besitzer. Beides, die Vertheidigung und Entschädigung fordert zwar auch das persönliche Recht; aber so weit es dabei blos auf eine durch den Vertrag beabsichtigte Erwerbung ankommt, hat der Promissar sein Recht nur bei seinem Promittenten zu suchen. Diesen kann er anhalten zur Leistung und zum Ersatz, im Falle vor der Uebergabe die Sache beschädigt, oder in fremde Hände gerathen ist, und zwar kommt ihm die Forderung auf Ersatz zu, die Sache mag durch die Schuld des Promittenten, oder durch Zufall in die der Erfüllung des Vertrags ungünstigen Umstände gekommen seyn, wenn nicht im letztern Falle die Leistung ganz unmöglich geworden ist, oder die Grundsätze der Billigkeit (§. 74.) ihre Anwendung finden. Die durch einen Dritten verursachten Hindernisse für die Leistung treffen dagegen unmittelbar nur das Recht des Promittenten, welches zu verfolgen, diesem obliegt und überlassen bleibt, weshalb auch der dritte Besitzer des versprochenen Objects von dem Promissar nicht auf eigne Hand zur Uebergabe in Anspruch genommen werden kann; denn laut des Vertrags, so lange er blos ein Verbalvertrag ist, sollte etwas aus dem Eigenthumsgebiete des Promittenten in das des Promissars erst noch übergehn; das volle Eigenthumsrecht schon vor dem Uebergange auszuüben, übersteigt also die bisherige Erwerbung, und außerdem ist es auch möglich, daß gerade dieser Dritte der wahre Eigenthümer der Sache ist, oder sich schon früher Ansprüche darauf erworben hatte. Zwar hat der Promissar das Recht, Verletzungen, wodurch sein Mitcontrahent an der Leistung gehindert würde, abzuwehren, und ihm zum Ersatz behilflich zu seyn. Dieses Recht ist aber kein Recht aus dem Vertrage, sondern es schreibt sich entweder her aus der allgemeinen Pflicht, Vernunft und Recht nach Kräften überall geltend zu machen, oder es geht hervor aus den höhern Rechten zu Verträgen.

§. 162.

Diese Beschränkung des Rechts auf Schadlosigkeit gilt aber nur bei rein persönlichen Rechten, wie wir sie bei unentgeltlichen Verträgen finden; denn wo sich mit diesen zugleich das Eigenthumsrecht verbindet, macht sich letzteres geltend, sobald das erstere keine Befriedigung erhalten kann. Fälle dieser Art giebt es bei entgeltlichen Verträgen über Eigenthum, wie bei Miethsverträgen, Tauschverträgen, sobald nämlich von der einen Seite die Leistung oder Uebergabe geschehn ist, ohne daß die Gegenleistung, gegen welche die Verzichtung auf das Eigenthum oder seinen Gebrauch statt finden sollte, erlangt werden kann. Zwar wird sich auch hier zunächst das persönliche Recht geltend machen; aber ist auf diesem Wege nicht die Erfüllung des Vertrags zu erreichen; so macht sich das Eigenthumsrecht als Vindicationsrecht geltend gegen jeden Besitzer der Sache: denn eine Veräußerung ist in Ermangelung des Eintritts ihrer Bedingung hier nicht zur Wirklichkeit gekommen. Für diejenigen Puncte aber, wo der Vertrag persönliche Leistungen betraf, als die Sorge für die Unverletztheit der Sache bei ihrem Gebrauche, so wie den Gewinn für die Ueberlassung derselben, bleibt der Promissar an den Promittenten gewiesen, da der dritte Besitzer überall keine Uebereinkunft mit ihm geschlossen hat. Bei Handelsgeschäften, wo die Verbindungen so mannichfaltig und wo Eigenthum und Besitz so ungewiß und veränderlich sind, werden sich freilich die Forderungen des Eigenthumsrechts nicht genügend in Ausübung bringen lassen; sondern hier wird es die Natur der Sache fordern, das rechtliche Verfahren nach den Grundsätzen des rein persönlichen Rechts zu beschränken.

§. 163.

Mit der Leistung von Seiten des Promittenten, die übrigens sowohl in einem *Thun*, als auch in einem *Lassen* bestehn kann, und mit der Annehmung derselben von Seiten des Promissars, welche ebenfalls sowohl das Eine, als auch das Andere seyn kann, ist der Vertrag *vollzogen*, und so bald die dabei vorgenommene Handlung sich auf die Erwerbung von etwas Bleibendem bezogen hat, macht hinfort dasselbe einen Theil des wirklichen Eigenthums des Uebernehmers aus mit allen Bestandtheilen des Eigenthumsrechts. Der nächste Grund der Erwerbung des Eigenthums liegt also auch hier in der Besitznahme. Es mußte aber der Vertrag vorausgehn, damit die Besitznahme selbst wieder einen rechtlichen Grund erhalten konnte. Und so ist der eigentliche Rechtstitel hier der Vertrag, und das zunächst durch die Besitznahme entstandene Eigenthumsrecht mit seinen Bestandtheilen ist ein Recht aus dem Vertrage, so daß jedes von den beiden möglichen Momenten eines Vertrags (Versprechen und Leistung) seine besondern Rechte zur Folge hat.

§. 164.

Außer den Bestandtheilen, den rechtlichen Gründen und Folgen der Verträge bietet auch die Verschiedenheit derselben einen Gesichtspunct dar, woraus sie sich betrachten lassen, und in Ansehung dessen die Verträge zunächst in Gattungen und Arten zerfallen. Die Verschiedenheit der Verträge hängt nun zwar großen Theils ab von empirischen Elementen, und ist in so fern unendlich; aber die in jedem Vertrage vorkommenden Bestandtheile und Rechtsverhältnisse lassen doch auch schon ihrem Begriffe nach eine Mannigfaltigkeit denken, welche auf Artbegriffe führt, und indem damit die Lehre von der Erwerbung durch Verträge aus den Rechtsbegriffen selbst erst die rechte Deutlichkeit gewinnt, macht die Darstellung der Arten der Verträge, so weit sie eben daraus gefunden werden können, nicht allein einen möglichen, sondern auch einen nothwendigen Theil der allgemeinen Rechtslehre aus. Als die Hauptbestandtheile der Verträge haben wir nun §. 145. die drei Stücke gefunden: 1) die Subjecte des Vertrags, 2) die Uebereinkunft, und 3) das Object, und so werden auch diese Puncte die drei Principien seyn, von denen aus die Arten der Verträge systematisch sich bestimmen lassen.

2) Arten der Verträge.

§. 165.

Den ersten Gesichtspunct zur Eintheilung der Verträge geben die Paciscenten ab, als die Subjecte der Uebertragung und Erwerbung, in so fern unter ihnen bei dem Vertrage sowohl das Verhältniß statt finden kann, daß nur ein Theil der übertragende und der andere der übernehmende ist, als auch das Verhältniß, daß jeder Theil Promittent und Promissar zugleich ist. Dies giebt den Unterschied zwischen Verträgen mit einseitigem und mit doppelseitigem Versprechen. Ein doppelseitiges Versprechen kann aber auf zweifache Weise statt finden: entweder so, daß das eine Versprechen gegen das andere gegeben wird, oder so, daß die Leistung des einen Theils nicht angesehn werden soll als Aequivalent für die versprochene Leistung des andern Theils. Verträge, nach welchen die eine Leistung eintreten soll gegen eine andere, nennt man entgeltliche, diejenigen aber, bei welchen dies nicht der Fall ist, werden unentgeltliche genannt. Unentgeltliche Verträge werden demnach sowohl diejenigen seyn, wo nur ein Theil Promittent ist, als auch diejenigen, wo beide Theile etwas versprechen, ohne daß die eine Leistung von der andern abhängig gemacht wird. Da im letztern Falle jedes Versprechen und seine Annahme für sich besteht, so hat man hier eigentlich einen doppelten Vertrag; da hingegen bei den entgeltlichen Verträgen der eine Contrahent von dem Seinigen auf den andern nur gegen eine andere Leistung desselben etwas übergehn lassen will, so daß das Gegenversprechen und dessen Leistung eine wesentliche Forderung für die Uebertragung selbst ausmacht, so ist dieser Vertrag nicht zu den zusammengesetzten zu zählen, sondern er macht diejenige Art einfacher Verträge aus, welche den unentgeltlichen entgegengesetzt ist. Und so finden wir als Arten der Verträge, sobald die Subjecte der Erwerbung zum Eintheilungsprincip genommen werden, die **unentgeltlichen** und **entgeltlichen**.

§. 166.

Das Rechtliche für die unentgeltlichen Verträge ist einfach und leicht; verwickelter aber können die Rechtsverhältnisse bei den entgeltlichen werden. Die allgemeinen Grundsätze dafür finden wir im Folgenden: 1) Da bei diesem Vertrage eine Leistung nur gegen eine andere Leistung statt finden soll, so kann zwar dem Begriffe nach kein Paciscent die Leistung eher von dem andern fordern, als bis er selbst geleistet hat; aber da die Verpflichtung zur Leistung nicht von der Gegenleistung, sondern von dem Versprechen abhängt, so kann sich auch der eine Theil durch das bloße Unterbleiben der anderseitigen Leistung nicht von seiner Pflicht zur Leistung dispensirt halten, bevor nicht durch eine neue Uebereinkunft der Vertrag aufgehoben worden ist. 2) So wie bei diesem Vertrage Versprechen gegen Versprechen steht, so steht auch Leistung gegen Leistung, folglich hat der eine Contrahent durch seine Leistung das

Recht auf den wirklichen Eintritt der Gegenleistung sich erworben, und sobald dieselbe vertragswidrig unterbleibt, hat er das Recht zum Zwange, und zwar zunächst für die Erfüllung der Gegenleistung, sodann, im Falle ihrer Unmöglichkeit, für Entschädigung, wovon die Zurücknahme der übergebenen Sache nicht ausgeschlossen seyn kann. 3) Kann aber auch wegen des möglichen Nachtheils einer Leistung bei noch nicht erhaltener Gegenleistung die Frage entstehn, wer zuerst leisten soll, und sobald der Vertrag selbst nicht darüber bestimmt hat, wird entweder die Sitte, oder die Natur der Sache entscheiden, und nach der letztern wird diejenige Leistung zuerst zu vollbringen seyn, deren Vollbringung am wenigsten dem Zufalle unterliegt.

§. 167.

Den zweiten Gesichtspunct für die Eintheilung der Verträge bietet die Uebereinkunft dar, und zwar sowohl hinsichtlich der Art ihrer Abschließung, als auch hinsichtlich der Art ihrer Wirksamkeit. In ersterer Hinsicht finden wir den schon §. 159. bemerkten Unterschied zwischen stillschweigenden und ausdrücklichen Verträgen, welche letztere wiederum in mündliche und schriftliche zerfallen. Eben hierher würde auch der Unterschied zwischen unmittelbar und mittelbar (durch Bevollmächtigung) abgeschlossenen Verträgen zu rechnen seyn: da letztere aber wieder einen besondern Vertrag voraussetzen, dessen Betrachtung wegen der Eigenthümlichkeit des Objects am besten da angestellt wird, wo die Verschiedenheit der Verträge in Hinsicht des Objects in Untersuchung kommt; so findet das Rechtsverhältniß aus einem mittelbar abgeschlossenen Vertrage seine Darstellung am füglichsten erst dort. Hingegen darf hier die Verschledenheit der Verträge hinsichtlich ihrer in der Uebereinkunft bestimmten Wirksamkeit nicht übergangen werden, und wir finden dafür den Unterschied zwischen unbedingten und bedingten. Ein unbedingter Vertrag ist derjenige, nach welchem das Recht zur Forderung einer Leistung sogleich mit seiner Abschließung vollkommen eingetreten ist; ein bedingter aber ist derjenige, nach welchem die Leistung abhängig seyn soll von besondern Umständen. Bedingung für den Vertrag nämlich ist jeder Umstand, durch welchen die Wirksamkeit desselben beschränkt wird, und da kein Vertrag nach §. 155. ohne alle Bedingung ist; so kann ein Unterschied zwischen unbedingten und bedingten Verträgen nur in so fern aufgestellt werden, als außer den allgemeinen Forderungen der Giltigkeit des Vertrags die Wirksamkeit desselben noch von besondern Umständen abhängig gemacht werden kann. Daher brauchen auch nach der Darstellung der Grundsätze für die Verträge überhaupt in der Lehre von den bedingten Verträgen nur eben diese besondern Umstände in Betrachtung gezogen zu werden, für deren Verhältniß zu den erstern jedoch im Allgemeinen hier die Regel aufgestellt werden muß, daß nichts zur Bedingung der Giltigkeit eines Vertrags gemacht werden kann, was im Allgemeinen den Vertrag aufhebt.

§. 168.

Suchen wir nun diese besondern Bedingungen zuvörderst nach dem Einflusse kennen zu lernen, welcher durch die Uebereinkunft den Umständen auf das Recht der Forderung gegeben werden kann; so kann derselbe nicht allein darin bestehn, daß mit dem Eintritte der Umstände das Recht auf eine Leistung aufhören soll, sondern auch darin, daß mit ihrem Eintritte auch das Recht auf die Leistung erst anheben soll. Im erstern Falle geben die Umstände eine *auflösende*, im andern eine *aufschiebende* Bedingung ab. Nicht überhaupt ermangelt aber der bedingte Vertrag vor dem Eintritte der Bedingung, die übrigens sowohl affirmativ, als auch negativ seyn kann, einer verbindlichen Kraft; sondern die beigefügte Bedingung bestimmt nur die Wirksamkeit desselben hinsichtlich der Dauer und des Anfangs eines Rechts auf eine gewisse Leistung näher, so daß bei auflösender Bedingung bis zu ihrem Eintritte das Recht auf die immittelst vorzunehmenden Handlungen vollkommen fortdauert, und überall keiner der Paciscenten von der Bedingung abgehen und ihren naturgemäßen Eintritt stören darf. Aber jene besondere Bestimmung über die Leistung kann sowohl bei der auflösenden, als auch bei der verschiebenden Bedingung auch so verstanden werden, daß der bedingende Umstand angesehn werden soll als der entscheidende Punct, ob überhaupt die Leistung statt finden soll, oder nicht, so daß bei dem Eintritte der auflösenden Bedingung nicht allein die im Besitz gehabte Sache zurückgegeben, und bei der aufschiebenden übergeben, sondern auch in beiden Fällen Ersatz geleistet werden soll für die unterdeß gezogene oder zu ziehende Nutzung. Ob nun bei einem bedingten Vertrage im Besondern dieses oder jenes anzunehmen sey, dies erfordert eine besondere Bestimmung in dem Vertrage selbst, wenn es nicht aus der Natur der Leistung selbst hervorgeht.

§. 169.

§. 169.

Eine andere Verschiedenheit nehmen die Bedingungen an mit Rücksicht auf die Causalität ihres Eintritts, und erscheinen hier entweder als willkührliche oder als zufällige, jenachdem ihr Eintritt abhängig gemacht wird von den Kräften und dem Willen der Paciscenten, oder unabhängig davon ist oder seyn soll. Bei den willkührlichen Bedingungen, die dies entweder rein oder gemischt seyn können, bringt es die Natur der Sache mit sich, daß sowohl das Bemühen um ihren Eintritt dem Promissar frei stehn muß, als auch das Aufgeben desselben, womit also der Vertrag als ein wiederruflicher erscheint. Aber eben so bringt es die Natur eines Vertrags, dessen Bedingung auf der Kraft des Promissars beruhn soll, mit sich, daß derselbe, im Fall der bedingende Umstand ohne alle Mitwirkung des Promissars eintritt, er also eine ganz andere, als die bestimmte Causalität hat, auch nicht die verabredete Wirkung haben kann. Ob auch die entgeltlichen Verträge zu den bedingten zu rechnen seyen, scheint in so fern sich bejahen zu lassen, als die eine Leistung unter dem Charakter einer Bedingung für das Recht auf die andere sich darbietet. Indeß findet doch eine wesentliche Verschiedenheit statt, indem bei den bedingten Verträgen das Recht und die Pflicht zu der Leistung allemal eine gewisse Unentschiedenheit bei sich führt, während bei den entgeltlichen jeder Contrahent mit der Freiheit seiner Leistung auch das volle Recht auf die Leistung seines Mitcontrahenten in der Hand hat, ohne den Vertrag einseitig wiederrufen zu können, sobald nicht die Leistung, wofür die Gegenleistung eintreten soll, noch unter eine besondere Bedingung gestellt ist, was eben den Vertrag selbst zu einem bedingten machen wird.

§. 170.

Was die von den Contrahenten unabhängigen Bedingungen anlangt; so können sie entweder nach besondern Ereignissen, oder nach allgemeinen Zeitbestimmungen, oder nach beiden zugleich festgesetzt werden. Im ersten Falle erhalten wir Umstände, welche oft Bedingungen im engern Sinne genannt werden, und für welche, so fern eben die Zufälligkeit des Ereignisses bei dem Vertrage in Rücksicht kam, der Satz als Regel gilt, daß von keiner Seite ein Bemühen statt finden darf, den Eintritt derselben zu hindern oder zu beschleunigen. Da übrigens die Zufälligkeit zuletzt überall nur auf den Schranken der menschlichen Erkenntniß ruht; so kann ein schon eingetretenes, aber den Contrahenten noch nicht zur Kenntniß oder Gewißheit gekommenes Ereigniß eben so gut zur Bedingung eines Vertrags gemacht werden, als ein zukünftiges. Weniger herrscht die Zufälligkeit bei allgemeinen Zeitbestimmungen; indeß sind auch sie zu den zufälligen Bedingungen zu rechnen, in so fern nicht allein das Erleben derselben für die Contrahenten ungewiß ist, sondern auch das Interesse an dem Vertrage selbst.

§. 171.

Eine besondere Betrachtung fordert aber die Frage, ob auch rechtsgiltig der Fall des Todes zu einer aufschiebenden Bedingung gemacht werden könne ohne positives Gesetz. Bleibt man in der Beantwortung dieser Frage bei dem Gedanken stehn, daß einerseits mit dem Tode ohne hin die Rechte des Subjects aufhören, und daß andrerseits vor der wirklichen Uebergabe und Uebernahme aus dem Vertrage nur ein persönliches Recht gegen den Promittenten entsteht; so wird man sich bestimmt finden, die Frage verneinend zu beantworten. Denn einer Veräußerung erst in der Zeit Folge geben zu wollen, wo man selbst keine Rechte mehr hat, wo aber das Occupationsrecht der Uebrigen noch statt findet, muß hierbei als eine Ueberschreitung des Rechts erscheinen, so wie auch weder bei unentgeltlichen noch bei entgeltlichen Verträgen ohne Uebergabe und Uebernahme aus dem Vertrage für den Promissar ein Eigenthumsrecht erworben ist, um es gegen den dritten Besitznehmer der Sache geltend zu machen. Hat also der Promissar bei Lebzeiten des Promittenten eine Leistung zur Gegenerwerbung der Verlassenschaft desselben vollbracht; so ist er zwar, so fern sie in der Uebergabe einer Sache besteht, Miteigenthümer des Promittenten geworden, aber sein Miteigenthum wird sich doch immer nicht weiter erstrecken, als auf das Geleistete. Dieses kann er also vindiciren von jedem dritten Besitzer; allein zu dem Uebrigen, oder zu dem Schadenersatz hat er immer nur ein persönliches Recht an seinen Promittenten der dann aber nach dem Tode den menschlichen Verhältnissen und Forderungen entschwunden ist.

§. 172.

Es giebt indeß noch eine andre Beurtheilungsart dieses besondern Falles, nämlich die, daß man sich nicht blos an diejenigen Begriffe hält, welche das Rechtsverhältniß der Contrahenten unter sich bestimmen, sondern zugleich auf diejenigen Rechte Rücksicht nimmt, welche den Vertragschließenden für dieses ihr Geschäft nach außen hin zukommen, und daß man deshalb zurückgeht auf die höhern Begriffe des Eigenthumsrechts und des Rechts zu Verträgen mit Hinweisung auf die Wichtigkeit der Geltung der letzten Willenserklärung für das gesammte menschliche Leben. Daß jede Handlung oder Handlungsweise, wodurch der Eigenthümer von Andern in der Freiheit des Gebrauchs seines Eigenthums gestört wird, dessen Rechte entgegen sey, kann als bekannt vorausgesetzt werden, und eben so, daß jedes Hinderniß, welches dem Vertrage, sowohl von Seiten des Mitcontrahenten, als auch von Seiten Anderer gelegt wird, dem angebohrnen Rechte zu Verträgen zuwider sey. Nun denke man sich die Maxime herrschend, daß keine Anordnung und kein Vertrag über Eigenthum, welcher nicht schon bei Lebzeiten des Eigenthümers vollkommen beendigt ist, giltig seyn soll, würde nicht dadurch der Eigenthümer gezwungen, entweder auf die Befriedigung nicht allein seiner physischen Bedürfnisse, sondern auch seiner sittlichen z. B. Liebe, Dankbarkeit u. dgl. zu verzichten, oder gegen alle Regeln des Verstandes schon bei Lebzeiten von seinem Eigenthume sich zu entblößen? Würde nicht der Eine durch eine solche Maxime in dem Innersten seines ganzen Lebensplans, der nicht selten in diesem Puncte sich concentrirt, angegriffen, während der Andere in der Ausübung des Rechts zu Verträgen gehindert wird, welches Recht eben so ursprünglich ist, wie das Recht zur Occupation? Zwar ist jede Person für die Ausübung ihrer Rechte beschränkt durch die Rechte Anderer, und deshalb wird namentlich zur Vertheidigung jener Maxime häufig auf das Recht der Occupation provocirt; aber kann dieses, immer nur auf die **Möglichkeit** der Erwerbung gehende, Recht auch da statt finden, kann seine Anwendung auch da Maxime werden, wo nicht allein der noch lebende Erblasser, so wie jeder Andere, durch dieselbe in dem freien Gebrauche seines wohlerworbenen Eigenthums beschränkt wird, sondern wo auch der Mitcontrahent des erstern seine Handlungen vernichten sieht, **worauf Jeder eben so ein Recht hat, wie zur Occupation**? So wenig das Recht der Verträge so weit sich erstreckt, eine vollbrachte Occupation wirklich herrnloser Sachen gegen den Willen des Besitznehmers ungiltig zu machen, so wenig kann das Recht auf die Möglichkeit der letztern die Ausübung des Rechts zu **Verträgen** ungiltig machen. Wenn wir also schon §. 137. in Hinsicht testamentarischer Verfügungen behaupten mußten, daß die Bestreitung ihrer Giltigkeit eine Maxime in Schutz nimmt, welche dem Eigenthumsrechte für seinen Inhaber die wesentlichste Bedeutung entreißen kann, und darin die Gründe finden für die Rechtmäßigkeit der Erbverträge von Seiten des Promittenten; so finden wir auch in der Bestreitung der Erbverträge eine Maxime, welche zugleich einem wesentlichen Rechte des Promissars entgegen ist; denn nicht allein, daß diese Maxime auch für dessen Eigenthumsrecht jene allgemeine beeinträchtigende Wirkung haben muß, welche nach Kräften abzuwehren ihm allerdings zusteht, so muß auch jede Handlung der Andern, die unter Vorschützung des Occupationsrechts seinen Vertrag für ungiltig und für nicht geschehn erklären, obgleich die Abschließung desselben eben so auf ein angebohrnes Recht sich stützt, wie die Occupation, als ein Akt erscheinen, dem es an einem wahren Rechtsgrunde mangelt, vielmehr macht sich das allgemeine Recht, Verträge zu schließen, für den Promissar geltend gegen jeden Versuch eines Andern, wodurch die darauf gegründete Handlung ungeschehn oder erfolglos gemacht werden soll, und sichert ihm so die rechtliche Möglichkeit, seinem Vertrag die beabsichtigte Folge zu geben und die angefangene Erwerbung zu vollenden. Der Grundsatz: pacta sunt servanda, gilt mithin nicht blos für die Contrahenten unter sich, sondern auch gegen jeden Dritten, und macht in beider Hinsicht einen nothwendigen Theil der öffentlichen Gesetzgebung aus.

§. 173.

Den dritten Gesichtspunct zur Eintheilung der Verträge bieten die verschiedenen Arten der Rechtsobjecte dar, worüber ein Vertrag geschlossen werden kann. Diese sind nun entweder Sachen oder persönliche Handlungen, oder beides in Vereinigung, und so giebt es Verträge über Sachen, über Leistungen gewisser Handlungen und über beides zugleich. Eine Sache kann aber wieder nach ihren verschiedenen Seiten in verschiedener Hinsicht Gegenstand eines Vertrags werden. Es kann sich dabei handeln entweder um das Ueberlassen derselben zum Eigenthum, oder nur zum Gebrauch. Betrachten wir zuvörderst den erstern Fall, so kann eine Sache entweder ganz nach allen einzelnen Bestandtheilen des Eigenthumsrechts dem Andern zum Eigenthume übergeben oder überlassen werden, oder nur theilweis, in welchem letztern Falle das

Miteigenthum entsteht. Bei der ungetheilten Veräußerung ist das Rechtsverhältniß unter den Contrahenten einfach, und es wiederholen sich hier bei den Schenkungs-, Darlehns-, Kauf- und Tauschverträgen alle die Bemerkungen, welche wir theils von den Verträgen überhaupt, theils von den unentgeltlichen und entgeltlichen insbesondere machen mußten, mit wenigen Modificationen, welche die empirische Natur des Gegenstandes begründet.

Anmerk. Der Darlehnsvertrag, d. h. derjenige, wodurch man dem Andern eine Sache unter der Verpflichtung eigenthümlich zu überlassen verspricht, daß dieser dagegen eine andere von gleicher Quantität und Qualität in bestimmter, oder noch zu bestimmender künftiger Zeit erstatte, enthält zwar ein gegenseitiges Versprechen, ist aber gleichwohl an sich zu den unentgeltlichen zu zählen; denn ohne besondere Verabredung fehlt es an dem Objecte der Forderung für das Ueberlassen der Sache bis zur Wiedererstattung derselben. Er ist aber nicht nothwendig ein unentgeltlicher, sondern es kann zugleich ein Aequivalent für das Darlehn bestimmt werden, welches Zins genannt wird. Die Größe des Zinses wird nun zwar in den einzelnen Fällen zunächst abhängen von der Uebereinkunft der Contrahenten, und der Wucher, als die Ueberschreitung des bestimmten Zinsmaaßes, scheint ohne positives Gesetz nicht möglich zu seyn. Indeß kann doch eine mit diesem Namen zu bezeichnende Handlungsweise auch außer dem positiven Gesetze vorkommen, indem unter Wucher überall die Maxime zu denken ist, nach welcher man bei einer die gewöhnliche Nutzbarkeit der Sachen, namentlich des Geldes, überschreitenden Forderung des Zinses aus der Noth des Andern Gewinn ziehen will, so daß hier der Gläubiger einen Gebrauch von der Lage des Andern macht, wodurch das, vielleicht selbst durch gewisse Formen des Rechtsgesetzes unter dem Einflusse zufälliger Umstände entstandene, Mißverhältniß der beiderseitigen Rechtssphären für den Schuldner erst recht drückend gemacht wird. Da nun die Aufhebung oder Minderung des durch die an sich gefaßten Grundsätze der Occupation und Verträge leicht begünstigten Mißverhältnisses der einzelnen Rechtssphären eine in der Form des Rechtsgesetzes selbst liegende Maxime ist, die wir in den Forderungen der Billigkeit finden, welche eben darin ihre hohe Bedeutung für die Rechtsbegriffe besitzen; so ergiebt sich, daß der Wucher auch schon nach dem allgemeinen Rechtsgesetze eine Verwerflichkeit hat, und daß seine Beschränkung durch das positive Gesetz eine mehr als blos politische Forderung ist, ob es gleich ohne positive Norm im Einzelnen an einer sichern Basis zu seiner Abwehr mangeln mag.

§. 174.

Mannichfaltiger, aber auch oft verwickelter ist das Rechtsverhältniß unter den Contrahenten, wo das Eigenthumsrecht unter sie getheilt ist, was geschehn kann entweder durch Verträge vor oder bei gemeinschaftlicher Occupation einer Sache geschlossen, oder durch theilweise Uebertragung eines bereits erworbenen Eigenthums. Das Miteigenthum kann zuvörderst auf eine doppelte Art statt finden, entweder so, daß die Subjecte des Rechts verschiedene Personen sind bei Ungetrenntheit seiner Bestandtheile, oder so, daß die einzelnen Bestandtheile des Eigenthumsrechts, (Besitzungs-, Gebrauchs-, Veräußerungsrecht) in verschiedenen Personen getrennt existiren, welche beiden Arten des Miteigenthums sodann durch die empirische Natur der Sache, durch die Umstände, durch die Willkühr der Contrahenten oder durch positive Bestimmungen wieder verschiedene Modificationen erhalten können. Da aber das Empirische überhaupt nicht in den Kreis unserer gegenwärtigen Darstellung fällt; so bemerken wir blos nach den Begriffen dieser beiden in den allgemeinen Elementen des Vertrags und des Eigenthumsrechts gegründeten Arten des Miteigenthums, daß im erstern Falle, wo mehrere Personen gleichen Antheil an den einzelnen Bestandtheilen des Eigenthumsrechts haben, über die Sache nichts verfügt werden kann ohne allseitige Uebereinstimmung, und daß im andern Falle die Theilung so geschehn muß, daß die Rechte der Einzelnen vereinbar sind.

§. 175.

Eine Sache kann aber nicht blos in so fern Gegenstand eines Vertrags werden, als sich ein Eigenthumsrecht auf dieselbe erwerben läßt, sondern auch in so fern, als es blos auf ihren temporären Gebrauch abgesehn ist, worauf z. B. die Leih- und Miethsverträge abzwecken. Da das Eigenthumsrecht weit mehr als den temporären Gebrauch der Sache in sich schließt; so hebt die Uebertragung des Rechts zu demselben das Eigenthumsrecht nicht auf, sondern es entsteht für den Acceptanten aus einem solchen Vertrage nur ein persönliches Recht an den Eigenthümer, vermöge dessen er nicht allein zu dem bestimmten Gebrauch zugelassen zu werden, sondern auch denselben fortzusetzen fordern kann bis zur verabredeten Zeit oder Bedingung, wogegen er aber die zum Gebrauche etwa erforderlichen Kosten zu tragen, und aller nicht nothwendig mit dem Gebrauche verbundenen Beschädigung der Sache sich zu enthalten hat;

denn das Tragen der Kosten ist eine natürliche Bedingung des Gebrauchs, über deren Trennung von ihm besonders stipulirt werden müßte, und letztere bietet von selbst sich dar als eine Ueberschreitung des übertragenen Rechts. Hebt aber das Ueberlassen des temporären Gebrauchs das Eigenthumsrecht nicht auf; so steht dem Eigenthümer in Ansehung der Sache fortwährend alles dasjenige zu, was außer jenem sonst noch in dem Eigenthumsrechte liegt. Er kann also nicht allein von seinem Mitcontrahenten fordern, daß dieser von der Sache keinen andern, als den im Vertrage bestimmten, verstandesmäßigen Gebrauch mache, und namentlich ihn nicht gegen seinen Willen mit Besitzern seines Eigenthums (durch Weiterverleihen oder Vermiethen) in neue Verhältnisse setze; sondern kann auch, so weit der vertragsmäßige Gebrauch nicht unmöglich gemacht wird, über die Sache anderweit verfügen, wogegen aber die mit dem vertragsmäßigen Gebrauche natürlich verbundene oder zufällig entstandene Beschädigung der Sache nur ihm zur Last fällt. Ist aber der zufällige Schaden von der Art, daß der fernere Gebrauch selbst dadurch unmöglich gemacht wird; so hört nach den allgemeinen Bedingungen der Giltigkeit der Verträge auch dieser Vertrag auf, und der Promissar hat kein Recht auf Entschädigung.

Anmerk. Daß durch das Ueberlassen des temporären Gebrauchs das Eigenthumsrecht nicht aufgehoben wird, kann nicht zur Folge haben, daß der Eigenthümer ohne Rücksicht auf seinen Vertrag anderweit über die Sache verfügen (dieselbe vernichten oder verkaufen) und so willkührlich den Vertrag verändern könne; denn sonst würde wohl kein Vertrag wahre Giltigkeit haben, indem gewiß jeder Vertrag ein Grund werden kann, daß man in der Ausübung irgend eines anderweiten Rechts sich beschränkt sieht. So wie sich vielmehr bei jedem Vertrage der Promittent für verpflichtet halten muß, in der Verfügung über das Seinige die eingegangenen Verträge zu erfüllen, wenn er nicht eine Grundforderung der sittlichen Coexistenz vernichten will, so wird er gleiche Rücksicht auch in der Verfügung über diejenige Sache zu nehmen haben, welche unmittelbar der Vertrag betrifft. Der Miether oder Pächter wird sich also zwar nicht gegen das Verkaufen, wobei ihm der bedungene Gebrauch gelassen wird, setzen können, wohl aber gegen jede einseitige willkührliche Abänderung des Vertrags, welche der Eigenthümer, blos auf sein Eigenthumsrecht sich stützend, mit oder ohne Entschädigung durchsetzen will. Indeß kann es bei der Wichtigkeit des Grundeigenthums für den Zweck des Staats, welcher darin den ersten Anhaltepunct für seine Bedürfnisse besitzt, nicht allein Forderung der Klugheit, sondern auch des Rechts werden, daß über dieses Verhältniß gewisse Bestimmungen zu Gunsten des Grundeigenthümers gemacht werden.

§. 176.

So wie von dem Eigenthümer der temporäre Gebrauch seiner Sachen auf Andere übergetragen werden kann, so auch der bloße Besitz derselben, und dies kann von practischer Bedeutung werden, theils zur Sicherung eines Vertrags, wobei der Eigenthümer Promittent ist, wie bei den Pfandverträgen, theils zur Sicherheit des Eigenthümers selbst, wie bei den Aufbewahrungsverträgen. Da nun der Besitz nicht das volle Eigenthumsrecht ausfüllt; so kann auch durch die Uebertragung desselben an sich das Eigenthumsrecht des Uebertragenden auf die Sache nicht aufhören, sondern es entsteht aus einem solchen Vertrage für den Acceptanten nur das persönliche Recht an den Eigenthümer, in den Besitz gesetzt und darin gelassen zu werden bis zu dem verabredeten Zeitpuncte, wogegen er die Pflicht hat, nicht allein für die Erhaltung der Sache die erforderliche Sorge zu tragen, und sich des Gebrauchs derselben, so fern er nicht zur Erhaltung der Sache nothwendig oder besonders zugestanden worden ist, zu enthalten, sondern auch die Sache an den Eigenthümer bei Vollendung des Vertrags unverändert zurückzugeben. Kein Akt der Veräußerung, wodurch der Besitzer seiner Verbindlichkeit gegen den Eigenthümer zuwiderhandelt, kann letztern aus seinen Eigenthumsrechten setzen und sie auf einen Dritten übertragen, und eben so wenig hat sich der Eigenthümer zu irgend einer gegen seinen Willen vorgenommenen Veränderung der Sache zu verstehn. Nur zufällige Veränderung trifft den Eigenthümer. Den zum Besitz und zur Erhaltung der Sache erforderlichen Kostenaufwand hingegen hat derjenige zu tragen, zu dessen Vortheile die Uebertragung des Besitzes geschehn ist. Da der Besitzer dem Eigenthümer zur Zurückgabe der Sache verbunden ist, und ihm für die Sache haften muß; so steht er, im Verhältnisse zu den übrigen Personen betrachtet, an der Stelle des Eigenthümers in Ansehung der Sache, und Jeder verletzt sein Recht, welcher ihm die Erfüllung jener Pflicht erschwert.

§. 177.

Die zweite Art der Objecte für die Verträge finden wir in persönlichen Thätigkeiten, und zwar in so fern, als der eine Theil dem andern gewisse Thätigkeiten zu vollbringen oder zu unterlassen, oder auch geschehn zu lassen versprechen kann. Die darauf gerichteten Verträge können ebenfalls theils nach der Willkühr der Paciscenten, theils nach der empirischen Natur der besondern Thätigkeiten mannichfaltig seyn. In unsere Betrachtung fällt aber nur der Unterschied unter diesen Verträgen, welchen sie in so fern darbieten, als ihre Objecte in Beziehung zu dem sittlichen Leben stehn. Es kann nämlich eine Thätigkeit sich beziehn entweder unmittelbar auf die Befriedigung eines menschlichen (physischen oder moralischen) Bedürfnisses, oder auf die Ausübung eines Rechts und Anwendung unsers Rechtsverhältnisses. In so fern nun Jemand dem Andern Handlungen der erstern Art zu leisten verspricht, entsteht aus der Annahme des Versprechens ein Dienstvertrag im weitern Sinne; denn Dienste sind Handlungen, welche Jemand dem Andern zur Befriedigung eines sinnlichen Bedürfnisses, oder zur Erfüllung einer Pflicht nach dessen Vorschrift verrichtet. Ein solcher Vertrag ist an sich unentgeltlich, weil es, wo nichts, weder durch besondere Verabredung, noch durch die Sitte über die Entschädigung für die Dienstleistung bestimmt wird, an dem Objecte der Forderung fehlt. Ist aber etwas über diese Entschädigung, welche Lohn genannt wird, bestimmt; so wird der Dienstvertrag zu einem Lohnvertrage, und werden darin gewisse Dienstleistungen auf längere Zeit versprochen, so wird der Lohnvertrag zu einem Dienstvertrage im engern Sinne. Der Dingende kann fordern, daß der Gedungene die versprochenen Dienste in Person leiste, weil bei Thätigkeiten viel auf der persönlichen Geschicklichkeit beruht; der Gedungene aber hat bei Lohnverträgen das Recht auf die versprochene Vergeltung, und, bei Verträgen auf einen bestimmten Zeitraum, nicht allein für die geleisteten, sondern auch für die künftigen Dienste, wenn auch der Dingende derselben nicht mehr bedarf, oder sie nicht mehr haben will.

§. 178.

Einen, im Gegensatze von dem bloßen Dienstvertrage, besondern rechtlichen Charakter haben diejenigen Verträge, welche auf Handlungen sich beziehn, wodurch der Eine die Rechte des Andern zu vertreten und zu besorgen hat; denn obgleich auch hier der Eine für den Andern nach dessen Vorschrift wirkt, so erscheint er doch zugleich auch ausgestattet mit gewissen Rechten dieses Andern vor einem Dritten, welches Verhältniß wir in dem Bevollmächtigungsvertrage finden. Aus dieser Stellung des Bevollmächtigten geht dann hervor, daß der Bevollmächtiger nicht allein berechtigt ist, die treue Erfüllung seiner Aufträge von diesem zu fordern, sondern auch Ersatz für allen den Schaden, welcher ihm aus der Nachlässigkeit desselben oder aus dessen Ueberschreitung der gesteckten Grenzen erwachsen ist; denn da der Bevollmächtiger selbst seinen Geschäftsführer dem Urtheile des Dritten, mit dem er unterhandeln will, als eine beglaubigte Person darstellt; so werden alle Geschäfte, welche der Bevollmächtigte im Namen des Andern, ohne Vorbehalt besonderer Genehmigung verrichtet, von diesem Dritten mit Recht als Handlungen dieses Andern selbst angesehn, und erhalten dadurch in Hinsicht desselben alle die rechtlichen Folgen, wie eigene Handlungen. Dagegen wird jede Vernachlässigung oder Ueberschreitung des Auftrags von Seiten des Bevollmächtigten als eine Verletzung seines

Vertrags erscheinen, welche dem Bevollmächtiger das Recht auf Entschädigung giebt. Dafür kann der Bevollmächtigte fordern, daß der Bevollmächtiger den zu seinem Geschäfte etwa erforderlichen Kostenaufwand trage, und nicht allein die vertragsmäßig vollbrachten Geschäfte anerkenne, und ihn nicht durch Verwerfung derselben Unannehmlichkeiten aussetze, sondern auch gegen die ihm wegen der Qualität eines Bevollmächtigten von dem Andern drohenden Verletzungen zu seinem Schutze wirksam sey; denn in dem Bevollmächtigten wird zugleich der Bevollmächtiger verletzt, welches abzuwehren, als eine Forderung der Selbstachtung, eine sittlich nothwendige Voraussetzung und Bedingung für die Uebernahme eines solchen Geschäfts ist.

Anmerk. Nach den Grundsätzen des Bevollmächtigungsvertrags ist auch der Verlagscontract zu beurtheilen. Daß ursprünglich nur der Verfasser das Recht habe, die Art und Weise zu bestimmen, wie er sein Werk, d. h. seine Gedanken in der von ihm ausgearbeiteten Form dem Publikum mittheilen will, kann wohl nicht bezweifelt werden, wenn man bedenkt, daß nicht blos die Gedanken sein Eigenthum sind, sondern daß auch mit der Verbreitung derselben seine Ehre und sein Gewissen auf dem Spiele steht, worin von fremder Willkühr abhängig zu seyn, ein Jeder für eine Beeinträchtigung der Persönlichkeit ansehn muß. Wenn er also das Mittel ergreift, einen Andern es auf dessen Kosten drucken und verbreiten zu lassen, so wird dieser für nichts Anders angesehn werden können; als für den Bevollmächtigten, und der Vertrag macht die gewählte Art und Weise der Verbreitung aus, wobei der Verleger das vom Verfasser, wenn auch selbst käuflich an sich gebrachte Manuscript vor Erfüllung des Vertrags weder vernichten noch verändern, noch auch willkührlich vermehren darf. Nun aber entstehn durch den Verkauf der einzelnen Exemplare noch andere Rechtsverhältnisse. Es treten neue Rechtssubjecte auf, mit denen nicht dieser, sondern ein bloßer Kaufcontract gemacht worden ist, welche also das Eigenthumsrecht auf das gekaufte Exemplar sich erworben haben, von welchem Rechte dann das Recht der bestmöglichen Nutzung, also auch der Vermehrung der Exemplare durch Nachdruck um so weniger als getrennt oder als ausgeschlossen erscheinen wird, je mehr man gewohnt ist, sein Urtheil über die Eigenthumsrechte blos nach den abstracten Begriffen des Eigenthums einzurichten. Nichts destoweniger muß der Mangel dieses Rechts bald einleuchten, sobald der Eigenthümer des Exemplars dasselbe blos von dem Verleger oder Commissionär des Verfassers sich erworben hat; denn dieses Recht hat ja derselbe selbst nicht, und kann es mithin auch nicht übertragen, und die Beschränkung des Verlegers durch das ursprüngliche Recht des Verfassers auf eine bestimmte Summe von Exemplaren ist seit der Entstehung dieser Art Geschäfte so allgemein bekannt und anerkannt, daß die Annahme des Gegentheils und der Glaube, durch den Verkauf eines Exemplars sey das Werk unbedingtes Eigenthum des Publikums geworden, entweder eine Verleugnung der Bekanntschaft mit dem Wesen des Verlagscontracts, oder die Behauptung in sich schließt, es könne ein Recht erworben werden, was gleichwohl nicht übertragen würde und übertragen werden konnte und sollte. Was sonst zu den Eigenthumsrechten gehört, das hat auch der Käufer eines Buchs vollkommen. Er kann dasselbe verkaufen, verleihen, vernichten, und das Material specificiren oder es formen nach Gefallen, er kann auch die Gedanken benutzen, kann denselben neue Formen ertheilen und (durch Auszüge, Uebersetzungen, Umarbeitungen) neue Werke daraus bilden, und auch in so fern es specificiren; nur eins hat sich der Verfasser in dem Verlags, oder Commissionscontracte vorbehalten, was mit seiner Ehre, mit seinem Gewissen und überhaupt mit seinem Leben in der Gesellschaft so innig zusammenhängt, daß er darin von der Willkühr Anderer abzuhängen nie wünschen kann, nämlich die Zahl der Exemplare selbst zu bestimmen, in welcher unter das Publikum seine Gedanken verbreitet werden sollen, und was der den Grund seines Erwerbs berücksichtigende Käufer um so leichter anerkennen wird und muß, als er die Gedanken, so lange er sie noch nicht in seinen Geist aufgenommen und unter die Form seines Geistes gebracht hat, nicht für die seinigen, sondern für fremde ansehn und ausgeben wird. Daher behauptet auch der frechste Nachdrucker nicht, daß es seine Gedanken sind, womit er sein Druckmaterial ausschmückt, und ihm den käuflichen Werth giebt, auch er behauptet nicht, daß er selbst zum Publikum rede, sondern nur in dem Namen eines Andern. Indem er nun dieses thut, ohne von diesem Andern dazu autorisirt zu seyn, da hierzu mehr gefordert wird, als der Kauf eines Exemplars, es mag derselbe mit dem Verfasser oder mit dem bloßen Verleger geschlossen seyn, maßt er sich ein Eigenthumsrecht darüber an, was er selbst nicht sein nennt, und was sich zum Leidwesen Vieler nicht unmittelbar durch Kauf zu eigen machen läßt, und dringt sich dem Andern auf in der Vollbringung eines Geschäfts, dessen Art und Weise zu bestimmen nur dem zusteht, in dessen Namen es geschieht, und der an Ehre und im Gewissen davon auch den Nachtheil hat; und indem diese Verletzung eines fremden Rechts zugleich aus träger Gewinnsucht geschieht, die mit leichter Mühe die Vortheile fremder Arbeit sich anzueignen strebt, erhält das Nachdruckerhandwerk zugleich noch eine besondere Schändlichkeit.

§. 179.

Die dritte Art von Verträgen, welche sich mit Rücksicht auf die Objecte unterscheiden läßt, machen diejenigen Verträge aus, welche Bestimmungen über Eigenthumsverhältnisse und persönliche Leistungen zugleich in sich schließen. Die Objecte können dabei bestimmte seyn, aber auch unbestimmte, und letzteres sind sie, sobald nur der Zweck festgesetzt ist, von welchem die Leistungen im Einzelnen abhängig gemacht werden. Durch den Vertrag der letztern Art entsteht die Gesellschaft, worin wir ein Verhältniß von solcher Wichtigkeit für das menschliche Leben finden, daß das Rechtliche dafür eine besondere Betrachtung fordert.

Im Allgemeinen kann es so vielerlei Gesellschaften geben, als verschiedene gemeinschaftliche Zwecke möglich sind. Soll aber eine Gesellschaft nicht blos eine factische, sondern auch eine rechtliche seyn, in welcher wirkliche Verpflichtungen statt finden; so muß sie practisch möglich seyn, d. h. sie darf weder einen Zweck verfolgen, der physisch unmöglich, oder nach irgend einem Gesetze verboten ist, noch auch Grundsätzen für die Wahl ihrer Mittel huldigen, welche eben dadurch als verwerflich erscheinen. Fehlt es an einem dieser Puncte, so wird zwar die Gesellschaft an sich, so lange ihre Glieder wollen, factisch bestehn, sich auch als einer moralischen Person alle Rechte der Persönlichkeit beilegen können, welche man die äußern Gesellschaftsrechte nennt; aber der Mangel an sittlicher Basis beraubt sie auch der sittlichen Wirkung des Rechtsgesetzes in der Erzeugung gesellschaftlicher Pflichten und der Rechte, welche der Gesellschaft ihr inneres Leben sichern.

Da nun die Zwecke der Gesellschaft überhaupt sehr verschiedenartig seyn können, so wie auch die Mittel dazu und ihre Benutzung; so werden in dem Gesellschaftsvertrage jederzeit verschiedene Bestimmungen nothwendig werden, welche als Theile desselben sich besonders aufführen und festsetzen lassen. Zuvörderst fordert der Zweck eine allseitige Uebereinkunft; denn durch ihn entsteht allererst eine Gemeinschaft, und in so fern die übereinstimmende Willenserklärung darauf gerichtet ist, erhält man den Vereinigungsvertrag. Die zweite Rücksicht für das gesellschaftliche Leben fordert die Art und Weise, wie die von der Gesellschaft umschlossenen Kräfte und Mittel in Beziehung gesetzt werden zu dem gemeinschaftlichen Zwecke, und die Uebereinkunft darüber nennt man den Verfassungsvertrag, wozu noch der Unterwerfungsvertrag kommen wird, sobald in der Verfassung der Gesellschaft festgesetzt ist, daß die Anordnung der gesellschaftlichen Angelegenheiten nur von einem Theile der Gesellschaft abhängen soll.

Was nun die Rechte betrifft, welche mit der Einrichtung der Gesellschaft für die einzelnen Theilnehmer gegen einander gesetzt sind, und welche die innern Gesellschaftsrechte heißen; so beziehn sie sich theils auf die Erfüllung der von den Uebrigen versprochenen Leistungen, theils auf die Enthaltung von einseitiger Veränderung des Zwecks sowohl, als auch der Verfassung. Diese Bestimmungen ergeben sich, sobald man blos den Begriff einer Gesellschaft nach den Grundsätzen des Rechtsgesetzes betrachtet, und machen deshalb blos die formalen Bestimmungen über das Gesellschaftsrecht aus. Die Materie derselben hängt dagegen ab theils von dem Charakter der Persönlichkeit, deren Rechte in jeder Gesellschaft bewahrt werden müssen, wenn sie eine wahrhaft rechtliche seyn will, theils von dem Zwecke der besondern Gesellschaft und von der durch beides nothwendig gemachten Verfassung. Da wir aber im gegenwärtigen Theile dasjenige, was der Person zur Erhaltung, Sicherung und Erweiterung ihres persönlichen Freiheitsgebiets zukommt, überall nur in so weit klar machen wollten, als es die bloßen Begriffe der hierbei in Betrachtung zu ziehenden Elemente mit sich bringen; so gehört die Darstellung des Rechtlichen in den besondern Gesellschaften nicht hierher, sondern wir werden die Gesellschaften, die von besonderer sittlicher oder physischer Nothwendigkeit sind, noch besonders betrachten, wozu wir in den so eben aufgestellten Bemerkungen uns den Weg gebahnt haben.

Zweiter Theil.

Das allgemeine Staatsrecht.

Einleitung.

Begriff und Zweck des Staats und des Staatsrechts.

§. 180.

Der Mensch ist von Natur an die Gesellschaft gewiesen. Zur Gesellschaft treibt ihn schon seine physische Bedürftigkeit und das natürliche Verlangen nach Erhaltung, Sicherung und Verschönerung seines physischen Daseyns; und auf die Nothwendigkeit eines gemeinschaftlichen Zusammenwirkens werden wir geführt, sobald wir die Bedingungen betrachten, unter welchen die höhern, sittlichen Anlagen des Menschen zur Entwickelung kommen können. Denn wenn auch die eigentliche Sittlichkeit in den freien Willen des Menschen fällt, und zunächst sein Werk ist; so bedarf derselbe doch nicht allein zu seiner anfänglichen Entwickelung der Anleitung, Belehrung und Erziehung, sondern er wird auch nach erlangter physischer und moralischer Reife fortdauernd eines geordneten gesellschaftlichen Lebens bedürfen, um den Kampf gegen fremde Sinnlichkeit und gegen die äußere Natur glücklich zu bestehn, und seinem höhern Zwecke sich immer mehr zu nähern. In Gesellschaft zu treten, wodurch dieser physischen und moralischen Bedürftigkeit abgeholfen wird, ist daher nicht blos Sache der Klugheit, sondern auch Sache der Pflicht.

§. 181.

Diese aus der Bedürftigkeit und Einrichtung der menschlichen Natur überhaupt sich ergebende Nothwendigkeit einer gesellschaftlichen Verbindung erhält aber eine besondere Bedeutung und Stärke in Beziehung auf das Rechtsverhältniß; denn die fremde sinnliche Willkühr ist nicht allein für den Einzelnen der gefährlichste, sondern auch für das moralische Gefühl der empörendste Feind, weshalb auch in jeder gesellschaftlichen Verbindung die objective Bestimmung über das Mein und Dein und über die Sicherung desselben das erste Erforderniß ist. Je fühlbarer aber die Wichtigkeit einer Regulirung der gegenseitigen Ansprüche nach den allgemeinen Gesetzen des Rechts, und die Sicherung derselben gegen die Willkühr für jeden Zweck des menschlichen Lebens wird, um so nothwendiger muß eine gemeinschaftliche Anstalt erscheinen, wodurch die Grundlage alles wahrhaft menschlichen Verkehrs, wie sie in den Grundsätzen der Pflicht und des Rechts gegeben ist, objectiv bestimmt und gegen die Willkühr des Einzelnen gesichert wird, oder wodurch ein vollkommner Rechtszustand eingeführt wird, wobei die sittliche Existenz und äußere Freiheit der Einzelnen gleichmäßig bestimmt und garantirt ist. Da hier aus der oben bemerkten mehrseitigen Bedürftigkeit der menschlichen Natur für gemeinschaftliches Zusammenwirken nur das Rechtsverhältniß hervorgehoben ist, als die Grundlage zur Sicherung der übrigen Zwecke; so wird auch die auf Befriedigung desselben ausgehende Anstalt zunächst nur unter dem Charakter einer Rechtsanstalt erscheinen, und als erste Rücksicht für ihre Constituirung die öffentliche Darstellung des Rechtsgesetzes mit der Aufstellung eines wirksamen Gegengewichts gegen die sinnliche Willkühr fordern, oder die Errichtung einer öffentlichen Macht, wodurch der Einzelne zur Respectirung des Rechts nach objectiven Gesetzen angehalten wird.

§. 182.

So entscheidend aber auch die Rücksicht ist, welche das Recht und dessen Sicherung in der Regulirung des menschlichen Lebens fordert, und so wesentlich zu einer gemeinschaftlichen Lebensordnung der Zwang, als das directe Gegenmittel der Sinnlichkeit gehört; so würde doch eine zur Sicherung des Rechts und der äußern Freiheit abgeschlossene Gesellschaft, welche die Summe ihrer Kräfte und Mittel zu nichts weiter verwenden wollte, als zur Errichtung einer Zwangsanstalt, und nur in dem Zwange das Mittel für ihren Zweck anerkennen wollte, dem Charakter der Menschheit und ihrem eignen Zwecke wenig entsprechen. So lange nämlich nur der Zwang das Subject von der Rechtsverletzung abhalten kann, steht es noch auf der niedrigsten Stufe menschlicher Cultur und wird, so bald keine andern Triebfedern in ihm in Bewegung gesetzt sind, auch nur so weit der Rechtsverletzung sich enthalten, als der Zwang reicht. Zwar scheint es, daß das Recht der einzelnen Person, und somit auch das Interesse der zum Schutze desselben gestifteten Gesellschaft befriedigt sey, wenn nur die rechtsverletzende äußere That unterbleibt, es geschehe, aus welchem Motiv es wolle; aber damit die rechtsverletzende That unterbleibe, und damit der gesellschaftliche Zweck wahrhaft gesichert sey, ist der sittliche Zustand der Glieder keineswegs gleichgiltig, und die Regeln der Klugheit werden sicherlich da nicht erfüllt, wo unter mehreren Mitteln zum Zwecke nur eines, und zwar das unsichere ausgebildet wird. Zudem ist der Zwang, seiner sittlichen Bedeutung nach, überall erst die letzte Zuflucht zum Schutze des Rechts, welcher die andern, der Menschheit würdigern Mittel, sobald sie zu Gebote stehn, vorausgehn müssen. Nun wird sich zwar der gute Wille in dem Andern nicht unmittelbar bewirken lassen, und so lange er fehlt, ist der Zwang zur Abtreibung des Unrechts an seinem Orte: aber mittelbar kann bekanntlich allerdings auf die bessere Gesinnung Anderer von uns gewirkt werden, und da das Recht selbst seine höhere Bedeutung nur für das allgemeine sittliche Gesetz erhält, und alles, was zum Schutze desselben dient, erst durch jenes Gesetz nothwendig ist; so wird auch eine Gesellschaft, die bei der Regulirung ihrer Rechtsverhältnisse eine wirklich sittliche seyn will, überall mit Bedacht nehmen müssen auf die Veredelung des Willens und auf die Entfernung der Veranlassungen zu rechtswidrigen Handlungen. Und da endlich überhaupt ein vollkommner Rechtszustand der menschlichen Natur und dem Rechtsbegriffe gemäß nur unter der Bedingung für realisirt gehalten werden kann, daß in der Gesellschaft nicht allein die Rechte der Einzelnen gegenseitig nach strengen Rechtsgesetzen abgemessen und bestimmt sind, sondern daß auch die Theilnehmer der Gesellschaft dem Geiste nach mit dem Gesetze harmoniren (vergl. §. 24.), zugleich aber auch einen Verein bilden, der an physischen und moralischen Kräften und Hilfsmitteln so stark und regsam ist, daß er auch nach außenhin sein inneres Leben bewahren könne; so wird auch jener Zweck bei der Einrichtung der Gesellschaft alles dasjenige zu einer nothwendigen Aufgabe machen, was überhaupt dem gesellschaftlichen Leben und Zusammenwirken für die wahrhaft menschliche Existenz von der Natur überlassen und von dem sittlichen Gesetze übertragen worden ist, und es wird der Begriff einer Zwangsanstalt dem Geiste, welcher in der Einrichtung einer solchen Gesellschaft zweckgemäß herrschen soll, so wenig entsprechen, als die Einführung einer maschinenmäßigen Bewegung sich mit der Würde einer Anstalt von sittlicher Bedeutung verträgt.

§. 183.

Wir mögen also die Nothwendigkeit der gesellschaftlichen Verbindung, als eine Vernunftforderung gedacht, von der Bedürftigkeit der menschlichen Natur überhaupt, oder insbesondere von der Wichtigkeit der Rechtssicherheit für das menschliche Leben herleiten, überall ist die Aufgabe bei ihrer Einrichtung dieselbe; denn ohne Recht ist keine wahrhaft menschliche, d. h. sittliche Existenz, und ohne Sittlichkeit keine wahre Sicherheit des Rechts. Indeß ist die eine oder andere Ableitung keineswegs ohne Einfluß auf den Charakter der Gesellschaft; denn dort treten mehr die pädagogischen, hier die rechtlichen Institutionen vor, und da bei den zur Abhilfe des sittlichen Bedürfnisses sich vereinigenden Personen eine Reife gedacht werden muß, wo sie des Handelns oder der verständigen Zwecksetzung fähig sind, und wo bei ihnen das Rechtsbedürfniß überwiegend ist; so wird auch die Abhilfe desselben zunächst als Zweck erscheinen.

§. 184.

Von selbst werden wir nun von diesen allgemeinen Reflexionen auf den Staat geführt; denn in ihm finden wir eine Anstalt in der Erfahrung, worauf das Gesagte seine völlige Anwendung hat. Der Staat schließt nämlich nach seinen realen Bestandtheilen so offenbar die sittliche Bedürftigkeit der Socialität nach ihrem ganzen Umfange in sich, daß die Beziehung desselben auf die Abhilfe jener Bedürftigkeit bei der sittlichen Beurtheilung seines Zwecks sehr nahe liegt. Indem aber ein wohlbestimmter und wohlbegründeter Rechtszustand für die höhern Zwecke der Menschheit die erste Bedingung ist; so wird auch eben dieses Bedürfniß zuerst in der Einrichtung des Staats vortreten und ihn als eine Rechtsanstalt erscheinen lassen, deren nächster Zweck in der Herbeiführung eines vollkommnen Rechtszustandes besteht. Dieser Umstand hat jedoch blos Einfluß auf den vorherrschenden Charakter desselben; denn bedenkt man, was die völlige Realisirung jenes Zwecks fordert, und wie viel dabei berücksichtigt und erstrebt werden muß, und beschränkt man den Begriff des Staats nicht zu einseitig nach diesem oder jenem besondern Mittel; so wird ihm auch so die höhere Bedeutung zuerkannt werden müssen, welche irgend eine Anstalt für die sittliche Bedürftigkeit des menschlichen Daseyns überhaupt haben kann.

§. 185.

In so fern also der Staat einen Zweck verfolgt, der eigentlich alle Seiten des menschlichen Lebens trifft, und von dessen Realisirung allererst das menschliche Daseyn seine rechte Sicherheit und Festigkeit erhält, erscheint derselbe als eine Gesellschaft, welche das Fundament für jede andere darbietet, und unter dessen Zwecke alle übrigen begriffen sind. Da ferner das Vernunftbedürfniß, welches den Staat, seiner rationalen Bedeutung nach, begründet, mit der menschlichen Natur selbst gesetzt ist, und um so mehr fortdauert, als das menschliche Geschlecht in ihm sich fortwährend verjüngt; so macht der Staat eine dauernde Gesellschaft aus, und ist dadurch um so mehr geeignet, das Fundament der übrigen zu seyn.

§. 186.

Die Bedingungen, unter welchen ein Staat entstehn kann, sind aber doppelter Art; sie beziehn sich theils auf die Materie desselben, d. h. auf die zu dem gemeinschaftlichen Zwecke verbundenen Kräfte und Mittel, theils auf die Form, d. h. auf die Verbindung und Anordnung dieser Kräfte zur Realisirung des gemeinschaftlichen Zwecks. Zu jenen gehört 1) eine Anzahl von Personen, welche sich zu dem bemerkten Zwecke verbunden haben, und in dieser ihrer Verbindung ein Volk genannt werden; 2) ein gemeinschaftlicher fester Wohnsitz, welcher das Staatsgebiet heißt. Der Staat ist daher eine feste Gesellschaft im Gegensatze von der wandelnden. Die Zahl der Theilnehmer und die Größe ihres Gebiets bestimmt den Umfang des Staats, worüber sich aber a priori nichts weiter bestimmen läßt, als daß beides hinreichend sey, die wesentlichen Theile eines Staats zu constituiren, und dem Zwecke desselben zu entsprechen.

§. 187.

Was die formellen Bedingungen oder Erfordernisse betrifft, damit die einzelnen Kräfte in die nöthige Verbindung treten zu dem gemeinschaftlichen Zwecke; so ist im Allgemeinen nothwendig: 1) eine wirkliche Willensvereinigung der Staatsglieder zu dem bereits bestimmten Zwecke: denn ohne diese ist keine gesellschaftliche Verbindung möglich; 2) die Aufstellung gewisser Gesetze, wodurch dem Einzelnen sein Wirkungskreis in dem Ganzen und sein Verhältniß zu demselben objectiv bestimmt wird; und 3) eine öffentliche Auctorität, eine physische oder moralische Person, welche die gesellschaftlichen Angelegenheiten leitet, wodurch der Staat als eine ungleiche Gesellschaft erscheint und unter den Gliedern desselben das Verhältniß zwischen Regenten und Unterthanen eintritt. Denn obgleich der Mensch schon von Natur gewissen Gesetzen unterworfen ist, und einen Regenten, zunächst im Gewissen, über sich hat; so tritt doch der Einzelne durch die Theilnahme an dem Staatszwecke in ein Verhältniß, wo sein persönliches Interesse in ein allgemeines verschmolzen ist, und wo dann auch sein rein natürlicher Wirkungskreis und die damit verbundenen Rechte eine nothwendige Modification erleiden. Diesen Wirkungskreis kann nun der Einzelne sich nicht selbst abstecken, wenn überhaupt noch von einer zweckmäßigen Zusammenstimmung des Besondern zu einem Ganzen die Rede seyn soll, und eben so wenig kann es dem guten Willen des Einzelnen anheim gestellt bleiben, dasjenige, was der gemeinschaftliche Zweck fordert, welcher das gemeine Beste ausmacht, und in dessen Realisirbarkeit das Staatswohl besteht, zu leisten; sondern es wird eine öffentliche Auctorität erfordert, ein Repräsentant der Vernunft für das gesellschaftliche Interesse, welcher die Mittel zum Zwecke ordnet und in Bewegung setzt.

§. 188.

So gewiß es aber auch ist, daß durch den Eintritt in die Staatsverbindung, womit das bürgerliche Leben entsteht, in dem rein natürlichen Rechtskreise des Einzelnen eine Modification erfolgen muß, und man deshalb, weil diese nur nach den innern und äußern Verhältnissen und Zuständen des Ganzen und durch den dieselben ordnenden höchsten Willen zu bestimmen ist, sagen kann, daß der Staatsbürger sein Recht durch den Staat bestimmt erhalte; so ist doch diese Abhängigkeit des Rechts für den Einzelnen keine Rechtslosigkeit: denn so wie der Mensch schon von Natur Person, oder ein Subject von Pflichten, also auch von Rechten ist, so unbestimmt und unsicher auch diese Rechte im außerbürgerlichen Leben seyn mögen, so bleibt er es auch in der Staatsverbindung, was sich aus dem Begriffe und Zwecke des bürgerlichen Lebens selbst ergiebt, und indem über dem Staate selbst die ewigen Rechtsgesetze schweben, in deren Realisirung er seine Würde findet, bietet sich unter den Theilen des Staats ein Verhältniß dar, welches ebenfalls einer rechtlichen Beurtheilung fähig ist, und sichere Principien fordert, wenn das bürgerliche Leben für mehr als für ein Werk menschlicher Willkühr angesehn werden soll. Die Grundsätze für dieses Verhältniß ist das Thema des Staatsrechts.

§. 189.

Wie so eben angedeutet wurde, kann man aber dabei nach einem doppelten Gesichtspuncte verfahren. Erstlich so, daß man blos die Bedeutung ins Auge faßt, welche jedem der Theile des Staatskörpers dem Begriffe nach zukommt, ohne Rücksicht auf die empirische Beschaffenheit und Zustände des Vereins, aber auch so, daß man in der Bestimmung jenes Rechtsverhältnisses zugleich auf diese empirischen Elemente Rücksicht nimmt. Dort erhält man das reine oder allgemeine, hier das angewandte oder besondere Staatsrecht, und wenn auch das erstere nicht hinreicht, einen Verein in der Erfahrung zweckmäßig zu ordnen, indem dabei jederzeit die besondern Umstände desselben mit in Betrachtung zu ziehn sind; so bietet es doch in seinen richtig bestimmten Begriffen nicht allein Stoff zu einer allgemeingiltigen Wissenschaft dar, sondern auch eine Norm, oder die reine Idee, ohne deren Berücksichtigung kein Staat eine der Menschheit würdige Einrichtung erhalten kann, und welcher das Empirische in den positiven Bestimmungen, so weit als möglich, nachgebildet werden soll.

§. 190.

Das reine oder allgemeine Staatsrecht ist also die wissenschaftliche Darstellung des Rechtsverhältnisses unter den Theilen einer Staatsgesellschaft, so weit dasselbe durch die Begriffe dieser Theile bestimmt ist, und es bieten sich dafür folgende drei Puncte dar.

1) kommt uns darin der allgemeinste, oder der Grundbegriff des bürgerlichen Lebens, nämlich der Begriff

des Bürgers entgegen; denn der Staat ist eine Gesellschaft, durch welche die sittliche Existenz aller Theilnehmer Sicherung und Beförderung erhalten soll. Die Theilnahme an diesem Zwecke giebt den Begriff des Bürgers überhaupt, und was dem Einzelnen gegen die Gesammtheit der Andern für diesen gemeinschaftlichen Zweck von der den Zweck bestimmenden Vernunft zuerkannt ist, macht das allgemeine Bürgerrecht aus. Aber der Staat ist dabei eine ungleiche Gesellschaft, eine Gesellschaft, worin das Verhältniß der Abhängigkeit des einen Theils von dem andern statt findet; zu dem allgemeinen Verhältnisse des bürgerlichen Lebens und zu dem Begriffe des Bürgers gesellt sich daher das Verhältniß zwischen dem Regenten und dem Unterthan, und es fragt sich: wie kann dieses Verhältniß als verträglich gedacht werden mit dem erstern? eine Frage, welche ihre Beantwortung in der Lehre von der rechtlichen Gründung einer öffentlichen Macht findet. Von besonderer und eigenthümlicher Wichtigkeit muß endlich für den gemeinschaftlichen Zweck des bürgerlichen Lebens der Regent, der Repräsentant des gesellschaftlichen Willens und der gemeinsamen Macht erscheinen, durch welchen der Staatsverein allererst sein belebendes Princip erhält. Der rechtliche Wirkungskreis desselben für den allgemeinen Zweck, im Gegensatze von den Unterthanen, fordert also noch eine besondere Betrachtung, und findet seine Darstellung in der Lehre von den Rechten der höchsten Staatsgewalt.

Da indeß hier überall nur dasjenige gesucht werden soll, was aus dem Begriffe dieser Theile der Staatsverbindung sich ergiebt, neben welchem bei der wirklichen Einrichtung eines Staats zugleich das Empirische zu berücksichtigen seyn wird, indem dieses für die Realisirung des nothwendigen Staatszwecks von mehrern Seiten her Hindernisse herbeiführen kann; so ist darin auch noch eine besondere Betrachtung nothwendig gemacht, wodurch die Grundsätze klar werden, wie das in dem reinen Begriffe gesetzte und bestimmte Rechtsverhältniß (die reine Rechtsidee) in der Erfahrung auf die beste Art und in dem möglichst vollkommensten Grade geltend gemacht oder eingeführt werden kann. Die Betrachtung dieser Grundsätze fällt aber in die Aufgabe der Politik, welche es überall, als besondere Wissenschaft, mit den Grundsätzen für die Verbindung der reinen Rechtsbegriffe und der daraus gebildeten reinen Rechtsidee mit der Erfahrung zu thun hat, bis endlich die Auctorität des positiven Gesetzes auch diese Grundsätze der Politik weiter auf die individuellen Verhältnisse des besondern Staats in Anwendung bringt, und ein Staatsrecht entwirft und feststellt, welches in demselben das allein geltende ist, und auch das allein vernunftmäßige seyn wird, in so fern darin zugleich das Individuelle des Staats in Berücksichtigung gekommen ist.

Erstes Hauptstück.

Das reine oder allgemeine Bürgerrecht.

§. 191.

In so fern der Staat eine sittlich nothwendige Gesellschaft ist, und einen Zweck hat, der, erhaben über alle menschliche Willkühr, mit der Vernunft oder sittlichen Natur in dem Menschenwesen selbst gesetzt ist, sind auch durch eben dieses höhere Princip mit dem Zwecke zugleich gewisse Anforderungen an die Gesammtheit für den Einzelnen in Ansehung jenes Zwecks gesetzt, welche als Rechte desselben erscheinen, und, als allgemeine, die Grundlage ausmachen zu jedem auf den Zweck des Staats sich beziehenden besondern gesellschaftlichen Wirkungskreise. Wir gehn also hier noch nicht ein in die verschiedenen Theile des Staatskörpers, wofür besondere Verhältnisse statt finden, und wo der einzelne Bürger unter einem besondern Charakter, als Regent oder als Unterthan erscheint; sondern so wie überall die Stelle des Besondern erst aus dem Allgemeinen begriffen werden kann, so kann auch der Wirkungskreis des Regenten, in dessen Gegensatze der Unterthan steht, erst recht begriffen werden, wenn erkannt und anerkannt ist, was mit der Verpflichtung zum Zwecke auch in Ansehung desselben dem Theilnehmer überhaupt, als solchem, zusteht.

Anmerk. Gewöhnlich beginnt das Staatsrecht mit der Lehre von der rechtlichen Entstehung des Staats, wogegen das allgemeine Bürgerrecht als das Recht der Unterthanen abgehandelt wird. Allein die Frage nach der rechtlichen Entstehung des Staats hat eigentlich blos Wichtigkeit zur rechtlichen Beurtheilung der Abhängigkeit unter den Gliedern des Staatskörpers, welche nicht in der Theilnahme an dem Staatszwecke an und für sich liegt, und nebst den rechtlichen Bedingungen der Theilnahme füglich erst da in Betrachtung kommt, wenn, nach der Aufklärung des mit dem Zwecke selbst gesetzten Rechtsverhältnisses, übergegangen wird zu jenem besondern. Was aber die Rechte der Unterthanen betrifft; so hat der Unterthan, als solcher, keine andern Rechte, als welche der öffentliche Gesetzgeber bestimmt hat; nur in so fern, als er zugleich Bürger ist, sind der menschlichen Willkühr des letztern durch das den Staatsverein fordernde höhere Gesetz gewisse Schranken gestellt, die dann für den empirischen Wirkungskreis der höchsten Macht von selbst sich ergeben, sobald das einfachste und allgemeinste Verhältniß des bürgerlichen Lebens, das Verhältniß des Bürgers, als eines solchen, zu dem Ganzen in Ansehung des gemeinschaftlichen Zwecks bestimmt ist. Die Bedeutung des Ausdrucks: reines oder allgemeines Bürgerrecht, ist übrigens dieselbe, welche dem reinen oder allgemeinen Staatsrechte zukommt; es steht im Gegensatze von dem besondern, in diesem oder jenem empirischen Staate geltenden.

§. 192.

So gewiß der Mensch von Natur einem Gesetze in sich unterworfen und verantwortlich ist, und eben deshalb ein angebohrnes Recht auf persönliche Existenz hat (§. 99.), so nothwendig ist auch dieses Recht in einer Gesellschaft anzuerkennen, welche die Erhaltung und Beförderung solcher Existenz zum Zwecke hat. Es wird aber hier dieses allgemeine menschliche Recht nicht auf die äußere Freiheit und Möglichkeit der Zwecksetzung überhaupt bezogen, sondern auf den bestimmten Zweck des Vereins, wo es als das Recht auf bürgerliche Selbstständigkeit erscheint, oder als das Recht, nicht allein die Theilnahme an den Vortheilen der bürgerlichen Verbindung keiner fremden Willkühr verdanken zu müssen, sondern auch für den Zweck, von keinem andern Gesetze abzuhängen, als wozu man, direct oder indirect, seine Beistimmung gegeben hat. Daher tritt die Revolution, oder die nicht von der anerkannten höchsten Behörde ausgehende, sondern nur von einem Theile der Gesellschaft gegen den Willen der Uebrigen durchgesetzte Staatsveränderung schon dem ersten der bürgerlichen Rechte entgegen, dem Rechte auf bürgerliche Selbstständigkeit. Dieses mit dem Eintritte in die Staatsverbindung erworbene Recht, wozu der höchste Rechtsgrund in dem Rechte auf persönliche Existenz liegt, macht das bürgerliche Urrecht aus, schließt aber mehrere andere Rechte in sich, in so fern es nach seinen verschiedenen Seiten hin besonders bestimmt wird.

§. 193.

Bevor wir aber diese besondern Seiten hervorheben, bemerken wir die Beschränkung, welche diesem Rechte für den Einzelnen daraus kommt, daß es allgemein ist. So wie nämlich Alle zum bürgerlichen Leben gleiche Verpflichtung haben, so ist auch Allen in jenem verpflichtenden Gesetze gleiche Theilnahme an den Vortheilen des bürgerlichen Lebens versichert. Alle stehn auch in rechtlicher Hinsicht in gleich naher Beziehung zum Zwecke, und sind in so fern vor dem Gesetze gleich. Dieses Verhältniß hat man gewöhnlich aufgefaßt als ein besonderes Recht, als das Recht der Gleichheit, und es hie und da, bei der Annahme eines blos formalen Rechtsprincips, ganz consequent, selbst als das höchste dargestellt. Indeß liegt darin nichts weiter, als eine aus der Form, d. h. aus der Allgemeinheit des Gesetzes hervorgehende nähere Bestimmung der Ausdehnung jenes materiellen Rechts, und ohne Beziehung auf dieses und seine abgeleiteten Bestandtheile ist es völlig unbestimmt und vielen argen Mißdeutungen unterworfen. Selbst da, wo diese Gleichheit blos im Allgemeinen als Gleichheit vor dem Gesetze erklärt wird, fehlt es an derjenigen Bestimmtheit des Begriffs, wodurch den Mißdeutungen des Rechtsgesetzes für die Erfahrungsgegenstände vorgebeugt werden kann. Vorerst steht der Gedanke der Gleichheit als eine Beschränkung in Beziehung zu dem Rechte auf bürgerliche Selstständigkeit, so daß kein besonderer Wirkungskreis in der Gesellschaft so weit ausgedehnt werden darf, daß irgend einem Theilnehmer der Genuß der Vortheile des bürgerlichen Lebens entzogen und der Zweck der Gesellschaft für ihn vernichtet wird. Indem sich aber weiterhin die Form des Gesetzes auch für jede Seite jenes höchsten materialen Rechts geltend macht, werden auch mit der Angabe dieser die Forderungen der Gleichheit eine noch nähere Bestimmung erhalten.

§. 194.

So wie aus dem Rechte auf persönliche Existenz zunächst zwei andere Rechte folgen, nämlich das Recht auf Subsistenz, und auf freien Gebrauch seiner Vermögen (§. 101. f.); so folgen auch aus dem Rechte auf bürgerliche Selbstständigkeit zunächst zwei andere Rechte, nämlich das Recht auf bürgerliche Subsistenz und auf Erwerbfreiheit. In dem Rechte auf bürgerliche Subsistenz liegt aber nicht allein das Recht, ohne Verschulden nicht aus der Staatsverbindung ausgeschlossen zu werden, sondern auch das Recht, nicht partheiisch zum Vortheile der Andern verwendet zu werden. Denn wenn auch das Privatinteresse dem Zwecke des Ganzen untergeordnet ist; so ist doch diese Unterordnung nicht unbedingt, indem nirgends die Person zum bloßen Mittel gemacht werden darf, und indem nach der Form des Gesetzes eben so gut Alle für Einen, als Einer für Alle stehen soll. Daraus geht dann als eine Maxime des für die Subsistenz oder Erhaltung Aller sorgenden Vernunftgesetzes der Satz hervor: daß überall in der Vertheilung der Lasten und Opfer für den Zweck des Staats verhältnißmäßige Gleichheit beobachtet werde.

§. 195.

In so fern das Recht auf persönliche Existenz neben dem Rechte auf Subsistenz auch das Recht auf den freien Gebrauch seiner Vermögen in sich schließt, zerfällt es für letztern Punct wieder in mehrere Stücke. Als dessen Theile fanden wir oben (§. 102 ff.) die Freiheit körperlicher Uebung und Ausbildung, die freie Benutzung der Verhältnisse zur Erweckung und Entwickelung der geistigen Kraft in theoretischer (Gedankenfreiheit), ästhetischer (Geschmacksfreiheit) und sittlich-religiöser Hinsicht (Gewissensfreiheit), die Freiheit der Socialität und der Erwerbung des Eigenthums; und alle diese allgemeinen menschlichen Rechte müssen auch, in dem aus der Allgemeinheit oder Form des Gesetzes hervorgehenden Umfange, dem Bürger bleiben, weil zu ihrem Schutze der Staat gegründet ist. Aber sie erhalten zugleich in dem Staate noch eine besondere Beziehung: sie sind nicht blos nothwendig zur Realisirung des individuellen sittlichen Zwecks, sondern der Gewinn ihrer Ausübung ist auch zugleich ein Gewinn für den Staatszweck und giebt seinem Besitzer eine objective Wichtigkeit für denselben, in deren öffentlicher Anerkennung die bürgerliche Ehre besteht. Je mehr es nun das öffentliche Wohl fordert, daß ein Jeder den Wirkungskreis in dem gemeinen Wesen einnehme, welcher seinem innern und äußern Besitze angemessen ist, ferner je mehr die Realisirung dieser Forderung nicht blos den Fähigkeiten des Einzelnen, sondern auch dessen sittlich nothwendigem Interesse an dem öffentlichen Wohle Befriedigung gewährt, und je einflußreicher endlich die öffentliche Anerkennung der gesellschaftlichen Wichtigkeit des Bürgers von Verdienst oder von einem höhern innern und äußern Besitze für dessen ganze Wirksamkeit, insbesondere auch in sittlicher Hinsicht ist, um so mehr muß es nicht blos als eine Forderung der Klugheit, sondern auch des allgemeinen Bürgerrechts erscheinen, daß dem Einzelnen nicht durch Aufhebung gleichmäßiger Freiheit in der innern und äußern Erwerbung der Weg zur Theilnahme an bürgerlicher Auszeichnung und erweiterter Wirksamkeit verschlossen, und durch selbstsüchtiges Vordrängen oder Hervorheben Verdienstloser die Früchte seines innern und äußern Besitzes, die eben in der bürgerlichen Ehre bestehn, ihm entzogen werden.

§. 196.

Wenn es nun wesentlich in dem Zwecke des Staats liegt, die Rechte des Einzelnen zu sichern, und wenn zu diesem Ende die besondern Rechtsstreitigkeiten den subjectiven Ansichten der Partheien zu entheben und nach objectiven Grundsätzen zu entscheiden und durchzuführen sind; so ist auch endlich mit der Theilnahme an dem Zwecke zugleich das Recht verbunden, von dieser gesellschaftlichen Einrichtung Gebrauch zu machen zum Schutze des Rechts, und zwar nicht allein in so fern als das Recht verletzt oder gekränkt, sondern auch in so fern als es gefährdet ist. Das Recht auf öffentlichen Schutz ist daher noch ein wesentlicher Bestandtheil des dem bürgerlichen Leben eigenthümlichen Rechtskreises, und in Allen gleich heilig.

§. 197.

So wird also die rein natürliche Rechtssphäre des Menschen durch die Theilnahme an dem bürgerlichen Leben theils gesichert, theils modificirt und erweitert. Aber alle diese Rechte stehn dem Individuum zu vermöge des reinen Begriffs des Bürgers. In der wirklichen Einrichtung eines Staats hingegen kommen neben den Begriffen der Person und des Bürgers 1) noch die empirischen Zustände und Verhältnisse des Vereins in Erwägung, und fordern Erwägung, wenn die wahre Vernunftmäßigkeit den öffentlichen Institutionen ertheilt werden soll. Ob daher gleich in den bisher entwickelten Rechtsbegriffen, indem sie unmittelbar aus dem höhern Gesetze für die Existenz des Staats geschöpft sind, eine nothwendige Norm für jede Staatseinrichtung liegt, und obgleich jeder Staat in der

Vereinigung jener Begriffe die reine Rechtsidee findet, welcher er sich möglichst annähern soll; so können doch in der Erfahrung für jene Grundsätze gewisse Modificationen eintreten, die mit den Wahrheiten der Erfahrung gleiche Giltigkeit und specielle Nothwendigkeit haben. Da ferner die Rechtsbegriffe, sowohl überhaupt, als auch insbesondere nach ihrer empirischen Giltigkeit ohne öffentliche Darstellung und Handhabung immerfort der subjectiven Ansicht und Willkühr Preis gegeben seyn würden; so macht der Zweck des Staats eine öffentliche Auctorität nothwendig, durch welche, als Organ der gesellschaftlichen Vernunft, Darstellung und Handhabung des Rechts bewirkt wird, und dadurch wird 2) unter den Gliedern des Staats noch ein besonderes Verhältniß, das Verhältniß zwischen Regenten und Unterthan, nothwendig, welches, mit dem Staate und seinem Zwecke selbst auf einem höhern Gesetze ruhend, auch nach den Begriffen desselben sich beurtheilen und darstellen läßt. Und diese Beurtheilung führt unmittelbar zu folgenden Betrachtungen.

Zweites Hauptstück.

Rechtliche Begründung der höchsten Staatsgewalt.

§. 198.

Unter der rechtlichen Begründung der Staatsgewalt haben wir die Darstellung derjenigen Begriffe zu verstehn, welche vorausgesetzt werden müssen, wenn das Verhältniß bürgerlicher Abhängigkeit in Uebereinstimmung mit dem Charakter persönlicher Wesen gedacht werden soll. Es ist aber nicht nöthig, um zu dieser Betrachtung, welche zugleich die rechtliche Begründung des Staats überhaupt trifft, geführt zu werden, in jenen Begriffen blos eine Norm für etwa erst zu schließende Staatsverbindungen zu suchen; diese Begriffe haben ihre Wichtigkeit auch für schon bestehende Staaten, in so fern nämlich, als das darin realisirte Verhältniß auch eine sittliche Beurtheilung und Bedeutung erhalten muß, wenn ein höheres Interesse an dem Staate bei seinen Theilnehmern eintreten soll, und ferner in so fern, als auch der schon bestehende Staat, bei dem Verschwinden und Kommen der Generationen, in dem Zustande fortwährender Verjüngung und des Wachsens sich befindet, und worin derselbe eine Seite darbietet, an welcher die Begriffe der rechtlichen Knüpfung des bürgerlichen Verhältnisses eine Stelle für ihre Anwendung haben.

§. 199.

Der Staat ist eine Gesellschaft. Eine Gesellschaft aber kann nicht anders entstehn, als durch die Vereinigung des Willens Aller zur Realisirung eines gemeinschaftlichen Zwecks, oder ohne daß sich der Einzelne dem Andern dazu verpflichtet. Ist nun die Vereinigung des Willens verschiedener Personen, woraus gegenseitig Pflichten und Rechte entstehn, ein Vertrag; so ist der Vertrag zu einer rechtlichen Entstehung des Staats eine natürliche Idee. Man hat daher auch den Vertrag in dem Staatsrechte für die einzig rechtliche Art der Entstehung des Staats angenommen und ihn in dreifacher Hinsicht statuirt: 1) für die Vereinigung des Willens in Ansehung des Zwecks (Vereinigungsvertrag), wodurch ein allgemeiner Wille entsteht; 2) für die Verfassung (Verfassungsvertrag), worin bestimmt ist, wie der allgemeine Wille in Aktivität treten soll zur Realisirung des gemeinschaftlichen Zwecks, und 3) für die Entstehung des Rechts in einer physischen oder moralischen Person, den allgemeinen Willen verfassungsmäßig in Ausübung zu bringen, und die gesellschaftlichen Angelegenheiten zu leiten (Unterwerfungsvertrag).

§. 200.

Indeß sind auch dagegen Einwendungen möglich und gemacht worden. So nothwendig nämlich auch die Idee eines allgemeinen Willens für den Staat ist; so schließt doch der Vertrag, durch welchen dieser Wille zu Stande kommen soll, ein Element in sich, besonders in der Ausdehnung jener Vertragstheorie, was sich nicht mit der

Nothwendigkeit der Staatsverbindung verträgt. Dies ist die Uebereinkunft des empirischen Willens jedes Theilnehmers, ohne welche ein Vertrag nicht denkbar ist. Sollte es nun mit dem Staate so lange Anstand haben, bis sich die empirische Einsicht und der Wille in den bemerkten drei Punkten, etwa nach dem natürlichen Stimmrechte, vereinigt hat; so würde das Nothwendige dem Zufälligen untergeordnet. Zwar kann man entgegnen, daß sichs hier nicht um die Erfahrung und Wirklichkeit, sondern nur um die reinen Grundsätze für die rechtliche Möglichkeit einer Verbindung freier Wesen handelt. Allein soll die Voraussetzung Anwendbarkeit und Bedeutung für die Wirklichkeit haben, ohne welche die Theorie werthlos und leer ist; so muß sie naturgemäß seyn, und auch auf die empirische Seite der menschlichen Natur überhaupt Rücksicht nehmen, von wo aus die Rechtsidee ihre Realisirung zu erwarten hat. Da nun jeder die Pflicht hat, das bürgerliche Leben zu befördern, und da das Recht überall auf der Seite der Pflicht ist; so scheint vielmehr Jeder, dem es gelungen ist, die ungezügelten Neigungen zu bändigen, das gesetzlose Leben in ein gesetzmäßiges umzuschaffen, und die Forderung der Vernunft in der Erfahrung zu realisiren, das Recht auf seiner Seite zu haben. Allein will man wieder dabei nicht jenem abscheulichen Grundsatze huldigen, daß der Zweck das Mittel heilige, einem Grundsatze, vor dem selbst Meineid und Regentenmord seine Entschuldigung finden kann, will man nicht die Erwerbung des Rechts abhängig machen von der physischen Gewalt, und das Recht des Stärkern einführen, wobei eine bestehende Einrichtung nur so lange rechtmäßig ist, als sie nicht umgeworfen werden kann; so bedarf es wenigstens noch einer nähern Bestimmung, wie eine einseitig unternommene Vereinigung Mehrerer, welche also blos durch Unterwerfung wird geschehen können, eine rechtliche Beschaffenheit haben oder dem Charakter persönlicher Wesen nicht zu nahe treten kann. Die bloße Gewalt vermag dies offenbar nicht; denn wo bloße Gewalt den Einen dem Willen des Andern unterwirft, wird der Gewalthaber in dem andern nur einen Feind sich schaffen, nicht aber einen Theilnehmer an seinem Zwecke, und dies um so eher, jemehr der Gezwungene zum sittlichen Bewußtseyn erwacht ist. Denn wenn es letzterer auch für seine Pflicht halten muß, in das Staatsleben zu treten; so erstreckt sich diese allgemeine Pflicht nicht gerade auch auf den besondern Staat, und gewiß auf denjenigen am wenigsten, zu dessen Princip die Gewalt gemacht wird. Die Gewalt an sich kann nur zwingen, nicht verpflichten, und eine Herrschaft zu gründen in dem Reiche freier Geister ist ihr nicht verliehen, am wenigsten eine dauernde und sittliche. Demnach kommt man immer wieder zurück auf die Idee einer freien allseitigen Einwilligung als der vernünftig nothwendigen Voraussetzung zu einer rechtlichen Entstehung der Staatsverbindung.

§. 201.

Zu bestreiten ist es nicht, daß die Theorie der Staatsverträge den Rechtsbegriffen an und für sich gemäß sey; aber eben so wenig können wir uns verbergen, daß der Vertrag, besonders unter den Bedingungen seiner Vollkommenheit, Elemente in sich schließt, welche für seine Anwendung auf jede Volksmasse eine anthropologische Unmöglichkeit behaupten läßt. Indeß lassen sich die Bedingungen der rechtlichen Entstehung des Staats, welche durch die Vertragstheorie ausgedrückt werden sollen, nämlich Freiheit der Einwilligung und Beschränkung der Willkühr in dem Gebrauche der Staatsgewalt, auch noch auf eine andere Weise realisirbar denken, welche auch zugleich den anthropologischen Rücksichten genügen möchte, nämlich dadurch, daß man ausgeht von dem Begriffe der Herrschaft in der wahren Bedeutung des Worts.

Daß der Mensch schon von Natur einen Herrscher über sich habe, nämlich zunächst die Vernunft, ist bekannt; aus dieser Herrschaft geht die Nothwendigkeit des Staats selbst hervor: und in so fern in der Vernunft das Princip liegt, daß das egoistische Streben des Einzelnen dem Zwecke des Ganzen sich unterwirft, ist die Herrschaft das Princip der Vereinigung. Aber wie erlangt die Vernunft ihre Herrschaft in dem Menschen? Dadurch, daß sie, zum Bewußtseyn in ihm gekommen, durch ihre Erhabenheit und Würde ihm freiwillige Unterwerfung abgewinnt, was eben das Charakteristische des Herrschens, im Gegensatze von dem Zwingen, ausmacht. Und hier, in diesen Grundzügen der sittlichen Natur selbst, finden wir ein Bild, welches auch auf die rechtliche Entstehung des Staatsvereins sich anwenden läßt; hier finden wir noch eine Weise, wie die Vereinigung Mehrerer, von Einem ausgehend, zu Stande kommen kann, unbeschadet der persönlichen Würde des Einzelnen. Es bedarf nämlich nur einer Auctorität, welche ihren Willen erklärt, und durch ihre Würde die

Uebrigen bestimmt, diesem Willen sich zu fügen, und zwar nicht allein in Ansehung des Zwecks, sondern auch in Ansehung der noch zu treffenden Einrichtung der Gesellschaft.

§. 202.

Man hat besonders deshalb die *Verfassung* als Gegenstand eines Urvertrags, d. h. als eine ursprünglich und unmittelbar aus dem Willen der Theilnehmer hervorzugehende Anordnung angesehn und dargestellt, um die Nothwendigkeit zu zeigen, daß die höchste Macht für ihre Existenz und Wirksamkeit das Princip nicht in ihrer individuellen Willkühr suchen dürfe, sondern es in der Idee des allgemeinen Willens suchen müsse. Aber wie? wenn die präsumirten Contrahenten, aus Unkunde mit den Erfordernissen eines wohleingerichteten Staats, eine Verfassung entworfen haben, welche den höhern Staatszweck nicht erreicht*, und der Willkühr den Zügel läßt? Wird dadurch die Willkühr etwas Rechtliches, wenn sie sich nur innerhalb der Verfassungsmäßigen Schranken hält? wird es etwas Rechtliches, wenn eine Verfassung entworfen und eingeführt wird, die in ihren Wirkungen wohl auch die unveräußerlichen Rechte aufhebt? Der *bloßen Willkühr* ist in der Einrichtung des Staats, wegen der sittlichen Nothwendigkeit des Zwecks, überall kein Raum gelassen: denn dieselbe mag unmittelbar von den sämmtlichen Theilnehmern des Staats, oder von einer anerkannten Auctorität getroffen werden; so steht sie unter jenem höhern Gesetze, worin die Nothwendigkeit und der Zweck des Staats unabänderlich festgesetzt sind, und hat auch nur in so fern Würde, als sie diesem gemäß ist. Von Willkühr kann in einer rechtlichen Begründung des Staats nicht anders die Rede seyn, als daß sie für den geraden Gegensatz alles Rechtlichen und Würdigen erklärt werden muß. Hierbei ist es dann gar keine nothwendige Idee, daß die Verfassung angesehen werde als unmittelbar hervorgegangen aus dem Willen der Staatsglieder.

Welche Einrichtung aber von der Vernunft gefordert wird, damit ihr Organ in der Gesellschaft in den Stand gesetzt werde, alle Interessen des Staats zweckmäßig zu umfassen, oder wie sich der allgemeine Wille, woher er auch sich äußere, constituiren müsse in Ansehung der Theile, welche jede Regierung zu einer das Ganze umfassenden Wirksamkeit nothwendig in sich schließt, dies zu untersuchen fällt in das Gebiet der Politik.

§. 203.

Es läßt sich also die rechtliche Entstehung des Staats auf eine doppelte Weise denken. Entweder nach den Rechtsbegriffen an und für sich, durch Voraussetzung gewisser Verträge, wobei der Regent als der Bevollmächtigte zur Ausführung eines von den einzelnen Theilnehmern ausgegangenen Plans erscheint, oder nach anthropologischen Reflexionen durch Voraussetzung einer moralischen Auctorität, welcher die Einzelnen huldigen, und deren Wille freiwillig von den Andern anerkannt wird, und welche somit als das Organ der gesellschaftlichen Vernunft erscheint nicht allein für den Zweck, sondern auch für die Anordnung des bürgerlichen Lebens. Sobald dann auf die eine oder andere Weise die gesellschaftliche Anordnung getroffen und frei anerkannt ist, kann und muß das Festgesetzte angesehn werden als der allgemeine Wille, wenn auch der Einzelne nicht gerade darin seine individuelle Ansicht ganz realisirt findet. An die Stelle der subjectiven Ansicht tritt für die gesellschaftliche Fortbildung und Bewegung das objective Gesetz und der Zustand selbst ist ein gesetzlicher. Man mag aber, um zu diesem Puncte zu gelangen, von dem einen oder andern Gesichtspuncte ausgehn, zwei Begriffe müssen überall als die Grundbedingungen zu einem rechtlichen Entstehen einer Rechtsanstalt anerkannt und beobachtet werden: Freiheit der Einwilligung und Entfernung bloßer Willkühr in der Wahl der Mittel zum gemeinschaftlichen Zweck. Jener wegen des angebohrnen Rechts Aller auf gleiche äußere Freiheit, dieser wegen der sittlichen Nothwendigkeit des Zwecks. Werden nur diese Forderungen im Leben anerkannt und erfüllt; so überläßt die Vernunft den Verhältnissen die Bestimmung der Wahl.

§. 204.

Selbst da verlieren diese Begriffe ihre Nothwendigkeit nicht, wo man in der Ableitung der bürgerlichen Rechtsverhältnisse von dem religiösen Standpuncte ausgeht, was allerdings zuletzt dafür eben so nothwendig ist, als die Ableitung aller endlichen Dinge und aller Pflichten und Rechte, nebst dem sittlichen Gesetze, in der Idee Gottes ihr höchstes Princip findet (vergl. §. 52.); denn soll bei der Annahme eines über alle endliche und menschliche Verhältnisse und Schicksale waltenden göttlichen Willens noch ein Unterschied seyn zwischen dem rechtmäßigen und gesetzlichen Regenten und dem Usurpator oder Despoten; so liegt derselbe blos in den Rechtsbegriffen, und nur in den sittlichen und rechtlichen Begriffen findet der Mensch die Norm für sein Urtheil über dasjenige, was und wie es nach dem Willen Gottes durch ihn geschehn soll.

§. 205.

So wenig der Staat, als eine Rechtsanstalt, mit Verlust des angebohrnen Rechts auf persönliche Freiheit auf eine seinem Charakter angemessene Weise entstehen kann, so wenig kann er ohne Erhaltung desselben unter diesem Charakter fortdauern; es wird daher unter den Institutionen des Staats die Freiheit des Austritts, als eine Forderung jenes höhern Rechts, einen wesentlichen Theil ausmachen, wodurch der Staat auch in seiner zeitgemäßen Entfernung von der ursprünglichen Gestalt die rechtlichen Bedingungen seiner Entstehung realisiren und fortdauernd die Theilnahme als eine freiwillige documentiren wird. Da aber der Staatszweck ein sittlich nothwendiger ist; so hat die zum bürgerlichen Leben verbundene Gemeinschaft das Recht, alle Hindernisse zu entfernen, welche ihr für die Erfüllung dieser Pflicht durch den Eigenwillen Anderer gelegt werden, und indem zu diesen Hindernissen namentlich das pflichtwidrige Verbleiben Einzelner in dem gesetzlosen Zustande innerhalb des Staatsgebiets gehört; so hat die Gesellschaft das Recht, von einem solchen Individuum zu fordern, entweder dem gesetzlichen Leben sich anzuschließen, oder sich mit dem Seinigen aus ihrem Kreise zu entfernen. Die Freiheit der Wahl macht dann auch hier das Bleiben und die Theilnahme zu einer freiwilligen.

§. 206.

Da jede Theilnahme an einem bestimmten Zwecke das Werk des eignen Willens ist; so ist auch Niemand ein gebohrner Bürger, sondern der Charakter des Bürgers und die damit verbundenen Rechte sind erworbene. Aber eben daraus geht auch hervor, daß nur derjenige zu einem Bürger sich qualificirt, welcher nach psychologischen Grundsätzen diejenige Reife des Geistes erlangt hat, welche zu einer wahren Zwecksetzung und Verpflichtung für den Zweck des Staats erforderlich ist. Ob und welcher Unterschied in Ansehung der Theilnahme an den bürgerlichen Angelegenheiten, und in Hinsicht der damit verbundenen Rechte, Pflichten und Verhältnisse zu machen sey zwischen dem männlichen und weiblichen Geschlechte, gehört nicht in das allgemeine Staatsrecht, sondern in die Politik.

Anmerk. In der Aufnahme neuer Staatsglieder herrscht unverkennbar die anthropologische Ansicht über die Entstehung der höchsten Staatsgewalt vor; dieselbe erfolgt durch die freiwillige Unterwerfung unter den von den Gesetzen und dem Regenten repräsentirten allgemeinen Willen. Für die Fortbildung der gesellschaftlichen Einrichtung aber ist ihr Grundsatz der allein rechtliche; diese kann nur von dem anerkannten Repräsentanten des allgemeinen Willens ausgehn, wenn nicht der Staat jeder Faction Preis gegeben, und neben der gesetzlich gewordenen Auctorität noch viele andere im Staate statuirt werden sollen. Daher haben wir auch zwischen Volk in staatsrechtlicher und in völkerrechtlicher Bedeutung zu unterscheiden. Hier bedeutet es die ganze Staatsmasse, dort die Masse der Unterthanen im Gegensatze von dem Regenten, und diese Unterscheidung hat dann auch Einfluß auf den Gebrauch der §. 209. erklärten Souveränität und Majestät.

Drittes Hauptstück.

Von den Hoheitsrechten.

Erster Abschnitt.

Von dem rechtlichen Wirkungskreise der höchsten Staatsgewalt überhaupt.

§. 207.

Die bürgerliche Vereinigung besteht in zwei Puncten: in der Richtung des Willens aller Theilnehmer auf einen Zweck, und in der dadurch bewirkten Beziehung der Kräfte aller Einzelner auf eben denselben. Aus der erstern geht die Idee eines allgemeinen Willens hervor, aus der andern die Idee einer Gesammtmacht, welche, so fern sie die Masse von Kräften aller Einzelnen oder deren Macht überlegen gedacht werden muß, die höchste Staatsgewalt heißt. Diese Vereinigung des Willens und der Kräfte Aller würde aber eine leere Idee seyn, wenn sie kein Organ in der Gesellschaft fände, wenn keine physische oder moralische Person im Staate wäre, deren Willen der Einzelne seinen Privatwillen und seine Privatmacht in Beziehung auf den Zweck unterordnete, und nach deren Entscheidung die Gesammtmacht in Wirksamkeit tritt. Diese Person, welche als der Repräsentant des allgemeinen Willens und als der Inhaber der Gesammtmacht die höchste Staatsgewalt, das Staatsoberhaupt, der Regent genannt wird, macht dann die Seele des Ganzen aus, mit deren Wirksamkeit allererst der Staat in Wirklichkeit tritt, und für den Einzelnen bestimmend wird.

§. 208.

Anlangend nun das Verhältniß, worin der Regent in dieser seiner Qualität steht, so finden wir im Allgemeinen ein doppeltes. Einerseits steht er im Verhältnisse zu jenem höhern Gesetze, welches dem bürgerlichen Leben selbst seine Nothwendigkeit ertheilt, und durch den Staat realisirt zu werden fordert; zweitens im Verhältnisse zu den Unterthanen, d. h. zu denjenigen Personen, welche für ihre bürgerliche Wirksamkeit in dem Willen desselben den ihrigen zu finden sich verpflichtet haben. Daß der Regent in dem erstern Verhältnisse stehe, geht daraus hervor, daß der Staat einen Zweck hat, welchen keine menschliche Willkühr verändern kann, dem also auch der Gesammtwille des Staats, folglich auch das Organ desselben unterworfen ist, und in sofern die höchste Staatsgewalt in diesem Verhältnisse gefaßt wird, ist sie in ihrer Wirksamkeit gebunden oder in ihrer Willkühr beschränkt, und erscheint als ein Subject von Pflichten, und alles, was durch jenes höhere Gesetz den Personen für ihre menschlichen Zwecke überhaupt uud für den bürgerlichen insbesondere garantirt ist, muß auch dem Regenten heilig seyn. Eben deshalb, weil der Staat und sein Zweck nicht auf menschlicher Willkühr, sondern auf einem höhern Gesetze ruht, kann überhaupt noch von einem Staatsrechte und von einer vernünftigen Bedeutung der einzelnen Zweige der Staatsgewalt die Rede seyn. Die Ansprüche, welche die Vernunft, oder das darin sich offenbarende höhere, göttliche Gesetz für die Gesammtheit an den Regenten macht, und welches wir im Umrisse in dem allgemeinen Bürgerrechte bezeichnet haben, wird dann einen Theil des öffentlichen Rechts ausmachen.

§. 209.

Wenn in dieser Beziehung gefaßt der Regent in dem Verhältnisse der Unterordnung und Verpflichtung erscheint, und in so fern der erste Diener des Gesetzes für den Staat, nämlich des höhern, göttlichen auftritt, indem durch ihn dieses Gesetz öffentlich dargestellt und geltend gemacht werden soll; so erscheint er dagegen, in der zweiten Beziehung gefaßt, in dem Verhältnisse der Ueberordnung und macht hier das gesetzgebende und rechtsbestimmende Princip aus. In diesem Verhältnisse kommt ihm dann auch eine Dignität oder Würde zu, wodurch er einzig in der Gesellschaft ist. Sein Wille ist das oberste, über die innern und äußern Verhältnisse des Staats entscheidende Princip, und man legt ihm in so fern Souveränität bei, vermöge welcher er inappellabel ist, oder nirgends belangt werden kann. Und in so fern jeder Unterthan die Pflicht hat, diese höchste Würde des Regenten und seines Willens anzuerkennen, kommt dem Regenten Majestät zu, und vermöge derselben ist er unverletzlich.

Anmerk. Souveränität kann in völkerrechtlicher und in staatsrechtlicher Beziehung gefaßt werden. In der erstern ist sie das Recht persönlicher Selbstständigkeit angewendet auf ein Volk, und zeigt das Recht desselben an, für seine innern Einrichtungen keiner fremden Behörde verantwortlich zu seyn. In der zweiten Beziehung ist sie ein Prädikat des allgemeinen Willens und seines Repräsentanten im Volke, vermöge dessen der Regent bei seinen bürgerlichen Anordnungen den Unterthanen nicht verantwortlich ist, obgleich in politischer Hinsicht die Volksmeinung, als Aeußerung des empirischen Geistes uud Bedürfnisses im Volke, nicht schlechthin für bedeutungslos wird gehalten werden können. Sollen aber die Begriffe der Souveränität und Majestät staatsrechtliche Wirklichkeit haben; so muß ein Organ des allgemeinen Willens im Volke existiren, sey es eine einzelne Person, oder eine besondere Klasse der Bürger, oder die Stimmenmehrheit des ganzen, entweder unmittelbar, oder durch erwählte Repräsentanten stimmenden, Volkes. In demjenigen Zustande der Staatsmasse hingegen, wo noch keine Regierung ist, hat weder Souveränität noch Majestät, so wenig als der allgemeine Wille, schon Wirklichkeit, sondern beides existirt nur erst der Möglichkeit nach. Derjenige also, welcher den Staat und seine Einrichtung erst mit der Herrschaft wirklich werden läßt, wird auch eben hier den Ursprung der Souveränität finden können, wenn sie auch nur Bedeutung für den Staatszweck hat. So verschieden aber auch die Art und Weise seyn kann, wie der allgemeine Wille und die höchste Staatsgewalt organisirt und repräsentirt wird; die Idee fordert Einheit oder Zusammenstimmung und läßt überall nur einen Bestandtheil des bürgerlichen Lebens in der Staatsgewalt finden, welcher auch rein sich betrachten und darstellen läßt, und in einem allgemeinen Staatsrechte auch diese Darstellung fordert.

§. 210.

Was nun den Wirkungskreis des Regenten, als solchen, überhaupt betrifft; so fällt alles in denselben, was eine Bedingung ist, unter welcher die von der Gesellschaft umschlossenen Kräfte nach dem allgemeinen Zwecke geregelt und in berechnete Aktivität zu demselben gesetzt werden können. Die Betrachtung dieser Bedingungen führt dann zu den einzelnen Regentenrechten, welche sich ihrem Inhalte nach in doppelter Beziehung eintheilen lassen, nämlich in Beziehung auf die Form und in Beziehung auf die Objecte oder Materie jener Wirksamkeit; dort erhält man formelle, hier materielle Rechte, und wir finden eben darin unter den mancherlei versuchten Eintheilungen diejenige, welche sich aus der Natur jeder Wirksamkeit, also auch der oberhoheitlichen selbst ergiebt.

§. 211.

Wenden wir uns zuvörderst an die formellen Rechte, oder diejenigen, welche sich blos auf die Art und Weise der Wirksamkeit der Obergewalt beziehn; so muß es bald als eine Grundbedingung für den Staatszweck erscheinen, daß die gesellschaftlichen Verhältnisse und gegenseitigen Ansprüche objectiv festgesetzt, und die dem Staate zu Gebote stehenden Mittel in eine bestimmte Beziehung gesetzt werden zu dem Zwecke, und indem dieses nur von dem Repräsentanten des allgemeinen Willens ausgehen kann, kommt demselben das Recht der Gesetzgebung zu, und er erscheint als die gesetzgebende Gewalt. Die Gesetze würden aber ohne Erfolg seyn, wenn sie nicht in Ausübung gebracht würden, und mithin muß auch die Ausübung der Gesetze als eine wesentliche Bedingung zum Zweck und damit als ein Regentenrecht anerkannt werden, in Beziehung auf welches die höchste Staatsgewalt als die ausübende Gewalt erscheint oder das Recht der Gesetzverwaltung hat. Und soll endlich eine den empirischen Verhältnissen des bürgerlichen Lebens angemessene Gesetzgebung entstehn, sollen die Gesetze in besondern Fällen die gehörige Anwendung erhalten; so muß es der höchsten Gewalt bei diesen ihren Geschäften zustehn, Kenntniß zu nehmen und zu verlangen von allen den Umständen und Verhältnissen des bürgerlichen Vereins, welche ihr Bedeutung zu haben scheinen für den Zweck des Ganzen. Daher das Recht der Oberaufsicht, vermöge dessen die höchste Staatsgewalt als die aufsehende Gewalt erscheint. Indem nun jedes von diesen Rechten auf eine besondere Thätigkeit sich bezieht, aber auch zugleich zu seiner Wirklichkeit auf die andern hinweist und dieselben fordert, wenn die Idee eines das Ganze zweckmäßig leitenden Princips realisirt seyn soll, während jeder besondere Regierungsakt auf das eine oder andere Recht sich beziehn und gründen muß; so finden wir in diesen drey Rechten den Wirkungskreis des Regenten in formeller Hinsicht disjunctiv erschöpft.

§. 212.

Anlangend die Materie, worauf die so eben bemerkten Rechte Anwendung erhalten können, oder worauf die dreifache Thätigkeit des Regenten sich erstrecken kann, so ist sie zuvörderst doppelter Art; sie wird dargeboten werden theils in den Elementen und Verhältnissen, welche der Staat selbst in sich schließt, theils in den Verhältnissen, worin der Staat zu den andern Staaten steht; dort erhält man innere Rechte (immanentia), hier äußere (transeuntia). Unter den letztern versteht man aber nicht die Rechte, welche einem Volke gegen andere Staaten zukommen; denn diese machen eine besondere Art, nämlich die Völkerrechte aus; hier ist blos von den Hoheitsrechten die Rede, welche sich auf die Regulirung und Geltendmachung der Rechte des Staats gegen andere Staaten beziehn, und vermöge welcher die Besorgung der äußern Verhältnisse des Staatsvereins (Unterhandlungen zu pflegen, Verträge zu schließen, Krieg zu führen) nur dem Regenten im Volke zusteht.

§. 213.

In sich selbst aber trägt der Staat mehrere Puncte und Objecte, worüber das Recht der letzten Entscheidung nur dem Regenten zugehört. Im Allgemeinen lassen sie sich auf die zwei Hauptstücke zurückführen, welche bei jedem gesellschaftlichen Streben in nothwendige Berücksichtigung kommen: nämlich auf den Zweck und auf die Mittel. Zwar ist der Staat eine sittlich nothwendige Gesellschaft, also eine Gesellschaft, deren Zweck schon vor dem Willen der Mitglieder durch ein höheres Gesetz gegeben ist; aber dieser Zweck soll in dem Staate nicht blos ein von der Vernunft geforderter, sondern auch empirisch bestimmter seyn, und zwar bestimmt nach dem ganzen Umfange desjenigen, was durch ihn dem Vereine in seinen empirischen Verhältnissen aufgegeben und von Jedem in seiner bürgerlichen Thätigkeit zu beobachten ist. Indem nun diese Bestimmung des Zwecks ein wesentliches Bedürfniß der bürgerlichen Gesellschaft ist, macht sie auch eine nothwendige Aufgabe für die Richtung des allgemeinen Willens und einen wesentlichen Bestandtheil aus dem Wirkungskreise des Regenten aus. Allein es ist nicht hinreichend, daß ein Jeder wisse, was ihm obliegt; der Staat schließt auch eine Summe von Kräften in sich, worin ihm die nöthigen Mittel gegeben sind zur Geltendmachung des Gesetzes, zur Abwehr der Hindernisse des bürgerlichen Lebens und zur Beförderung der gesellschaftlichen Fortbildung. Diese Mittel zu kultiviren, sie in Beziehung und Anwendung zu setzen zur Realisirung des Zwecks ist daher ebenfalls ein nothwendiger Gesichtspunct des allgemeinen Willens, und ein wesentlicher Bestandtheil in dem Wirkungskreise des Repräsentanten dieses Willens.

§. 214.

Einer Gesellschaft, welche zu ihrem Zwecke einen Zustand hat, worin jeder Einzelne für seine sittliche Existenz die größtmöglichste Sicherheit und Unterstützung findet, muß es erstes Bedürfniß seyn, daß objectiv bestimmt werde, was Recht sey, und zwar sowohl in Hinsicht des öffentlichen, als auch des Privatrechts, und daraus geht die Nothwendigkeit einer Rechtsgesetzgebung hervor. Aber nicht blos die Kenntniß und übereinstimmende Anerkennung des Rechts erheischt der Zweck, sondern auch zweitens, daß der Beeinträchtigung des Rechts und persönlichen Wirkungskreises möglichst vorgebeugt werde gegen die Angriffe der Natur sowohl, als auch des fehlerhaften Willens. Und hierdurch ist die Nothwendigkeit besonderer Anordnungen gesetzt, welche man unter dem Namen der Policeygesetzgebung zusammenfaßt. Beide, die Rechts- und Policeygesetzgebung nebst der Ausübung des Gesetzes, beziehn sich also unmittelbar auf den Zweck des Staats, oder enthalten denselben in sich, so weit er von dem Innern des Staats abhängt; denn in ihnen soll die Idee eines Zustandes vollkommener Rechtssicherheit ihre Darstellung und öffentliche Sanktion erhalten. In beider

Beziehung finden wir daher den rechtlichen Wirkungskreis der höchsten Staatsgewalt bestimmbar, und erhalten dadurch besondere materielle Hoheitsrechte in Ansehung des Staatszwecks unmittelbar, nämlich das Recht der Rechtsgesetzgebung und der Policeygesetzgebung.

§. 215.

Die zweite Art der innern materiellen Rechte beziehn sich nach §. 213. auf die Cultur und Benutzung der Mittel, und auch hier lassen sich noch besondere Objecte als ausschließliche Gegenstände für die Wirksamkeit der höchsten Staatsgewalt auffinden, in Beziehung auf welche ebenfalls noch besondere Hoheitsrechte sich ergeben, und die Staatsgewalt unter dem Charakter besonderer Gewalten auftritt. Alle Mittel zum Staatszwecke bestehn nun entweder in persönlichen Kräften, oder in Sachen; mithin zerfallen alle hierauf Bezug habende Rechte in zwei Theile. Für die erstere Art finden wir 1) das Recht der Staatsdienste, 2) das Recht der Aemter und 3) die Militärgewalt. Die andere Art dagegen macht die Finanzgewalt mit ihren besondern Zweigen aus.

Zweiter Abschnitt.
Von den Hoheitsrechten im Besondern.

I. Von dem Rechte der Gesetzgebung.

§. 216.

Durch das Gesetz entsteht erst ein gemeinschaftliches geregeltes Leben. Selbst die höchste Staatsgewalt tritt nur durch das Gesetz zu den Unterthanen in ein bestimmtes Verhältniß, und so wird füglich das Recht der Gesetzgebung in der besondern Betrachtung der Hoheitsrechte zuerst gestellt werden.

Gesetze, in gesellschaftlicher Bedeutung, sind allgemeine und nothwendige Regeln für das Handeln, und sind, in Beziehung auf den Staat, entweder **natürliche**, oder **positive**, jenachdem sie dem Menschen in der eignen Vernunft gegeben und von ihm daraus entwickelt werden, oder durch den Willen und die Auctorität einer physischen oder moralischen Person bestimmt worden sind, und verbindende Kraft erhalten haben. Jene sind die ursprünglichen, mit dem Staatszwecke selbst gesetzten, diese die abgeleiteten, welche in ihrer rationalen Bedeutung die durch den Repräsentanten des allgemeinen Willens bemerkte öffentliche Darstellung oder Promulgation von jenen ausmachen. Aus diesem Verhältnisse der positiven Gesetze zu den natürlichen, in der göttlichen Einrichtung und Nothwendigkeit der menschlichen Natur selbst gesetzten, geht dann für den allgemeinen und rationalen Charakter der legislativen Auctorität im Staate die Bestimmung hervor, daß ihre Wirksamkeit eigentlich nur in der Erklärung und öffentlichen Promulgation jenes höhern Gesetzes für die Rechtsverhältnisse im Staate bestehe.

§. 217.

Alle Normen, worin der Zweck des bürgerlichen Lebens gesichert ist, beziehn sich nun entweder auf die Thätigkeit der höchsten Staatsgewalt, oder auf die der Unterthanen; jene, so fern sie die Anordnung und Leitung des Ganzen betreffen, machen die Staatsgesetze aus, diese hingegen, in so fern sie die rechtlichen Verhältnisse des Einzelnen bestimmen, heißen die bürgerlichen Gesetze. Was nun zuvörderst die erstern betrifft, welche wieder in organische und in administrative zerfallen; so könnte es zwar scheinen, als wäre die öffentliche Darstellung derselben zum Zwecke nicht erforderlich, wenn sie nur geübt werden, da ja doch die Souveränität des Regenten denselben für seine Thätigkeit nicht der Entscheidung der Unterthanen oder dem Zwange durch dieselben unterworfen seyn läßt. Allein dies ist nicht der Fall; denn soll der Unterthan in dem Regenten eine wirklich moralische Auctorität anerkennen, soll ihm die Bedeutsamkeit des bürgerlichen Lebens und die Heiligkeit des Rechts fühlbar werden, was unverkennbar in dem Zwecke des Staats liegt; so muß auch öffentlich dargestellt werden, was das öffentliche Recht in dem Regenten, sowohl positiv, als auch negativ fordert, nur daß dann diese Normen, auch wenn sie der zeitige Regent in der getroffenen Constitution schon vorfindet, allerdings nicht angesehn werden können als Gebote, die dem Regenten von einer andern Behörde im Volke auferlegt sind, und wofür er äußerlich verantwortlich wäre, sondern sie sind vielmehr anzusehn als öffentliche Erklärungen des wirklichen höchsten Willens, welcher das höhere Gesetz in sich aufgenommen hat, und diesen Erklärungen treu bleibt aus Rücksicht auf jenes das öffentliche Recht sanktionirende Gesetz. Auch nach der öffentlichen Darstellung der Normen für seine Regententhätigkeit bleibt der Regent das höchste Organ für das über dem Staate schwebende natürliche Gesetz, und findet seine eigentliche Basis für seine Wirksamkeit in diesem, so wie auch in der Erfüllung desselben seine Regentenwürdigkeit besteht.

§. 218.

Anders aber verhält sichs mit den Unterthanen in Ansehung des bürgerlichen Gesetzes. Zwar kann man auch von Rechten, sowohl des Menschen, als auch des Bürgers reden, ohne ein positives Gesetz zum Muster zu nehmen; sie ergeben sich schon aus dem Begriffe des Menschen und des Bürgers, und wer dieser Begriffe fähig ist, wird auch leicht auf Gesetze für das bürgerliche Leben kommen. Aber diese Gesetze und Rechte sind weder allgemein bekannt und übereinstimmend anerkannt, noch sind sie, blos im Allgemeinen sich haltend, geeignet und hinreichend, einen empirischen Verein zweckmäßig zu regeln, indem dabei noch das Empirische in nothwendige Berücksichtigung kommt, und bedürfen daher nicht allein der objectiven Darstellung, sondern auch einer besondern Beurtheilung nach den empirischen Elementen des Staats, um eine zweckmäßige Basis des bürgerlichen Lebens zu werden. Mithin hat das bürgerliche Leben seine Regeln von der in ihm waltenden Auctorität, d. h. von dem Regenten zu erhalten, und der Regent erscheint damit als die nächste Quelle des bürgerlichen Rechts, und wenn auch jene höhern Gesetze und ihre Begriffe ihre Bedeutung für das bürgerliche Leben nicht verlieren, indem sie fortwährend sich für die legislative Thätigkeit des Regenten geltend machen, und das positive Gesetz nicht ansehn lassen als einen Akt seiner Willkühr (weshalb man auch die positiven Gesetze gar nicht als willkührliche erklären sollte); so bleiben sie doch immer nur eine Basis für das Urtheil und den Willen des Regenten, neben welcher die empirischen Verhältnisse die zweite ausmachen; und da die positiven bürgerlichen Gesetze nur dann wahrhaft zweckmäßig und vernünftig sind, wenn die rationalen Begriffe in Angemessenheit zu dem Empirischen, und umgekehrt, gesetzt sind; so kann begreiflicher Weise der Unterthan nicht die reinen Begriffe zur Basis seines bürgerlichen Benehmens machen, sondern er findet diese in den positiven Gesetzen, für welche seinerseits in der Praxis vorausgesetzt werden muß, daß beides, das rein Rationale und Empirische von der alle Verhältnisse und Rücksichten umfassenden höchsten Staatsgewalt in dem richtigen Verhältnisse aufgefaßt sind. Dadurch sind dann aber auch verschiedene Bestimmungen über das Verhältniß möglich, in welchem der Regent zu dem Gesetze steht. Denkt man dabei das höhere, göttliche; so ist er in keinem Puncte lege solutus; denkt man aber an das positive, dann ist er es; denn das Gesetz ist sein Wille selbst, und sein erklärter Wille ist das Gesetz. Die verschiedenen Elemente des bürgerlichen Lebens, welche wir in dem Regenten einerseits, und in den Unterthanen andrerseits finden, haben also für ihre Thätigkeit eine verschiedene Basis. Der Unterthan findet sie einzig und allein, so weit nämlich überhaupt der Rechtsbegriff eine Basis für das menschliche practische Urtheil abgiebt (verglichen §. 18.), in dem positiven Gesetze, der Regent findet sie in dem höhern Gesetze, und das positive macht sich blos in so fern für seine Wirksamkeit geltend, als es empirische Verhältnisse gegründet hat, deren Berücksichtigung das höhere Gesetz bei der Einführung der reinen Rechtsbegriffe ins wirkliche Leben jederzeit fordern wird.

§. 219.

Das Recht der Gesetzgebung schließt aber mehrere Puncte in sich, welche sich wieder als besondere formelle Rechte betrachten lassen.

1) Das Recht, neue Gesetze zu geben; 2) bisherige Gesetze abzuändern und aufzuheben; 3) dunkle Gesetze näher zu bestimmen; 4) Ausnahmen zu machen von den allgemeinen Gesetzen, und zwar sowohl durch die Beschränkung der Rechte des Einzelnen (jus eminens), als auch durch die Ertheilung der Privilegien. Denn wenn auch die Begriffe des reinen Bürgerrechts weder auf dieses, noch auf jenes führen, da nach der Form des Rechtsgesetzes überall die Gleichheit zu erstreben ist; so kann doch beides in der empirischen Lage des Staats allerdings nothwendig, und dadurch vor jenen Begriffen gerechtfertigt werden, und hat dann, als ein Ausfluß der gesetzgebenden Auctorität, gleiche Giltigkeit mit den allgemeinen Gesetzen. Doch kann die besondere Beschränkung der Rechte des Einzelnen nur da statt haben, wo Ersatz möglich ist.

§. 220.

§. 220.

Soll aber der Wille des Regenten für den Unterthan verbindende Kraft erhalten und zu einem öffentlichen Gesetze werden; so muß er 1) publicirt oder verkündigt, 2) promulgirt oder als Verhaltungsregel eingeschärft, und 3) sanktionirt oder als wirklicher Wille des Regenten beglaubigt werden. Publication, Promulgation und Sanktion machen daher die drei Bestandtheile des gesetzgebenden Aktes aus, in ihnen besteht die Form desselben.

§. 221.

Unter diesem Gesetze steht dann 1) der Zeit nach jede Handlung des Unterthans, welche von der Publication des Gesetzes oder von der darin bestimmten Zeit an bis zu der, in gleicher Förmlichkeit geschehenen, Aufhebung des Gesetzes vollbracht wird. Die außerhalb dieser Grenzen vorgenommenen Handlungen aber sind nicht nach dem Gesetze beurtheilbar, eben weil der Unterthan die Norm für sein bürgerliches Verhalten von dem öffentlichen Gesetze zu erwarten hat, und weil mithin ohne Gesetz keine bürgerliche Pflicht existirt. Zwar giebt es in bürgerlichen Verhältnissen Rechte und Pflichten, welche auf eine Autonomie des Volks hinweisen, nämlich die Gewohnheitsrechte, die auf bloße Sitten und Gebräuche sich gründen; allein sollen diese gesetzliche Kraft haben, so dürfen sie nicht allein den positiven Gesetzen nicht widersprechen, sondern müssen auch die Bestätigung der gesetzgebenden Auctorität, wenn auch nur im Allgemeinen, für sich haben, um des Schutzes der gemeinsamen Macht sich erfreuen zu können. 2) In Ansehung der Personen erstreckt sich das positive Gesetz nicht allein auf den ganzen Umfang der Unterthanen, sie mögen sich innerhalb oder außerhalb des Staatsgebiets aufhalten, sondern auch auf Fremde, so lange sie auf dem Staatsgebiete sich befinden, oder so weit sie Besitzungen darin haben.

§. 222.

An diese allgemeinen Bemerkungen über das Recht der Gesetzgebung schließt sich unmittelbar die Betrachtung über dasselbe in Hinsicht der besondern materiellen Gesichtspuncte an, wofür es sich geltend macht, und wir finden hier zuerst als eine nothwendige Aeußerung desselben die Rechtsgesetzgebung, d. h. die objective Bestimmung des rechtlichen Verhältnisses unter den Theilen des bürgerlichen Lebens, deren vollkommene Beobachtung unmittelbar mit dem Zwecke des Staats zusammenfällt. Nun giebt es aber zwei Haupttheile der Staatsgesellschaft, für welche von Rechten die Rede seyn kann, nämlich der Regent und die Unterthanen. Denn wenn auch letztere für ihre Thätigkeit nicht gleichen Berechtigungsgrund und gleiche Rechte mit dem erstern haben, sondern in ihrem rechtlich practischen Urtheile von den positiven Bestimmungen abhängen; so stehn sie doch vermöge des, die Nothwendigkeit des Staats begründenden, höhern Gesetzes nach allen seinen Gliedern auch in einer so nothwendigen Beziehung zum Zwecke, daß mit dem Aufgeben dieses Zwecks auch die Bedeutung des allgemeinen Willens und die wahre Nothwendigkeit der Regierung aufgehoben werden würde. Daraus folgt dann, daß es vor dem höhern Grunde alles Rechts und der Würde des Staats gar nicht gleichgiltig ist, wie durch die Staatsgewalt über das Recht im Volke entschieden wird; so nothwendig vielmehr die Regentenrechte für das Leben des Ganzen sind, so nothwendig machen sich in der Ausübung dieser Rechte die allgemeinen Bürgerrechte geltend; sie sind wesentliche Rücksichten des auf den Staatszweck gerichteten allgemeinen Willens, und die natürlichen Schranken, welche sich der Repräsentant des allgemeinen Willens und der gesellschaftlichen Vernunft für seine empirische Willkühr selbst zu setzen hat. Soll also das höhere Gesetz für die Staatsgesellschaft eine vollständige Darstellung erhalten, soll in dem Staate eine Herrschaft im wahren Sinne des Worts gestiftet werden, wobei der Regent nicht sowohl ein Gegenstand der Furcht, als vielmehr der moralischen Huldigung ist; so wird die Darstellung der Regentenrechte mit der Anerkennung der allgemeinen Bürgerrechte, welche mit den Regentenrechten gleich ursprünglich in dem sittlich nothwendigen Staatszwecke gesetzt sind, und mit jenen das öffentliche und göttliche Recht im Staate ausmachen, ein wesentlicher Theil der positiven Gesetzgebung seyn.

§. 223.

So finden wir also erstlich in der Idee des öffentlichen Rechts, d. h. in der Idee, daß das den Staatszweck begründende höhere Gesetz Ansprüche macht an die Unterthanen für den Regenten, und an diesen für jene, in so fern sie zugleich Bürger sind, einen Gegenstand positiver Rechtsbestimmungen, welche in ihrer Darstellung durch das Organ des allgemeinen Willens das positive Staatsrecht abgeben. Daß dabei einerseits die allgemeinen, d. h. blos aus dem Begriffe des Bürgers geschöpften Bürgerrechte, andrerseits die in dem Begriffe des Regenten gegründeten Rechte in Betrachtung kommen müssen, ist klar, so bald man nicht leugnen will, daß der Staat eine sittliche Bedeutung und eine Würde hat; und in beiden liegen deshalb die reinen Principien für das positive Staatsrecht. Da aber neben diesen Begriffen für den Staat in der Wirklichkeit noch die empirischen Elemente der menschlichen Natur, so wie der gegebenen Gesellschaft für die Bestimmung des Rechts nach der einen und andern Seite hin sich geltend machen, wenn die Anordnung und Leitung des Ganzen dem Geiste und Bedürfnisse des Volks angemessen seyn soll; so gilt auch hier, was wir schon oft über das Verhältniß der reinen Rechtswissenschaft zu dem positiven Gesetze behauptet haben. Es kann aus jenen reinen Begriffen allein kein positives Staatsrecht gebildet, und insbesondre kann nicht aus ihnen allein bestimmt werden, welche Regierungsform für diesen oder jenen empirischen Verein die angemessenste sey. In so fern jedoch der Mensch im Einzelnen wie im Ganzen seinem sittlich nothwendigen Ziele um so näher steht, als das rein Menschliche in ihm zur Aktivität gekommen ist; so werden auch jene reinen Begriffe für das Empirische ihre Bedeutung nicht verlieren, sondern auch in dem positiven Staatsrechte ausgedrückt seyn müssen, so weit das Empirische keine Modification nothwendig macht; und somit werden sie auch eine Regierungsform fordern, in welcher mit der meisten Umsicht, mit dem wenigsten Versuche zur Willkühr und mit der meisten Energie der in ihnen bestimmte Zweck des bürgerlichen Lebens realisirt werden kann. Dieser Gedanke ergiebt sich aus dem allgemeinen Verhältnisse zwischen dem rein Rationalen und Empirischen, und macht den Uebergangspunct aus von der Betrachtung der reinen Verhältnisse des öffentlichen Rechts zu der Bestimmung derselben mit Berücksichtigung des Empirischen, welche der Art nach die Politik verfolgt, bis sie endlich von der gesetzgebenden Auctorität festgesetzt wird nach den individuellen Verhältnissen des einzelnen Staats.

§. 224.

Wenn wir in dem positiven Staatsrechte die rechtlichen Normen für die Wirksamkeit des allgemeinen Willens in einem empirischen Vereine öffentlich dargestellt finden; so bieten auf der andern Seite auch die Privatpersonen einen Gegenstand zu öffentlichen Rechtsbestimmungen dar, welche zusammen das bürgerliche Rechtsgesetz ausmachen. Das Rechtsverhältniß ist hier aber ein doppeltes, das eine findet statt für die Privatpersonen unter einander, das zweite für eben dieselben in Ansehung des positiven Gesetzes, welches letztere besonders da von Wichtigkeit wird, wo das Gesetz übertreten worden ist. Für das erstere Verhältniß giebt das Civilrecht im eigentlichen Sinne die Rechtsbestimmungen, für das zweite das Criminalrecht.

§. 225.

In so fern die öffentliche Auctorität das Civilrecht bestimmt, stellt sie die Normen auf, wonach die rechtlichen Verhältnisse der Bürger zu einander beurtheilt und über die eintretenden Rechtsstreitigkeiten entschieden werden soll, und da es wesentlich in dem Zwecke des bürgerlichen Lebens liegt, daß die Rechte des Einzelnen in persönlichen Beziehungen sowohl, als auch in Ansehung des Besitzes und der Erwerbung durch wechselseitige Leistungen objectiv festgestellt werden, und daß das Recht in seiner Ausmittelung und Ausübung dem subjectiven Urtheile der streitenden Partheien enthoben und unter allgemeine Regeln gestellt werde; so ist die Thätigkeit der gesetzgebenden Gewalt in der Bestimmung jener Rechtsverhältnisse (bürgerliches Privatrecht) und dieser Regeln zur Ausmittelung und Entscheidung der Rechtsstreitigkeiten (Civilproceßordnung) unmittelbar auf den Zweck des bürgerlichen Lebens selbst gerichtet. So wie aber dieser Zweck auf einem höhern Gesetze ruht, und mit der Natur des persönlichen Daseyns selbst gesetzt ist; so kann auch nichts als Recht aufgestellt werden, wodurch die Rechte der Persönlichkeit irgendwo in der Gesellschaft vernichtet würden. Und somit finden die Begriffe des reinen Privatrechts in diesem Bedürfnisse des bürgerlichen Lebens und für diesen Zweig der legislativen Thätigkeit ihre Beziehung, und machen die über allen Staaten schwebende reine Norm dafür aus. Zwar wird jeder empirische Staat bei der Einführung jener blos aus dem Begriffe der Person geschöpften Rechtssätze in die bürgerliche Gesetzgebung neben ihnen noch den empirischen Geist der Gesellschaft, die Sitten und Gebräuche, worin zuerst von derselben das Recht seine Anerkennung gefunden hat, so wie die anderweiten, in der Gemeinschaft des Zwecks gesetzten Verhältnisse berücksichtigen müssen, weshalb wir schon oft bemerkt haben, daß das reine Privatrecht nicht deshalb aufgestellt und das allgemeine genannt werde, als es in jedem empirischen Staate ohne Weiteres gelten und eingeführt werden müßte, sondern nur in so fern, als es in ihm nur die allgemeine, mit dem Begriffe persönlicher Wesen gesetzten Bedingungen sittlicher Coexistenz in Betrachtung kamen. Aber da dieses

Element jeder Staat in sich schließen wird, und nur in dem Grade dem Ideale der Vernunft sich nähert, als in ihm das rein Menschliche in Aktivität und zur Anerkennung kommt; so haben jene Begriffe, welche schon an sich, oder in ihrem Kreise, Wahrheit haben, auch Beziehung auf den Staat, und das Empirische, der Culturstand, die herrschenden Ansichten und Bedürfnisse, dies alles kommt nur in so fern in Betrachtung, als das rein Menschliche aus ihm herausgebildet werden soll. Wegen dieses letzteren Umstandes kommen wir dann auf den Satz als ein Princip der öffentlichen Gesetzgebung: die Begriffe des reinen Privatrechts gelten auch für die Privatverhältnisse des Bürgers, so weit der empirische Geist und der gemeinschaftliche nothwendige Zweck für sie keine Modificationen nothwendig machen. Was aber die Art der Ausmittelung und Geltendmachung des so bestimmten Rechts betrifft; so kann nur die Zweckmäßigkeit, wobei die Heiligkeit des Rechts selbst erste Rücksicht ist, das einzige Princip seyn.

§. 226.

Es kann aber für den Staatszweck nicht gleichgiltig seyn, ob die in dem Staats- und bürgerlichen Rechte bestimmten Normen von den Unterthanen respectirt werden, oder nicht; vielmehr hat die Staatsgewalt, kraft ihrer gesetzgebenden Auctorität, das Recht, die Beobachtung des positiven Gesetzes zu fordern. Dieses Recht wird mithin verletzt, sobald gegen das Gesetz von den ihm Unterworfenen gehandelt wird, und fordert, so wie jedes Recht, Genugthuung. Und darin besteht eben jenes Verhältniß des Unterthans, welches, so fern es sich auf das Rechtsgesetz bezieht, in dem Criminalrechte seine Bestimmung erhält, und denselben betrachten läßt als einen Verletzer des öffentlichen Gesetzes, oder als einen Verbrecher. In der allgemeinen Beurtheilung dieses Verhältnisses wird aber vor allen Dingen der Umstand ins Auge zu fassen seyn, daß in jeder Uebertretung eines positiven Rechtsgesetzes ein doppeltes Recht verletzt wird: 1) das in dem Gesetze bestimmte, dessen Verletzung verboten ist; und 2) das öffentliche Recht auf Respectirung des Verbots, von welchem jedes von dem Uebertreter Genugthuung fordert. Das erstere erhält dieselbe durch Ersatz, das zweite aber durch ein dem Uebertreter des Gesetzes zugefügtes Uebel, wodurch es seine Unverletzlichkeit öffentlich documentirt, und sich den schuldigen Respect erhält. Ein solches Uebel nennt man Strafe, und in so fern die gesetzgebende Auctorität für dieses Verhältniß das Rechtliche objectiv bestimmt, tritt sie auf als Criminal- oder Strafgesetzgebung.

§. 227.

Das bürgerliche Strafgesetz hat demnach seinen nächsten Grund darin, daß in dem Staate Uebertretungen des positiven Gesetzes und Verletzungen des öffentlichen Rechts möglich sind, und daß die objective Bestimmung des Rechtlichen dafür von einer allseitigen Bestimmung der rechtlichen Verhältnisse, wie das bürgerliche Leben sie fordert, nicht ausgeschlossen werden kann. Das Strafgesetz ist also zunächst die objective Darstellung des Tributs, welchen der Uebertreter des positiven Gesetzes dem durch seine That verletzten öffentlichen Rechte, dem Rechte auf Heilighaltung des Gesetzes zu leisten hat. In jedem

Strafgesetze, welches auf die rechtlichen Verhältnisse sich bezieht, wird also zweierlei bestimmt: 1) das Recht, welches nicht verletzt werden soll, und in Ansehung dessen eine Handlung verboten wird; 2) wird bestimmt, was das öffentliche Recht auf Heilighaltung dieses Gesetzes von dem Uebertreter desselben erheischt, damit es seine nothwendige Auctorität bei der überwiegenden Sinnlichkeit nicht verliere. Beides läßt sich als eine besondere Rechtsgesetzgebung denken, wird aber in der Praxis füglich mit einander verbunden, fordert jedoch in der Theorie eine Unterscheidung, damit die Strafe nicht blos als Sache der Klugheit, sondern als eine Forderung des Rechts erscheinen könne.

§. 228.

So wie das Strafgesetz eine objective Bestimmung einer Rechtsforderung ist, so ist die Vollziehung der Strafe nichts anders, als die Ausübung jener Rechtsforderung. Die Strafe wird daher nicht vollzogen, weil sie festgesetzt war, sondern sie wird aus demselben Grunde vollzogen, aus welchem sie festgesetzt wurde, d. h. weil dasjenige in der geschehenen Uebertretung wirklich geworden ist, was bei der Darstellung des Gesetzes blos gedacht wurde. Nur in so fern erscheint die Vollziehung der Strafe als eine Folge des Strafgesetzes, weil in demselben das Verbot mit enthalten ist, wodurch eine Uebertretung erst möglich wird, wofür die Strafe eine Rechtsforderung ist, und weil, was der allgemeine Wille einmal in der objectiven Bestimmung des Rechts als Recht erkannt hat, auch in dem besondern Falle als solches anerkennen muß, wenn er überhaupt noch auf Vernünftigkeit Anspruch machen, oder sich nicht selbst widersprechen will.

§. 229.

Wegen dieses seines ursprünglichen Charakters gehört das Criminalgesetz, auch so fern es die Strafe bestimmt, ganz eigentlich zu der Rechtsgesetzgebung, und ist keine blos policeyliche Maaßregel, als welche es da erscheint, wo man für die Strafbestimmung, sey es nach der Präventionstheorie, oder Androhungstheorie, oder Abschreckungstheorie im engern Sinne, oder Besserungstheorie, blos den Zweck hervorhebt, nämlich die Uebertretung des Gesetzes zu verhüten und die Verbrechen zu vermindern. Zunächst ist es die objective Bestimmung, wie einem verletzten öffentlichen Rechte Genugthuung geschehen kann und soll, und deshalb ist auch die Vollziehung der Strafe rechtlich nothwendig, und wenn auch kein weiterer Erfolg sicher ist. Indeß tritt das Strafgesetz bei der weitern Bestimmung dieser Genugthuung allerdings auch in jene Beziehung zum Staatszwecke, und wird dieselbe erhalten, wenn die volle Bedeutung der bürgerlichen Strafe noch weiter deutlich gemacht seyn wird. Nur erhalten wir darin erst die a b g e l e i t e t e Bestimmung derselben und ihres Gesetzes.

§. 230.

Ein Recht wird verletzt, wenn die Person in dem von dem Rechtssatze ihr zuerkannten freien Wirkungskreise durch fremde Willkühr beschränkt und beeinträchtigt wird, und es erhält seine Genugthuung, wenn der Schade ersetzt und die Freiheit in ihrem frühern Umfange wieder hergestellt wird. Das öffentliche Recht auf Heilighaltung des positiven Rechtsgesetzes und Verbotes hat nun in so fern Bedeutung, als ohne Respectirung des Gesetzes die Wirksamkeit des in dem Gesetze sich aussprechenden allgemeinen Willens gehemmt, und der in den Gesetzen bestimmte Rechtszustand gestört wird, welche Störung abzuhalten und aufzuheben nothwendig als ein Theil des öffentlichen Rechts anerkannt werden muß. Diese Aufhebung wird aber dadurch bewirkt, 1) daß der dem Einzelnen zugefügte Schade von dem Verbrecher, wo möglich, ersetzt wird, und 2) daß die Heiligkeit oder die allgemeine Ueberzeugung von der Unverletzlichkeit des Gesetzes aufrecht erhalten wird, und dieser letztere Punct ist es, der in der Strafbestimmung besonders obwaltet. So liegt dem Criminalgesetze nach seinem ganzen Umfange zwar die Tendenz der Ausgleichung des gestörten Rechtsverhältnisses zum Grunde; in so fern es aber besonders die Strafe bestimmt, kann unter jener Idee nichts anders gedacht werden, als daß von dem Gesetze und von der darauf gegründeten Wirksamkeit des allgemeinen Willens der Schade und Verlust entfernt werde, welchen beide durch die ungeahndete Uebertretung des Gesetzes in der öffentlichen Meinung, so wie in der Meinung des Thäters selbst nothwendig erleiden würde. Dieses kann nun bei der empirischen Natur des Menschen nur dadurch gehofft werden, daß der sinnlichen Willkühr ein Gegengewicht gestellt, und mit der Uebertretung des Gesetzes für den Uebertreter ein Uebel verbunden wird; und somit erhält das Strafgesetz, welches zunächst die Darstellung einer Rechtsforderung ist, zugleich einen politischen Charakter. Es tritt auf als ein psychologisches Zwangsmittel zur Erhaltung des allgemeinen Rechtszustandes, als eine Drohung zur Abschreckung der sinnlichen Willkühr, und die Vollziehung der Strafe, als wirkliche Genugthuung eines gekränkten Rechts kann zugleich Motiv für Andere und für den Verbrecher werden, das Gesetz zu respectiren, oder ein Mittel, letztere von Beeinträchtigung der rechtlichen Wirksamkeit des allgemeinen Willens zurückzuhalten.

§. 231.

In der Strafgesetzgebung finden wir also den allgemeinen Willen für die Erhaltung und Sicherheit seiner eignen rechtmäßigen Wirksamkeit thätig, während in jeder Uebertretung des Gesetzes eine Störung und Hemmung für denselben liegt, sowohl unmittelbar durch die Verletzung des in Schutz genommenen Rechtszustandes, als auch mittelbar durch das böse Beispiel. Und somit läßt sich das Recht der Bestrafung charakterisiren als das Recht des allgemeinen Willens, sich geltend zu machen in der Gesellschaft und die von seinen Untergebenen kommende Störung von seiner nothwendigen Wirksamkeit abzuhalten. Sein Recht und seine Wirksamkeit gegen Störung schützen, heißt: sich vertheidigen, und wir finden daher zwischen dem allgemeinen Willen und der ihm zwar unterworfenen, aber ihn hemmenden Privatwillkühr ganz das Verhältniß, welches zwischen dem unrechtmäßigen Angreifer und dem rechtmäßigen Vertheidiger obwaltet, und das Strafrecht tritt dadurch in seiner Ausübung unter die Grundsätze des Selbstvertheidigungsrechts, ohne daß die Strafe mit der Vertheidigung des Staats für gleichbedeutend gehalten werden müßte. In dem letztern

Begriffe denken wir das Staatsganze nach außen hin, oder als den Angegriffenen durch Fremde, also in einem Naturzustande, wo keine Strafe ist, unter dem Strafrechte aber denken wir das Recht einer gesellschaftlichen gesetzgebenden Auctorität, ihre rechtmäßige Wirksamkeit gegen die ihr Untergebenen aufrecht zu erhalten und geltend zu machen.

§. 232.

Jede vernunftmäßige Vertheidigung steht aber unter doppelten Gesetzen; unter Gesetzen des Rechts und unter den Gesetzen der Klugheit oder Zweckmäßigkeit. Nach jenen kann 1) kein Zwang eintreten, außer wenn ein Rechtssubject in seinem freien Wirkungskreise durch den Andern gestört oder beunruhigt worden ist. Und eben dies ist auch eine Bedingung des bürgerlichen Strafrechts. Eine Störung oder Beunruhigung kann aber in Ansehung des hierbei obwaltenden öffentlichen Rechts verursacht werden 1) in Hinsicht der That sowohl durch eine angefangene und versuchte, als auch durch eine vollbrachte Rechtsverletzung. Denn auch im erstern Falle kann die zur Zeit vollbrachte Handlung von der Art seyn, daß sie für nichts anders, als für den Theil einer rechtsverletzenden Handlung oder für die Aeußerung eines auf die Verletzung eines Rechts gerichteten Willens angesehn werden kann. Jede solche Handlung ist aber schon eine wirkliche Rechtsverletzung, nämlich eine Verletzung des Rechts auf Sicherheit; denn der Zustand der Rechtsunsicherheit kann äußerst beschränkend werden in dem Gebrauche seiner rechtlichen Freiheit. Wenn also auch der bloße Versuch hinsichtlich der Entschädigung nicht gleiche Folge mit der vollbrachten rechtsverletzenden Handlung haben wird; so tritt er doch der öffentlichen Macht in ihrer rechtmäßigen Willensrichtung entgegen, indem er anstatt des von dieser beabsichtigten Zustandes der Rechtssicherheit einen Zustand der Rechtsunsicherheit veranlaßt, welchen aufzuheben eine Forderung des öffentlichen Rechts ist. Ein gleiches Verhältniß kann eintreten 2) mit Rücksicht auf die Absicht, einer vorgenommenen Handlung sowohl durch unvorsätzliche, als auch durch vorsätzliche Rechtsverletzungen. Ist nämlich die unvorsätzliche Rechtsverletzung von der Art, daß der Handelnde nach psychologischen Gesetzen den rechtswidrigen Erfolg voraussehen konnte; so kann der Mangel an Rücksichtnahme blos darin seine Ursache haben, daß nicht das gehörige Interesse, welches der Grund aller Aufmerksamkeit ist, für das Recht in ihm statt findet; folglich offenbart die Handlung eine Beschaffenheit des Thäters, welche einen Zustand der Rechtsunsicherheit veranlaßt, und dadurch auch das öffentliche Recht nicht ungestört läßt.

§. 233.

Eine zweite rechtliche Forderung bei der Vertheidigung besteht darin, daß der Zwang der Störung proportionirt sey. Denn da derselbe seinen Zweck und seine sittliche Nothwendigkeit blos in der Bewahrung des Rechts und in der Abtreibung der erlittenen Störung findet; so kann er sich auch nicht weiter erstrecken, als bis zur Erreichung dieses Ziels. Nun ist zwar jedes Recht gleich heilig, und es läßt sich im Allgemeinen nicht bestimmen, wie weit der Einzelne seine Widersetzlichkeit gegen das Recht und die Auctorität des öffentlichen Gesetzes treiben wird. Allein das Urtheil in der rechtlichen Zurechnung, und ganz besonders in einer allgemeinen, muß nothwendig von der That und dem erkennbar Factischen ausgehn und darauf sich beschränken. Und da nicht alle rechtswidrigen Handlungen sowohl in Rücksicht des Objects, als auch in Rücksicht der darin bewiesenen Absicht und Beharrlichkeit aus psychologischen Gründen in gleichem Grade eine rechtsgefährliche Gesinnung an den Tag legen; so findet auch in eben diesen Puncten die öffentliche Auctorität eine nothwendige Norm für die Bestimmung der Größe oder Quantität der Strafe. Je wichtiger und unersetzlicher das Object für das menschliche und bürgerliche Leben, je größer die Ueberlegung oder die Möglichkeit und Veranlassung dazu, um so größer die Strafe. Vgl. I. Th. I. Hptst. IV. Abschn. §. 86 ff.

§. 234.

Wenn wir hierin die Strafe unter rechtlichen Principien fanden; so finden wir sie auf der andern Seite zugleich unter politischen Rücksichten, nämlich unter den Regeln der Zweckmäßigkeit. Denn so wie das Mittel der Selbstvertheidigung überhaupt zweckmäßig seyn muß, wenn ihm vernünftiger Werth zugestanden werden soll, so auch die Strafe. Da nun durch die Strafe die verletzte Auctorität des Gesetzes geschützt und bewirkt werden soll, daß das Verbrechen für die Wirksamkeit des Gesetzes, welche auf der allgemeinen Ueberzeugung von der Unverletzlichkeit desselben beruht, weder bei dem Thäter, noch bei Andern eine nachtheilige Wirkung habe; so wird in der Bestimmung der Strafe neben der rechtlichen Größe die Art derselben in Betrachtung kommen, und es wird unter vorausgegangener rechtlicher Beurtheilung der Verhältnisse diejenige Strafe zu bestimmen seyn, welche, dem Culturstande der Gesellschaft gemäß, am sichersten die Erreichung jenes Ziels erwarten läßt. Nur wenn beide Rücksichten, die rechtliche und politische, mit einander vereinigt werden, jene für die Quantität, diese für die Qualität der Strafe, wird das Strafgesetz eine wahre Rechtsbestimmung seyn, und zugleich ein des allgemeinen Willens würdiges Beförderungsmittel für den Zweck des Staats ausmachen.

§. 235.

Wenden wir diese Grundsätze an zur Beurtheilung der Todesstrafe; so läßt zwar das Recht der Selbstvertheidigung, welches nach Umständen selbst die Tödtung des Gegners fordern kann, die Anwendung der Todesstrafe nicht schlechthin als unrechtmäßig finden: denn es können allerdings, besonders in Staatsverbrechen, wo ein directer Angriff auf die Wirksamkeit des allgemeinen Willens im Staate statt findet, solche Verhältnisse eintreten, daß die höchste Auctorität sich und ihre bürgerliche Wirksamkeit nicht anders sicher stellen und geltend machen kann, als durch dieses Mittel. Aber nach eben dem Rechte der Selbstvertheidigung ist auch die Tödtung des Gegners nur das äußerste Mittel, und muß namentlich da als bloße Rache erscheinen, wenn ein physisch unersetzlicher Verlust durch den Tod des Verletzers ersetzt werden soll. Die Idee der Ausgleichung, worauf man sich häufig beruft, fordert nicht, daß Gleiches mit Gleichem vergolten werde, sondern nur die restitutio in integrum des verletzten Theils durch den Verletzer oder die Ausgleichung des erlittenen Verlustes.

Faßt

Faßt man nun die Strafe an und für sich, im Gegensatze von der Entschädigung des anderweit durch die verbotene Handlung Verletzten, welche Entschädigung ihm allerdings gegeben werden muß zur möglichsten Ausgleichung seines Verlustes, aber nicht erlangt wird durch den Tod des Beleidigers, und da ganz wegfällt, wo ein Zuentschädigender nicht mehr ist; so kann sie keinen andern Zweck haben, als die Sicherstellung des allgemeinen Rechtszustandes und der Wirksamkeit des Gesetzes: denn der Schade, welchen eine fortbestehende Gesellschaft und höchste Auctorität durch ein begangenes Verbrechen erleiden kann, kann nur in der Störung der Rechtssicherheit und in der Verletzung der Auctorität des Gesetzes bestehn, und wird ausgeglichen, sobald die allgemeine Rechtssicherheit gegen den Verbrecher hergestellt, und die Auctorität des Gesetzes aufrecht erhalten wird. Soll nun das Mittel dazu rechtmäßig seyn; so muß es Nothwendigkeit haben, d. h. es muß sich dieser rechtliche Zweck auf keine andere Weise erreichen lassen. Dies kann nun unter gewissen Umständen allerdings für die Todesstrafe sprechen, z. B. wenn Rohheit der Gemüther, oder die Unzulänglichkeit vorhandener Sicherungsmittel jeden Ausweg verschließt; aber absolut nothwendig ist es nicht, folglich kann auch die Todesstrafe zwar für relativ, aber nicht für absolut rechtmäßig gehalten werden, und eine Staatsgesellschaft würde sich so wenig von der in ihr (aber nicht von ihr) begangenen Schuld entsühnen, (wie man auch sagt,) daß sie vielmehr an ihrem höhern Zwecke, der nicht allein die Pflege der Grundsätze des Rechts, sondern auch der Humanität in sich schließt, sich versündigen würde, wenn sie durch ein Menschenopfer erreichen will, was sie durch die Cultur der ihr zu Gebote stehenden Mittel auf andern Wegen erreichen könnte.

§. 236.

Dem Zwecke des Staats genügt es aber nicht, daß die Begriffe über das Mein und Dein, über Erwerbung und Geltendmachung der Rechte objectiv festgestellt werden, oder es genügt ihm nicht, die persönlichen Interessen gegenseitig auseinander zu setzen, oder zu individualisiren, was die Tendenz der Rechtsgesetzgebung an und für sich ist; es können für das Wohl und den menschlichen Wirkungskreis des Einzelnen, so wie für das Wohl des Ganzen durch das Zusammenleben Mehrerer mit von einander divergirenden Interessen, auch wenn sich jeder in seinem individuellen Rechtskreise hielte, so wie durch die äußere Natur mit ungezügelter Kraft, so mannichfaltige Störungen und Hindernisse eintreten, daß eine Anordnung, wodurch diesen Hindernissen vorgebeugt oder abgeholfen wird, und wodurch die einzelnen Rechtssphären und Kräfte in Zusammenstimmung gebracht werden zur Annäherung an den allgemeinen Zweck, ein wesentliches Bedürfniß des gesellschaftlichen Lebens ist. Besonders nothwendig aber wird eine solche Anordnung bei dem, in jedem empirischen Staate vorkommenden Mangel an intellectueller und moralischer Cultur. Das Recht, diese Anordnungen zu treffen, nennt man die Policeygewalt, und der Inbegriff der darauf sich beziehenden Gesetze und Verfügungen macht die Policeygesetzgebung aus.

§. 237.

Durch die Policey soll also zu dem Rechte die Sicherheit kommen und die, aus der Vereinzelung der Kräfte und Rechtssphären hervorgehenden, Hindernisse für die Annäherung an den allgemeinen Zweck beseitigt werden, und in so fern letzteres wesentlich von dem Staatszwecke gefordert wird, ist die gesetzgebende Auctorität in den policeylichen Anordnungen eben so unmittelbar für den Zweck selbst thätig, wie in der Rechtsbestimmung. Während nämlich das Rechtsgesetz an sich nur auseinandersetzend für die einzelnen Rechtssphären ist, strebt die Policey nach Zusammenstimmung des Einzelnen zur Annäherung an den allgemeinen Zweck. Daß nun durch die letztere Tendenz der, die bürgerlichen Verhältnisse anordnenden, höchsten Gewalt für den Einzelnen in dem Gebrauche der Rechte, welche ihm nach privatrechtlichen Begriffen zustehn, gewisse Beschränkungen nöthig werden, ist leicht zu begreifen, und die policeylichen Rücksichten afficiren daher auch das bürgerliche Privatrecht, und sie sind es ganz besonders, welche die Modificationen der Begriffe des reinen Privatrechts für die bürgerliche Gesellschaft nothwendig machen. Dagegen aber wird mit der Erreichung der policeylichen Tendenz auch der Wirkungskreis und das Wohl des Einzelnen um so gesicherter; indem dadurch allen denjenigen Hindernissen und Störungen des persönlichen Wirkungskreises vorgebeugt werden soll, deren Abwehr das Privatrecht und die Privatmacht übersteigen. In beider Hinsicht aber sind der Policeygewalt durch den nothwendigen Zweck des Ganzen gewisse Schranken gesetzt; denn es kann eben so wenig der Einzelne dem Ganzen aufgeopfert und das für die persönliche und bürgerliche Existenz Aller sprechende höhere Rechtsgesetz für den Einzelnen aufgehoben werden, als durch die policeyliche Sorge für das Ganze der Einzelne der Mühe für die eigne Rechtssicherheit und Wohlfahrt enthoben werden kann. Nur so weit, als die nothwendige Zusammenstimmung der besondern Rechtssphären zu dem Ganzen eine Modification in den Begriffen des reinen Privatrechts für die Einzelnen erforderlich macht, werden in der Bestimmung des Rechts und seiner Ausübung die policeylichen Rücksichten Einfluß haben, nur da werden eben dieselben einzugreifen haben, wo das Privatrecht und die Privatmacht nicht hinreicht, die Störungen des persönlichen Wirkungskreises und die Hindernisse für die Annäherung des Ganzen an den allgemeinen Zweck zu beseitigen.

§. 238.

Dabei erstreckt sich die Policeygewalt auf alles, was Hinderniß für den Staatszweck ist, oder werden kann. Ihr erster Gesichtspunct aber ist die Sicherung des Rechts, als der Basis des bürgerlichen Lebens, und zwar sowohl des öffentlichen, als auch des Privatrechts. In der erstern Beziehung finden wir sie besonders in der Criminalpolicey, welche ihren Zweck in der Verhinderung und Erschwerung der Verbrechen, so wie in der Entdeckung und Versicherung des Schuldigen hat; in der zweiten Hinsicht tritt sie als Justizpolicey auf, wo sie sich in der Vorbeugung der Rechtsstreitigkeiten und in der Vertretung der Unmündigen wirksam beweist, und Bestimmungen für das Privatrecht veranlaßt, welche eine scharfe Trennung beider Gesetzgebungen in der Praxis fast unmöglich machen.

§. 239.

Ein fortdauerndes Hinderniß findet aber die allgemeine Rechtssicherheit nach innen und außen da, wo physische Bedürftigkeit herrscht, so wie in dem Mangel an intellectueller und sittlicher Cultur. Auch auf diesen Punct werden sich daher die policeylichen Rücksichten erstrecken müssen, und die Policey geht damit über zu einem positiven Beförderungsmittel der gesellschaftlichen Entwickelung, und erscheint hier zugleich als derjenige Zweig der Staatsgesetzgebung, wodurch dem Einzelnen wie dem Ganzen Vorschub geleistet werden soll zur Annäherung an den Zweck des wahrhaft menschlichen Daseyns, dessen Beförderung und Erleichterung von dem Staatszwecke nicht getrennt werden kann (§. 184). Man kann daher auch mit Rücksicht darauf die Policey überhaupt eintheilen in Sicherheitspolicey und Culturpolicey, welche letztere in der Erhaltung und Vermehrung des Eigenthums der Bürger und des Nationalreichthums (Staatswirthschaftspolicey), in der Beförderung und Erhaltung des körperlichen Wohls (Sanitätspolicey), in der Beförderung der sittlichen und intellectuellen Ausbildung (Sittenpolicey, Unterrichtspolicey) einen weiten Kreis ihrer Wirksamkeit findet. So wie aber überall in den Staatseinrichtungen das Recht obenan steht, so auch hier, und so wie überhaupt der Staatsgesellschaft nichts entzogen werden darf, was eine Bedingung allseitiger menschlicher Entwickelung ist, so kann auch insbesondere das zu keinem Gegenstande des Zwangs gemacht werden, was seiner Natur nach nur der innern Freiheit oder dem Gewissen angehört.

§. 240.

Kommt dem Staate das Recht der Policeygesetzgebung zu; so kommt ihm auch das Recht auf Respectirung des Gesetzes von Seiten der Unterthanen zu, und indem dieses Recht durch die Uebertretung des Gesetzes verletzt wird, hat das Strafrecht seine Anwendung auch hier. In so fern nun die Uebertretungen des positiven Rechtsgesetzes im Allgemeinen Verbrechen, die Uebertretungen des Policeygesetzes aber Vergehen genannt werden, unterscheidet man auch demgemäß die Strafe; dort findet man die Criminalstrafe, hier die Policeystrafe.

Anmerk. Der Etymologie nach sollte Verbrechen die absichtliche (dolose) und Vergehen die unabsichtliche (culpose) Verletzung des Gesetzes genannt werden.

§. 241.

Wenn in den Rechts- und Policeygesetzen die von dem Staate umschlossenen Rechtssphären und Kräfte in das Verhältniß gegen einander gesetzt werden, wobei die Hindernisse des Staatszwecks aus ihnen möglichst entfernt sind; so macht noch eine besondere Rücksicht für die höchste Staatsgewalt die Herbeischaffung der Mittel aus, wodurch sie ihre eigne Wirksamkeit für den Staatszweck möglich machen und sichern kann. Unter diesen Mitteln bieten sich nun zuerst die persönlichen Kräfte der Unterthanen dar, und in so fern die Staatsgewalt dieselbe in Anspruch und zu Hilfe nehmen darf zu ihrer bürgerlichen Wirksamkeit, kommt ihr das Recht der Dienste zu, und damit auch das Recht, für dieses Verhältniß die nöthigen Bestimmungen oder Gesetze zu geben, und zwar nicht allein im Allgemeinen, sondern auch im Besondern und Einzelnen. In dem Grunde dieses Rechts, so wie in der Form des, die bürgerlichen Verhältnisse beherrschenden, höhern Gesetzes liegt es aber, daß die Ausübung desselben, in so fern sie den Unterthanen Lasten auflegt, ihre Principien in der wirklichen Nothwendigkeit und in der relativen Gleichheit finde.

§. 242.

Als Zweige des Rechts der Dienste von besonderer Bedeutung machen sich das Recht der Aemter und die Militärgewalt bemerkbar. Unter Amt versteht man einen öffentlichen Geschäftskreis, und in so fern derselbe in der Ausübung der Staatsgewalt, oder eines Zweigs derselben besteht, wird es ein Staatsamt genannt. Da nun der Regent unmöglich alle Functionen seines Wirkungskreises unmittelbar selbst verrichten kann; so kommt ihm das Recht zu: 1) verschiedene ihm untergeordnete Aemter zu errichten und dieselben zu organisiren, und 2) dieselben gewissen (physischen oder moralischen) Personen zu übertragen, und zur Führung derselben Instructionen zu geben. Dieses nennt man das Recht der Aemter, und derjenige, welchem die Ausübung eines Zweigs der Staatsgewalt öffentlich zuerkannt worden ist, wird ein Staatsbeamter genannt, auch Staatsdiener, in so fern er die Geschäfte des Staats zu besorgen hat nach den Befehlen der höchsten Gewalt des Staats.

Anmerk. Der Wirkungskreis des Regenten wird ein Staatsamt zu nennen seyn, und zwar das ursprüngliche, gegen welches alle übrigen, worauf sich eigentlich das Recht der Aemter erstreckt, abgeleitete sind; aber nicht kann der Regent ein Staatsdiener genannt werden; denn als das Organ des allgemeinen Willens und als die empirische Quelle des positiven Gesetzes ist er der zuhöchst Befehlende im Staate, mit dessen Wirksamkeit der Staat allererst in Wirklichkeit tritt. Er wird sich aber anzusehn haben als den Diener des höhern Gesetzes für den Staat.

§. 243.

Jedes Staatsamt, in so fern es nicht der Reihe nach übernommen werden kann, schließt aber für den Beamten gewisse Aufopferungen in sich, welche die andern Bürger nicht machen, und welche von dem Einzelnen ohne Weiteres zu fordern der Form des Rechts, d. h. der Idee der Gleichheit entgegen ist. In einer rechtlichen Einrichtung der Aemter wird daher Bedacht genommen werden müssen auf die Entschädigung des Beamten, und dies um so mehr, als Aemter von der Art sind, daß die Verwaltung derselben, wegen der dazu erforderlichen Vorbereitung, den besondern Lebensberuf des Einzelnen ausmachen muß. Diese Entschädigung wird nun auf eine doppelte Art gegeben und in der öffentlichen Feststellung der bürgerlichen Verhältnisse bestimmt werden können, erstlich durch eine der Aufopferung und den öffentlichen Ansprüchen an den Beamten angemessene Besoldung, und zweitens durch eine der Größe des mit dem Amte verbundenen obrigkeitlichen Wirkungskreises angemessene bürgerliche Auszeichnung oder Ehre, weshalb auch das Recht der Aemter das Recht der Ehren und Würden genannt wird.

§. 244.

Nur der Regent hat das Recht der Aemter, und jeder Unterthan hat die Pflicht, im Fall der Aufforderung von demselben, dergleichen dem Staate zu leisten. Da es aber dem allgemeinen Besten daran gelegen seyn muß, daß der Anzustellende nicht allein die nöthige Geschicklichkeit habe, deren Größe die erste Rücksicht bei der Uebertragung des Amts an den Einzelnen ausmacht, sondern daß auch das Amt seinen persönlichen Neigungen nicht zuwider sey; so wird in eben diesem allgemeinen Interesse für die Ausübung jenes Rechts ein Verfahren nothwendig gemacht, welches die Anstellung als einen Akt beiderseitiger Uebereinstimmung und wirklicher Einwilligung betrachten läßt; und nur, wo die Nothwendigkeit die Anstellung des besondern Individuums erheischt, oder wo von Seiten des Unterthanen in der Ablehnung bloße Widersetzlichkeit gegen die gesetzgebende Macht sich zu Tage legt, kann der Zwang als Nöthigung zur Uebernahme oder als Strafe sich rechtfertigen. Nach denselben Grundsätzen ist dann auch die Niederlegung des Amtes von Seiten des Beamten zu beurtheilen, so wie die Versetzung von Seiten des Regenten.

§. 245.

Dem Rechte der Anstellung steht das Recht der Absetzung und Entlassung gegenüber, und ist von dem Rechte der Aemter nicht zu trennen. Was zuerst die Absetzung betrifft; so kann sie nach Rechtsgrundsätzen nur in Folge einer bürgerlichen, oder amtlichen Pflichtverletzung, oder selbst verschuldeter Untüchtigkeit verfügt werden; denn nicht allein daß in ihr eine Herabsetzung des Angestellten in seiner bürgerlichen Stellung enthalten ist, die ihm der Entschädigung für die des Amtes wegen nothwendige Versäumung anderweiter Erwerbsquellen berauben würde, so würde eben derselbe dadurch auch dem Mißtrauen seiner Mitbürger bloßgestellt, welche Bloßstellung, so bald sie unverschuldet ist, dem Rechte widerspricht. Hat sich also der Beamte nichts zu Schulden kommen lassen, was ihn des Amtes unwürdig macht; so kann nur eine Entlassung mit Entschädigung verfügt werden, sobald nothwendige Veränderungen in der Staatsverwaltung oder anderweite bürgerliche Rücksichten dieselbe fordern.

§. 246.

Ein wesentliches Bedürfniß des Staats zur Erhaltung und Sicherung seiner Selbstständigkeit ist eine bewaffnete Macht; das Recht, die darauf Bezug habenden Anordnungen zu treffen, ist die Militärgewalt, und die eben darauf sich beziehenden Leistungen der Unterthanen werden überhaupt Militärdienste genannt. Die Militärgewalt erstreckt sich aber sowohl auf das dienende Personale, als auch auf das Materiale des Kriegswesens. Dort erscheint es als das Recht, die zur Vertheidigung des Staats nothwendige Mannschaft aufzufordern, dieselbe zweckmäßig zu organisiren und anzustellen, hier als das Recht, die nothwendigen Vertheidigungsanstalten zu treffen (Festungen u. dgl. zu errichten) und die Mittel zur Kriegführung aufzubieten und darüber zu disponiren.

§. 247.

Da der Staat eine Gesellschaft ist, in welcher Alle für Einen und Einer für Alle zu stehn sich verpflichtet haben; so ist jeder waffenfähige Bürger zum Militärdienste verpflichtet. Da aber das Bedürfniß der bewaffneten Macht zu seiner Befriedigung in der Regel nicht die Gesammtmasse der Bürger fordert, und die anderweiten Interessen des Staats sich nicht aufopfern darf, während der Kriegsdienst, besonders seit seiner kunstmäßigen Ausbildung, Kenntnisse und Uebungen verlangt, woran den nöthigen Antheil zu nehmen sich nicht mit jedem Stande verträgt, sondern eher einen besondern Stand fordert; so wird die rechtliche Maxime der Gleichheit Aller in der Dienstpflichtigkeit auf die Art in Anwendung zu setzen seyn, wobei den anderweiten Interessen des Staats in der Aushebung der dienstfähigen Individuen so wenig als möglich Abbruch geschieht. Dann gelten aber die Grundsätze für die Entschädigung der Staatsämter auch für das Militär.

§. 248.

Neben den persönlichen Kräften der Unterthanen findet die Staatsgewalt eine zweite Quelle von Mitteln zur Realisirung des gemeinschaftlichen Zwecks in den Sachen, welche das Staatsvermögen im weitern Sinne ausmachen, und auch darauf erstreckt sich die höchste bürgerliche Auctorität. Das Recht, diese Art von Mitteln in Beziehung zu setzen zur Befriedigung des Staatsbedürfnisses, heißt die Finanzgewalt, und die darauf sich beziehenden Anordnungen machen die Finanzgesetzgebung aus. Zu den Gegenständen der Finanzgewalt gehört aber 1) das eigentliche Staatsvermögen, d. h. der Inbegriff desjenigen, was ausschließlich für den Staatszweck bestimmt ist, insbesondere die dem Staate eigenthümlichen Güter, (Domänen), ferner die Einkünfte für die Ausübung gewisser Hoheitsrechte, und die Benutzung der Regalien; 2) gehören dazu die Beiträge aus dem Privatvermögen der Einzelnen, (Steuern, Abgaben), wofür die Finanzgewalt als das Besteuerungsrecht erscheint.

§. 249.

Der Form nach äußert sich dagegen die Finanzgewalt 1) in der Bezeichnung und Herbeischaffung dieser Mittel, und 2) in der Verwaltung und Anwendung derselben; steht aber, so wie jedes Hoheitsrecht, in der Ausübung unter rechtlichen Principien. Für die Herbeischaffung der Mittel gilt im Ganzen als Princip das wirkliche Bedürfniß, welches auf der Nothwendigkeit desjenigen beruht, was durch die gemeinsame Macht für die verschiedenen Zwecke des bürgerlichen Lebens geschehn muß; in Beziehung auf die Beisteuern der Einzelnen aber gilt als Princip die relative Gleichheit, nach welcher alle Bürger zur Mitleidenheit zu ziehen sind nach dem Maaße und Verhältnisse ihres Privatvermögens, und nach der Wichtigkeit ihrer durch den Staat zu schützenden Güter.

Anmerk. Die bisher, so wie in der Folge bemerkten rechtlichen Principien für die Wirksamkeit der höchsten Staatsgewalt sind nichts anders, als die Forderungen der allgemeinen Bürgerrechte, welche, als ein Theil des reinen öffentlichen Rechts (§. 208.) hier in Verbindung mit dem zweiten Theile desselben, nämlich den Regentenrechten, erscheinen.

II. Von dem Rechte der Gesetzverwaltung.

§. 250.

In dem Gesetze liegt an und für sich nur die öffentliche Erklärung des allgemeinen Willens, wodurch die von dem Staate umschlossenen einzelnen Rechtssphären und Mittel das Verhältniß angewiesen erhalten, in welchem sie gegen einander und in Beziehung zu dem allgemeinen Zwecke stehen müssen, wenn der letztere erreicht werden soll. Mit der in den Begriffen des Gesetzes bestimmten Ordnung ist aber noch nicht Ordnung in die realen Kräfte selbst gebracht, letztere fordert vielmehr eine Anwendung der Gesammtmacht, wodurch das Gesetz gegen die widerstrebenden Elemente des Staats in Ausführung kommt. Das Recht der höchsten Staatsgewalt zu dieser Thätigkeit nennt man das Recht der Gesetzverwaltung, welches §. 211. als das zweite formelle Hoheitsrecht bezeichnet wurde.

§. 251.

Die Gesetzverwaltung schließt aber zweierlei in sich: 1) die Beurtheilung des besondern Falles nach dem Gesetze, 2) die Durchsetzung desjenigen, was sich als gesetzmäßig ergeben hat. Vorzüglich aber treten beide Puncte als besondere Zweige der Gesetzverwaltung hervor, wo sichs um die Bestimmung besonderer Rechtsverhältnisse handelt, und erscheinen 1) als die richterliche und 2) als die vollziehende Gewalt. Richten heißt: über einen Rechtsfall rechtskräftig urtheilen. Die Befugniß, über Rechtsfälle mit Rechtskraft zu entscheiden, heißt Gerichtsbarkeit, und die (physische oder moralische) Person, welcher dieses Recht zukommt, heißt ein Richter. Ursprünglich kommt dieses Recht nur der höchsten bürgerlichen Auctorität zu; die Mannichfaltigkeit der Geschäfte wird es aber nothwendig machen, daß das Richteramt derselben besondern Personen übertragen werde, wodurch neben der ursprünglichen, als der höchsten Gerichtsbarkeit und oberrichterlichen Gewalt eine untergeordnete Gerichtsbarkeit auftritt, welche von jener ihren Wirkungskreis (Gerichtsstand) angewiesen erhält, und zur Erreichung möglichster Vollkommenheit der richterlichen Entscheidung nach Verschiedenheit der Rechtsgegenstände und des Ranges (Instanz) eine Mannichfaltigkeit annehmen wird. Daher die Civilgerichtsbarkeit, Criminalgerichtsbarkeit, Policeygerichtsbarkeit mit ihren verschiedenen Instanzen.

§. 252.

Um in die gerichtliche Verhandlung und Entscheidung eine objective Regelmäßigkeit zu bringen und zugleich einen Jeden bekannt zu machen mit der bürgerlichen Verfahrungsart in der Geltendmachung des Rechts, ist von der gesetzgebenden Auctorität eine Proceßordnung festzusetzen, worin theils die processualischen Handlungen selbst, theils deren Reihenfolge (Proceßgang) bestimmt wird, oder worin die Maximen dargestellt werden für die Festsetzung des Streitpunctes, für die Ausmittelung der streitigen oder zu beurtheilenden Thatsachen (Instruction), für die Rechtskraft der Erkenntnisse, und für die Rechtsmittel dagegen. Diese Bestimmungen, indem darin zugleich über Rechtsverhältnisse Anordnung getroffen wird, machen dann mit dem Gesetze, zu dessen richtiger Anwendung sie dienen sollen, die specielle Norm für die Function des Richters aus, wogegen seine Privatüberzeugung über das eigentlich Rechtliche zurücktreten muß. In so fern nun die Proceßordnung ein Ausfluß des höchsten bürgerlichen Willens selbst ist, um der Rechtspflege die möglichste Vollkommenheit zu geben, so wird eben dieser Wille und sein Repräsentant, so lange diese Gesetze bestehn, nur im Widerspruche mit sich selbst eine andere Verfahrungsart einschlagen können. Da es aber möglich ist, daß wegen der Außerordentlichkeit der Umstände aus der Vollziehung einer erkannten Strafe ein Nachtheil für den Staatszweck selbst entstehn würde; so kommt dem Regenten das Recht zu, in solchen Fällen die Strafe zu mildern, welches Recht man das **Begnadigungsrecht** nennt.

§. 253.

So wie zu jedem vollkommenen Urtheile dreierlei gehört, 1) die genaue Kenntniß des besondern Falles, 2) die Regel, wornach entschieden werden soll, und 3) die Angabe des Verhältnisses zwischen dem Falle und der Regel, oder das eigentliche Urtheil; so machen auch eben diese Puncte die Theile der richterlichen Gewalt aus. Zu ihr gehört also: 1) das Recht der Untersuchung, d. h. das Recht, an dem Falle die gesetzlichen Merkmale aufzusuchen und die rechtlichen Mittel anzuwenden, wodurch dies möglich wird, und wovon auch der Zwang nicht ausgeschlossen ist, sobald von dem Inquisiten Handlungen vorgenommen werden, welche dem Richter in der Ausübung seines Rechts Hindernisse entgegenstellen, und in dieser Rechtswidrigkeit offenbar sind; 2) das Recht, den etwa zweifelhaften Sinn des Gesetzes, unter welchem der Fall steht, aufzuklären, und 3) das Recht der Entscheidung, oder das Verhältniß des Falles zu dem Gesetze öffentlich auszusprechen, und dem Ausspruche die gesetzliche Auctorität zu geben.

§. 254.

Mit dem richterlichen Ausspruche ist aber erst der theoretische Theil der Gesetzverwaltung erfüllt, neben welchem diejenige obrigkeitliche Wirksamkeit den zweiten Theil ausmacht, wodurch dem Gesetze für den besondern Fall die reale Folge gegeben wird, und worin die Vollziehung im eigentlichen Sinne besteht. Um die dazu nothwendigen Kräfte in Bewegung zu setzen, wird es freilich besonderer Befehle bedürfen; aber diese Befehle fallen nicht der gesetzgebenden Gewalt, als solcher, zu, sondern der vollziehenden, und, obgleich zuletzt mit dem Rechte der Gesetzgebung in einer Quelle sich vereinigend, macht doch das Recht, die Vollziehung des richterlichen Spruchs zu bewerkstelligen, einen von der Gesetzgebung, wodurch das richterliche Urtheil erst möglich wurde, verschiedenen Zweig der Staatsgewalt aus.

III. Das Recht der Oberaufsicht.

§. 255.

So zweckmäßig auch die Einrichtung des Staats und die Anordnung der darin vorkommenden Verhältnisse getroffen seyn mag; so schließt doch der Staat so viele, dem allgemeinen Zwecke widerstrebende und der Veränderung

und

und dem Zufalle unterworfene, Elemente in sich, daß eine Thätigkeit der höchsten Staatsgewalt, wodurch sie fortwährend in genauer Bekanntschaft bleibt mit den Interessen, Verhältnissen und Bedürfnissen des Staats, zu einer fortschreitenden zweckmäßigen Regierung des Ganzen ein wesentliches Erforderniß ist. Das Recht zu dieser Wirksamkeit nennt man das Recht der Aufsicht. Daß dieses Recht in der innigsten Beziehung steht, sowohl zu dem Rechte der Gesetzgebung, als auch der Gesetzverwaltung, ist klar; in so fern es aber zu seiner Ausübung noch besondere Anstalten fordert, auch für die Unterthanen gewisse besondere Pflichten in sich schließt, und zugleich in den bestehenden Einrichtungen und ihrer zweckmäßigen Benutzung einen wesentlichen Gegenstand findet, macht es ein Recht aus, welches zu den beiden andern formellen Rechten in dem Verhältnisse der Coordination steht.

§. 256.

Zu den Gegenständen dieses Rechts gehört alles, was Einfluß haben kann auf die Störung oder Beförderung des allgemeinen Zwecks, und schließt also in sich 1) in Ansehung der Personen das Recht, Kenntniß zu nehmen von den Hindernissen des Staatszwecks und von den Gefahren, welche demselben drohen von Außen, so wie von Innen, durch Einzelne, so wie durch ganze Gesellschaften; und vermöge dieses Rechts hat dann Jeder, welcher zu den Unterthanen gehört, oder auf dem Staatsgebiete sich aufhält, die Pflicht, Rede zu stehn für jede Handlung, wodurch er sich einer nachtheiligen Einwirkung aufs Oeffentliche verdächtig gemacht hat.

§. 257.

Die zweite Hauptart der Gegenstände dieses Rechts sind die Mittel für den Staatszweck, und in Beziehung darauf erscheint die aufsehende Gewalt als das Recht, die genaueste Kenntniß sich zu verschaffen von der Summe und Beschaffenheit der Staatskräfte, und zwar sowohl in so fern, als sie Mittel darbieten zur Abwendung der Gefahren und Hindernisse des Staatszwecks, als auch in so fern, als durch sie das gemeine Wohl positive Beförderung erhalten kann. Daß aber auch dieses Recht, so wie alle Hoheitsrechte, seine Schranken habe, und insbesondere nicht auf eine Art ausgeübt werden dürfe, wodurch der Saame des Mißtrauens unter die Glieder des Staats gestreut wird, welches allen Gemeingeist zerstört, ergiebt sich aus dem Zwecke des Staats, und aus der darin gegründeten Würde der höchsten Staatsgewalt.

Anmerk. Oft wird in dem Staatsrechte auch von einem Rechte der Unterthanen zum Widerstande gegen den Regenten gehandelt, im Falle derselbe, die Bürgerrechte nicht achtend, der bloßen Willkühr folgt. In dem Begriffe des Unterthans liegt aber kein solches Recht; dasselbe statuiren, heißt allemal: den Unterthan zur Entscheidung über die obrigkeitliche Thätigkeit berechtigen, wobei alle Clauseln die Umkehrung der Begriffe nicht aufheben. Wenn es der Politik als eine nothwendige Idee erscheint, daß es einen rechtlichen Weg im Staate gäbe, die allgemeinen Bürgerrechte gegen die Schwächen der Menschlichkeit sicher zu stellen; so wird dieser Weg in der Organisation der Repräsentirung des allgemeinen Willens selbst zu suchen und von daher einzuschlagen seyn. Wie dies aber geschehn kann, darüber hat die Politik auch die Grundsätze aufzustellen.

Anhang.

§. 258.

Obgleich der Staat alle Interessen des menschlichen Lebens umfaßt (§. 182.); so wird doch die glückliche Erreichung desjenigen, wozu der Staat Sicherheit und Vorschub gewähren soll, nur dadurch zu hoffen stehn, daß das einzelne Bedürfniß des menschlichen Lebens zum Gegenstande eines besondern gesellschaftlichen Zusammenwirkens gemacht wird, und damit werden dann in jeder nach allseitiger Entwickelung strebender Staatsverbindung mehr oder weniger besondere Gesellschaften veranlaßt, die im Verhältnisse zum Staate nur einen speciellen Zweck verfolgend, eben deshalb auch ihre besondere Organisation und Verwaltung fordern. So wesentlich aber auch das Bedürfniß seyn mag, dem durch die besondere Gesellschaft abgeholfen werden soll; so hat sich doch jede derselben, sie mag sich auf die zweckmäßige Cultur der Naturdinge, oder auf die Entwickelung der geistigen Kräfte in theoretischer, ästhetischer und sittlicher Hinsicht beziehn, auf das Fundament zu stützen, welches dem menschlichen Leben im Staate dargeboten wird, und es kann der Staatszweck bei seiner absoluten Nothwendigkeit und Allgemeingiltigkeit so wenig dem Zwecke einer besondern Gesellschaft untergeordnet werden, daß vielmehr letztere ihre Stellung nur nach der Idee des gesammten Staatszwecks einnehmen kann. Diese Stellung kann dann aber dieselbe nur von der auf das Ganze gerichteten bürgerlichen Auctorität erhalten, und wenn letztere zur Schonung der Freiheit ihrer Unterthanen in dem relativ Nothwendigen, und zur Erhaltung und Erweckung bürgerlicher Betriebsamkeit die Organisation und Verwaltung den Mitgliedern der Gesellschaft selbst überläßt; so wird doch jede dieser Gesellschaften nicht allein entweder die ausdrückliche oder stillschweigende Genehmigung des Staats nöthig haben, wenn sie der Vortheile des bürgerlichen Lebens theilhaftig werden will, sondern der Staat wird auch fortwährend das Recht der Oberaufsicht gegen dieselbe geltend machen können, und um so mehr zur Ausübung desselben sich aufgefordert finden, je näher die besondere Gesellschaft das Sittliche der Staatsgenossen berührt.

§. 259.

Dieses rechtliche Verhältniß des Staats zu den Gesellschaften, deren Mitglieder zugleich Staatsgenossen sind, ist gegründet in dem Verhältnisse der beiderseitigen Zwecke, und ist im Ganzen dasselbe, welches zwischen dem Staate und den einzelnen Personen statt findet, deren Freiheit für individuelle Zwecksetzung durch den Staat nicht aufgehoben, sondern nur gesichert und in Uebereinstimmung gebracht werden soll mit der Freiheit der Uebrigen; und in so fern finden wir auch die allgemeinen Grundsätze dafür schon da, wo von dem Zwecke der Staatsverbindung und von dem daraus hervorgehenden rechtlichen Verhältnisse derselben und ihrer höchsten Macht zu den einzelnen Theilnehmern die Rede war. Indeß hat sich im Laufe der Geschichte durch die Staaten hindurch eine Gesellschaft gebildet, welche unmittelbar auf die Abhilfe eines moralischen Bedürfnisses der Menschen gerichtet, mit dem Staate oft gleiche Dignität, oft auch selbst den Vorrang sich beigelegt hat. Dies ist nämlich die Kirche, durch deren Betrachtung hinsichtlich ihres Charakters und ihrer rechtlichen Seite die oben entwickelten Rechtsgrundsätze für den Staat noch näher ins Licht gesetzt werden können.

Unter der Kirche versteht man eine zu gemeinschaftlicher Religionsübung geschlossene Gesellschaft, und muß sie mit Rücksicht auf diesen Zweck bald in der innigsten Beziehung finden zu den höhern Zwecken des menschlichen Daseyns überhaupt; denn alles, was die Religion zur Besserung und Beseligung der Menschen beizutragen vermag, soll durch die Kirche befördert werden. Dies ist ihr rationaler Zweck, von welchem aber der empirische Geist der einzelnen Kirchen wohl zu unterscheiden ist.

§. 260.

Jedes gesellschaftliche Streben fordert eine äußere Darstellung seines Zwecks, also auch das kirchliche Leben. In der Bestimmung dieses Zwecks hinsichtlich der Kirche unterscheiden wir aber dasjenige, was der einzelne Theilnehmer für den Zweck seines Daseyns durch dieselbe erreichen kann und soll, oder wofür ihm die Kirche Mittel seyn will, und dasjenige, was der Gesellschaft zum Vereinigungspuncte dient, und an dessen Erhaltung zur Erhaltung ihrer eignen Existenz ihr zuoberst gelegen seyn muß, und wir werden beides bestimmen können, wenn wir zurückblicken auf das religiöse Bedürfniß der menschlichen Natur überhaupt, welches der Entstehung der Kirche zum Grunde liegt. Dieses Bedürfniß besteht nämlich darin, daß der Mensch Gelegenheit und Mittel habe zur Ausbildung und Befestigung seiner religiösen Ueberzeugung, so wie zur Erweckung der damit verbundenen Gefühle, als der Bedingung, unter welcher der Mensch der Wirkung theilhaftig werden kann, welche die Religion für die Sittlichkeit und Seelenruhe hat. Die Abhülfe wird aber dieses Bedürfniß erhalten dadurch, daß die Grundsätze der Religion, welche in dem Menschen zur Ueberzeugung geworden sind, öffentlich dargestellt, und daß Anstalten getroffen werden, wodurch jene Grundsätze ins Leben eingeführt werden sollen, und die geeignet sind zur Belebung jener Grundsätze, zur Erweckung der religiösen Gefühle und eines sittlichen Lebens. Der Inbegriff der erstern macht das Symbol, oder die Confession aus, die zweiten findet man in dem Cultus oder in der Liturgie, und während beides für den einzelnen Theilnehmer bestimmt ist, seinem religiösen Bedürfnisse abzuhelfen, macht es für das Ganze den Vereinigungspunct des gesellschaftlichen Interesses und Strebens aus, und ist zugleich dasjenige, wodurch sich die Gesellschaft als ein äußerer Verein charakterisirt und ankündigt.

§. 261.

Was nun das Rechtliche an einer solchen Gesellschaft betrifft; so geht aus dem Endzwecke derselben, oder daraus, daß sie nur einem rein sittlichen Bedürfnisse abhelfen will, so wie aus dem Umstande, daß das Positive auch wirklich der Ueberzeugung, welche sich nicht erzwingen läßt, und dem religiösen Bedürfnisse des Einzelnen angemessen seyn, und mit Liebe von ihm benutzt werden muß, wenn es seine höhere Bestimmung an ihm erreichen soll, unmittelbar hervor, daß weder die Theilnahme, dem Anfange und der Dauer nach, erzwungen, noch auch die Ausübung und zweckmäßige Benutzung der Gebräuche zu einer Zwangspflicht gemacht werden kann. Kann aber der Einzelne nicht zu einer dauernden Ueberzeugung sich verpflichten und verpflichtet werden; so kann auch dasjenige, was als die Ueberzeugung Aller gilt, nicht als unveränderlich festgestellt werden, obgleich, so lange die Gesellschaft dieselbe seyn will, an dem Symbole nichts verändert werden darf. Dagegen hat aber die Gesellschaft das Recht, alle Anstalten zu treffen, welche, unbeschadet des fremden Rechts und der völligen Gewissensfreiheit, geeignet sind, das äußere Band ihrer Vereinigung zu befestigen; sie hat das Recht, eine äußere Auctorität zur Besorgung ihrer Interessen, welche die kirchliche Gewalt genannt wird, einzuführen und anzuerkennen, mittelst derselben Lehrer anzustellen und zu einem äußern Wirkungskreise zu verpflichten; sie hat das Recht, die Gebräuche dem Symbole, als der allgemeinen Ueberzeugung, immer angemessener und dadurch die Lehren fürs practische Leben kräftiger zu machen, so wie sie endlich das Recht hat, jede Störung von außen mit den geeigneten Waffen abzuwehren, zur Einführung einer gesetzlichen Ordnung positive Bestimmungen zu entwerfen und dieselben durch Strafe gegen die ihnen unterworfenen Uebertreter geltend zu machen. Da jedoch die Kirche nur in der Beförderung religiös-sittlicher Cultur ihre Bestimmung findet, und einen allgemeinen Willen hat, der, auf der subjectiven, veränderlichen und unerzwingbaren Ueberzeugung ihrer Theilnehmer beruhend, keine absolute Nothwendigkeit besitzt; so kann auch ihr

Recht zu strafen sich nicht weiter ausdehnen, als bis zur Ausschließung aus der Gesellschaft und Entziehung der Vortheile der gesellschaftlichen Verbindung.

§. 262.

Da nun die Kirche einen Zweck verfolgt, der auch von dem Zwecke des Staats umschlossen wird, indem nur bei einem sittlich-religiösen Leben für die Forderungen eines humanen Daseyns Erfüllung sich hoffen läßt; so wird sich derselbe aufgefordert finden, nicht allein zum Schutz der Kirche gegen alle Störungen von innen und außen, sondern auch zur Beförderung ihres Gedeihens wirksam zu seyn, und faßt man blos dieses ins Auge, so kann man den Staat als den Diener der Kirche ansehn. Allein es giebt in der Erfahrung viele Kirchen, welche mit einander um die Wahrheit streiten, auch giebt es mehrere anderweite Gesellschaften, zu deren Schutz und Beförderung der Staat sich aufgefordert finden kann, da auch ihre Zwecke von seinem Zwecke umschlossen werden. In so fern also die Kirche, bei aller Wichtigkeit ihres Zwecks, immer nur einem von den Bedürfnissen des menschlichen Lebens abhelfen will, und im einzelnen jederzeit ausgehn wird von den subjectiven Ansichten ihrer Theilnehmer, während das allgemeine Menschenleben zunächst Schutz und Sicherheit für die Rechte, und insbesondere auch für das unveräußerliche Recht auf Gewissensfreiheit erheischt, und sodann Zusammenstimmung in der Befriedigung aller seiner Bedürfnisse wünschen muß; so wird die einzelne Kirche einer auf jene Zwecke gerichteten Anstalt, welche wir eben in dem Staate finden, untergeordnet seyn, und es wird letzteren das Recht der Oberhoheit auch in Ansehung der einzelnen Kirchen zugestanden werden müssen. Dieses Recht kann nun zwar nicht in der positiven Bestimmung des kirchlichen Symbols, auch nicht in der willkührlichen Abänderung darauf Bezug habender Gebräuche sich zeigen; aber es wird sich geltend machen als das Recht, die mit und in der Kirche gesetzten Pflichten und Verhältnisse in Uebereinstimmung zu bringen mit den allgemein bürgerlichen, ferner als das Recht, demjenigen, was in der Kirche zum bürgerlichen Ungehorsam, oder zur Gefährdung des Rechtszustandes und des Fortschrittes allgemeiner Menschenbildung führt, den Schutz und die Duldung zu versagen, die Reinheit und Festhaltung des Symbols für die der einzelnen Kirche zuerkannten Rechte zur Bedingung zu machen, den zeitgemäßen Fortschritt in den kirchlichen Einrichtungen zu veranlassen, und mit derjenigen Kirche, welche in nächster Zusammenstimmung erscheint mit den Bedürfnissen des Staats, gewisse bürgerliche Vortheile zu verknüpfen, so wie endlich das Recht, höhere und niedere Unterrichtsanstalten zu treffen, wodurch die religiöse Erziehung zweckmäßig betrieben und in Einklang gebracht wird mit der zum Staatszwecke überhaupt nothwendigen Beförderung allgemeiner menschlicher Entwickelung.

Angewandte Rechtslehre.

Einleitung.

§. 263.

In dem reinen Privatrechte und reinen Staatsrechte fanden wir Rechtsverhältnisse dargestellt, welche mit der allgemeinen sittlichen Natur des Menschen, als der Quelle des Rechts, selbst gesetzt sind. Dort wurde der individuelle Rechtskreis der Person, als einer solchen, bezeichnet, hier kamen diejenigen Verhältnisse in Betrachtung, welche unter den Menschen gesetzt sind durch die Vernunftforderung eines gemeinschaftlichen Strebens nach Realisirung eines wahrhaft menschlichen Daseyns. Die Grundlage machte aber überall nur das allgemein Menschliche aus. Neben diesen rein menschlichen Elementen, woran sich Rechtsbegriffe ausbilden, hat aber die Natur noch Verhältnisse gegründet, sowohl für den einzelnen Menschen, als auch für Staatsgesellschaften, welche empirisch sind, und hervorgehn theils aus der Gattungsverschiedenheit und der Fortpflanzungsart des menschlichen Geschlechts, theils aus den Schranken, welche dem menschlichen Streben nach gemeinschaftlicher Realisirung des Vernunftzwecks in den räumlichen und geschichtlichen Verhältnissen gesetzt sind, und eine Mehrheit von Staaten erzeugen, unter welchen die Rechte der Persönlichkeit sich von neuem geltend zu machen streben, aber unter gewissen Modificationen, welche in der besondern Natur der Rechtssubjecte (eines Staats) gegründet sind. Da wir hier Verhältnisse finden, welche unabhängig von der menschlichen Willkühr aus der natürlichen Einrichtung und Lage des menschlichen Geschlechts hervorgehn; so wird eine Lehre, welche das Rechtliche in dem Natürlichen aufzuzeigen unternimmt, auch hier noch einen Gegenstand ihrer Betrachtung finden. Da aber hier das rein Persönliche durch empirische Elemente afficirt wird; so werden auch die Begriffe desselben hier nicht in ihrer Reinheit, sondern in ihrer Anwendung auf besondere Verhältnisse bestimmt, und machen in so fern die angewandte Rechtslehre aus, welche jedoch, ebenfalls blos an das Allgemeine dieser besondern Verhältnisse sich haltend und die Rechtsbegriffe dafür aufstellend, nicht weniger den Charakter einer philosophischen Wissenschaft hat.

Erster Theil.
Das allgemeine Familienrecht.

§. 264.

Unter Familie wird hier nicht der Inbegriff der Personen verstanden, welche in einer häuslichen Verbindung mit einander stehn, sondern nur der Inbegriff derjenigen, welche gegenseitige Pflichten und Rechte haben, wegen gemeinschaftlicher Erzeugung und Abstammung. Nur hierin liegt ein von der Natur selbst veranlaßtes und herbeigeführtes Verhältniß unter den Menschen mit eigenthümlichen Rechten, wogegen das Verhältniß der Dienstboten zum Hausherrn auf Nebenverträgen beruht, welche zur Existenz der Familie nur von zufälliger Bedeutung sind. Machen aber die Dienstboten keinen wesentlichen Theil der Familie aus, so macht auch die Betrachtung des Rechtlichen in dem Dienstverhältnisse keinen wesentlichen Theil des Familienrechts aus, welches blos an den allgemeinen Begriff der Familie sich hält, sondern findet da ihre Stelle, wo von den Dienstverträgen überhaupt die Rede ist. In so fern wir nun die Rechtsbegriffe für das Familienleben und seine Verhältnisse systematisch darstellen, so weit sie sich aus dem allgemeinen Charakter der Theile desselben ergeben, erhalten wir das allgemeine Familienrecht.

§. 265.

Die Familie bietet in ihren beiden wesentlichen Bestandtheilen, den Aeltern und Kindern, eine doppelte Seite von rechtlicher Bedeutung dar: 1) das Verhältniß zwischen den Ehegatten, und 2) das zwischen den Aeltern und Kindern. — Die Basis des Familienlebens macht die Vereinigung der Ehegatten aus, und giebt mithin auch den ersten Gesichtspunct ab für eine rechtliche Beurtheilung desselben. Um aber das Rechtliche darin zu finden, unterscheiden wir zuvörderst das Recht zu derselben, und die Rechte aus derselben, mit welcher Unterscheidung sich sodann noch der Unterschied zwischen den Rechten der sich vereinigenden Theile gegen die Uebrigen, und den Rechten derselben gegen einander selbst in Verbindung bringen läßt. Ohne diese Unterscheidungen ist die Bestimmung dessen, was in Ansehung dieser Vereinigung rechtlich ist, einem vielfachen Streite ausgesetzt.

§. 266.

Nach den Gesetzen der Natur kann die Menschengattung nur durch körperliche Vereinigung zweier besonders dazu organisirten Individuen des männlichen und weiblichen Geschlechts erhalten werden, und dazu ist auch in beide Geschlechter ein besonderer Trieb gelegt. Diesen Trieb zu befriedigen hat nun jeder Mensch, der die zur freien Selbstbestimmung erforderlichen Eigenschaften hat, und Andern nicht schon besonders verpflichtet ist, um so mehr ein Recht, als die Befriedigung dieses Triebes auf die ganze persönliche Existenz des Menschen entscheidenden Einfluß haben kann. Vermöge dieses Rechts, welches ein Zweig des angebohrnen Rechts auf persönliche Existenz ist, hat kein Mensch dem Andern, dem er nicht besonders deshalb verpflichtet ist, Rede zu stehn wegen der mit einer ihm beliebigen Person eingegangenen Geschlechtsvereinigung. Indeß macht dies nur einen Theil von den zur Eingehung einer Geschlechtsvermischung erforderlichen Rechten aus; der zweite bezieht sich auf die Person, mit welcher dieselbe eingegangen werden soll, und von dieser Seite ist die Willkühr des Einen durch die Rechte des Andern auf persönliche Existenz beschränkt, in so fern nämlich, als die freie Einwilligung dieses Andern erforderlich ist, wenn von einer Rechtmäßigkeit der Befriedigung des Geschlechtstriebes soll geredet werden können.

§. 267.

Demnach kann die Befriedigung des Geschlechtstriebes rechtlich nur durch Vertrag geschehn. Ein Vertrag darüber kann aber verschiedentlich statt finden. Er kann sich beziehn blos auf einen vorübergehenden Akt, er kann aber auch auf die Dauer geschlossen werden zur beliebigen Wiederholung desselben, und zwar entweder auf Lebenszeit, oder nur auf bestimmte oder unbestimmte Dauer. Er kann geschlossen werden ohne die Bedingung der Ausschließlichkeit des Geschlechtsgenusses, und auch mit dieser Bedingung. Er kann ferner geschlossen werden blos unter zwei Personen mit Ausschließung jedes Dritten, aber auch unter mehreren Personen. Eine Vereinigung von Personen verschiedenen Geschlechts zu dauernder, ausschließlicher Geschlechtsgemeinschaft nennt man Ehe in weiterer Bedeutung, welche also eine einfache und auch eine zusammengesetzte Gesellschaft ausmachen und im letztern Falle entweder Vielweiberei, oder Vielmännerei, oder Gemeinschaft der Weiber seyn kann. In so fern nun bey der rechtlichen Beurtheilung der Geschlechtsverbindung nichts weiter in Betrachtung gezogen wird, als die Rechte zu derselben, in so weit dabei vorausgesetzt wird, daß keines Dritten Recht verletzt wird, und daß die freie Einwilligung immer fortdauert zur Verbindung, ist jede von diesen Arten auf gleiche Weise eine rechtlich mögliche. Aber eine nothwendige Rücksicht fordern in der Bestimmung des Rechtlichen in dieser Art von Verträgen die Rechte aus denselben, so wie die daraus entspringenden Pflichten, von welchen ein solcher Vertrag, so wie jeder andere allererst seine wirkliche Rechtskräftigkeit erhält; und dafür treten alsdann noch andere Reflexionen ein.

§. 268.

Soll nämlich ein Vertrag, der nicht zugleich mit der Einwilligung vollzogen und beendigt wird, noch Rechtskräftigkeit haben, und dem einen Contrahenten die Fortdauer der eingegangenen Verbindung nach moralischen Begriffen sichern; so muß vorausgesetzt werden, daß der Andere sich muß für verpflichtet halten können, sein Versprechen zu halten, und dies wird nur dann möglich seyn, wenn der Vertrag nicht gegen die Erfüllung einer Pflicht gerichtet ist; denn so wie überall das sittliche Gesetz nur in so fern als Rechtsgesetz auftritt, als seine Erfüllung dem Einen von der Willkühr der Uebrigen möglich bleiben soll, so kann es natürlich die Person nicht auch zu einer Handlung verpflichten, die ihm entgegen ist, und eben so wenig auch den Andern autorisiren, dies mit Gewalt durchzusetzen. Will also Jemand eine Geschlechtsgemeinschaft eingehn, welche nicht mit der Einwilligung auch zugleich vollzogen wird; so sind die Rücksichten auf die Sittlichkeit derselben eine nothwendige Bedingung. Dem zufolge hat denn überhaupt nur derjenige Vertrag über die Geschlechtsgemeinschaft die Folgen eines Vertrags, oder kann die Forderung auf dieselbe begründen, welcher auf eine vernunftmäßige Gemeinschaft gerichtet ist. Da nun zuvörderst nur diejenige Art für vernunftmäßig angesehn werden kann, welche naturgemäß ist, d. h. wobei der Zweck der Natur, nämlich Erzeugung der Kinder, möglich gelassen wird; so kann nur darauf ein rechtskräftiger Vertrag gerichtet seyn. Wenn also auch naturwidrige Handlungen, sobald sie mit beiderseitiger Einwilligung geschehn, den Rechten des Einzelnen nicht zu nahe treten; so ist doch jede Uebereinkunft, woraus eine Verpflichtung für den Einen und ein Recht der Forderung für den Andern zur Fortsetzung solcher natur- und vernunftwidriger Handlungen entstehen soll, schlechthin unmöglich: denn dies hieße, das Rechtsgesetz zu einem Mittel machen, daß der Mensch nicht wieder zur Vernunft zurückkehren kann, und wäre ein offenbarer Widerspruch mit dem das Recht begründenden Gesetze.

§. 269.

Ist aber nur dann die Geschlechtsvereinigung ein mögliches Object eines rechtskräftigen Vertrags, wenn dieselbe naturgemäß seyn soll; so wird es auch nur diejenige seyn, wobei die Erfüllung der Pflichten gesichert ist, welche mit

den

den möglichen Folgen dieser Vereinigung eintreten, d. h. wobei die Pflicht der Erziehung der daraus zu erwartenden Kinder erfüllbar bleibt. Diese Pflicht aber, welche beiden Theilen gleichmäßig obliegt, in ihrem ganzen Umfange zu erfüllen, ist dem einen Theile nur möglich durch die stete Theilnahme des Andern in einem häuslichen Leben, auch wird diese Pflicht für den Mann nur dann wirklich statt finden, wo die möglichste Gewißheit der Vaterschaft vorhanden ist, für das Weib aber nur dann als möglichst gesichert angesehn werden können, wenn der Mann nicht gleichen Verbindlichkeiten gegen Andere sich aussetzt; und so geht daraus hervor, als eine Forderung für die Vernunftmäßigkeit der Geschlechtsverbindung, die möglichste Beschränkung der Theilnehmer und die weiteste Ausdehnung derselben der Zeit nach.

§. 270.

Es waltet aber unter den verschiedenen Geschlechtern nicht blos der physische Trieb, und die Verbindung unter ihnen steht nicht blos wegen ihrer physischen Folgen unter sittlichen Rücksichten; auch die geistige Seite kommt in Betrachtung, indem diese es ebenfalls nicht als gleichgiltig ansehn läßt, in welcher Verbindung man mit Personen des andern Geschlechts steht. Unverkennbar ist es nämlich, daß die Natur auch in der Vertheilung der Geistesgaben beide Geschlechter so für einander bestimmt hat, daß nur in der innigsten Verbindung zweier, sich besonders ansprechender Personen beiderlei Geschlechts ein harmonisches Ganzes entstehen kann. Das mehr fürs Gefühl geschaffene Weib bedarf des ernsten Verstandes und der Thatkraft des stärkern Mannes, so wie der Mann des gefühlvollern Weibes bedarf, damit in das beiderseitige Leben die rechte Allseitigkeit komme. Dieser Gewinn aus der Geschlechtsverschiedenheit für das edlere Menschenleben kann aber für den Einzelnen nur durch den vertraulichsten, fortwährenden Umgang, und durch die engste Verschmelzung der beiderseitigen Interessen entstehn. Und eben dies fordert auch die Liebe im edlern Sinne des Wortes, welche nur in dem Gedanken eines immerwährenden, ausschließlichen Besitzes des geliebten Gegenstandes Befriedigung findet. Nicht weniger deutet eben darauf auch die Schaam, welche als unverdorbenes sittliches Gefühl jederzeit vor einer physischen Geschlechtsgemeinschaft zurückbebt, wobei die Hoffnungen der sittlichen Liebe keine Erfüllung erwarten können, und auch einen Unterschied machen läßt zwischen Blutsverwandten und Fremden. Kann nun wohl derjenige, welcher die Bedeutung des Rechtsgesetzes in der Bewahrung der Möglichkeit sittlicher Existenz anerkannt hat, und das Recht nicht nach demjenigen messen zu können glaubt, was irgendwo, vielleicht bei der unsittlichsten Lebensart, und bei größter allgemeiner Rohheit und Tyrannei Rechtens gewesen ist, oder noch ist, einer Geschlechtsverbindung rechtliche Folgen und Verbindlichkeit für die Dauer zugestehn, welcher alle diese sittlichen Rücksichten aufgeopfert werden? Soll nicht das Recht auch zum Gehilfen der sinnlichen Willkühr gegen das erwachte bessere Selbstbewußtseyn herabgewürdigt werden; so kann nur diejenige Geschlechtsverbindung für die wahrhaft verbindende und berechtigende gehalten werden, welche auf Lebensdauer zu ausschließlicher Geschlechtsgemeinschaft zwischen zwei Personen beiderlei Gechlechts geschlossen ist. Und dies ist die Ehe in der engern Bedeutung.

§. 271.

Die Ehe in der engern Bedeutung ist also die von zwei Personen beiderlei Geschlechts geschlossene Verbindung zu lebenslänglicher, ausschließlicher Gemeinschaft der Geschlechtseigenschaften. Wenn aber in dieser Begriffsbestimmung der Ehe das Physische vorherrscht; so ist dies nicht so zu deuten, als ob sich der Zweck derselben bloß darauf reducire: denn nach der Einrichtung der beiden Geschlechter kann eben so gut gegenseitige Unterstützung und moralische Veredelung, als die Befriedigung des Geschlechtstriebes und Fortpflanzung des Geschlechts durch die eheliche Verbindung erreicht werden, so daß im Allgemeinen die Ehe als das Mittel erscheint, auf eine vernünftige Weise die beiden Geschlechter zu vereinigen. Weil aber die Vernunftmäßigkeit in dem Physischen, als dem Thierischen, die erste Bedingung und Forderung für die Vernünftigkeit jeder Vereinigung der beiden Geschlechter, und namentlich auch die erste Bedingung zur moralischen Herzensvereinigung ausmacht, und weil die übrigen Vortheile des ehelichen Lebens auch in andern Verhältnissen erreicht werden können, während das Vernunftmäßige der physischen Geschlechtsvermischung nur in der Ehe möglich wird; so herrscht eben dieser Punct in der Begriffsbestimmung vor, ohne daß es dem Einzelnen benommen wird, in der Abschließung des Ehevertrags diesen oder jenen Punct noch zu einer besondern Bedingung zu machen. Nur was nicht in den Eigenschaften des Geschlechts gegründet ist, z. B. Reichthum, verwandtschaftliche Verbindungen, ist durchaus dem natürlichen Zwecke der Ehe fremd, und schlechthin etwas Außerwesentliches.

§. 272.

Nach diesen Bemerkungen, welche nicht blos die Rechtlichkeit einer Geschlechtsverbindung überhaupt, sondern vielmehr insbesondere die Bedingungen betrafen, unter welchen ein eingegangener ehelicher Vertrag, nach dem höhern und wahren Sinne des Rechtsgesetzes, Rechte der Forderung begründen kann, können wir zur Darstellung dieser Rechte selbst schreiten. So weit dabei blos der natürliche Zweck der Ehe in Betrachtung kommt, ergeben sich folgende:

1) Das Recht auf Gewährung des naturgemäßen Geschlechtsgenusses, welche gewöhnlich die eheliche Pflicht im engern Sinne genannt wird. Was wir aber schon oft über die allgemeine Bedeutung und Wirkung des Rechtsbegriffs gesagt haben, müssen wir hier besonders wieder in Erinnerung bringen; denn daraus ergiebt sich, daß es keinesweges im Sinne des Rechtsgesetzes ist, wenn der Mensch zum Opfer der Brutalität gemacht werden soll. Dieses Recht wird nämlich nur da zur Anwendung kommen und von Folgen seyn, wenn die Verweigerung des Geschlechtsgenusses entweder aus bloßer Willkühr, oder aus einem Unvermögen hervorgeht, welches entweder vor oder bei der Abschließung des Ehevertrags verheimlicht, oder durch Schuld der Person verur-

sacht wurde; nicht aber da, wenn die Ausübung des Beischlafs das physische Wohl des einen Theils untergraben würde, oder wo das Unvermögen dazu eine Folge einer Pflichterfüllung im ehelichen Leben selbst ist.

2) Das Recht auf Ausschließlichkeit der Geschlechtsgemeinschaft, welche man eheliche Treue nennt.

3) Das Recht auf häusliches Beisammenleben, in so fern nicht in dem Ehevertrage speciell darüber anders bestimmt ist, oder in so fern nicht der mit Beistimmung des Ehegatten gewählte Beruf die Entfernung nothwendig macht.

4) Das Recht auf gegenseitige Hilfsleistung und Theilnahme an der Beförderung des persönlichen Wohls des Ehegatten, und an der Besorgung der innern und äußern Angelegenheiten der Familie, wie es die Natur des besondern Geschlechts, oder die Sitte mit sich bringt.

5) Das Recht auf Gütergemeinschaft; denn eine Verbindung, welche auf Lebenszeit das persönliche Wohl beider Theile zu einem gemeinschaftlichen macht, kann ihrem Wesen nach die Mittel dazu nicht als getrennt ansehn lassen.

Alle diese Rechte ergeben sich aus der Natur des ehelichen Lebens und sind für beide Theile gleich, gestatten aber, daß das positive Gesetz aus policeilichen Gründen, besonders in den Angelegenheiten des Eigenthums und des Hausregiments, noch besondere Bestimmungen festsetzt.

§. 273.

Was die Vollziehung des Vertrags betrifft, welche bei andern Verträgen, im Gegensatze von der Abschließung, in der Realisirung der verabredeten Leistungen besteht; so kann bei dem Ehevertrage, welcher allemal auf fortdauernde Leistungen gerichtet ist, nur von dem Beginn gesprochen werden, läßt aber bei der Vielseitigkeit des Zwecks die Frage zu, wann dieselbe eigentlich eintrete. Da das Charakteristische der ehelichen Verbindung in der Möglichkeit einer vernunftmäßigen Befriedigung des Geschlechtstriebes besteht; so ist auch die Gewährung derselben der zweifelloseste Zeitpunct der Vollziehung des ehelichen Vertrags.

§. 274.

Da die ehelichen Rechte durch Vertrag erworben sind; so steht auch die Dauer derselben unter den Gesetzen des Vertrags. Sie können also aufhören: 1) durch beiderseitige freiwillige Uebereinstimmung; denn obgleich die Ehe vernunftmäßig auf lebenslängliche Dauer zu schließen ist; so kann doch in der Wahl des Subjects ein Fehlgriff geschehen seyn, so daß der reine Naturzweck der Ehe in einem Paare ganz verloren gehen kann, und in diesem Falle kann durch beiderseitigen Willen die Auflösung bewirkt werden; 2) kann der Ehevertrag aufgehoben werden durch einen einseitigen Willensakt, sobald nämlich der andere Theil den Zweck des ehelichen Lebens entschieden nicht erreichbar finden läßt, welches der Fall seyn kann, entweder wenn er die ehelichen Pflichten nicht erfüllt, sey es, daß er willkührlich, oder aus verschuldeter, oder aus verheimlichter Impotenz den

Geschlechtsgenuß verweigert, oder Ehebruch, oder bösliche Verlassung, oder lebensgefährliche Behandlung sich zu Schulden kommen läßt, oder wenn er durch Verbrechen sich selbst entehrt hat. Jeder dieser Puncte ist ein Grund zu einseitiger Auflösung der Ehe. 3) Hört der eheliche Vertrag auf durch den Tod des einen Ehegatten: denn da derselbe nur auf persönliche Leistungen gerichtet ist; so fallen seine Wirkungen in Hinsicht der Berechtigung, und also auch in Hinsicht der darauf sich beziehenden Verpflichtung mit dem Tode des Promittenten weg, und es muß also dem überlebenden Theile frei stehen, einen neuen Vertrag dieser Art zu schließen.

§. 275.

Die zweite Seite des Familienlebens, für welche das Rechtsgesetz besondere Bestimmungen giebt, finden wir in dem Verhältnisse zwischen den Aeltern und Kindern; und zwar wird das Rechtsgesetz in so fern darüber bestimmend, als die Pflicht der Erziehung hier obwaltet, deren Erfüllung ohne Rechte nicht möglich ist. Die Erziehung kann aber aus einem doppelten Grunde Gegenstand eines Interesses für den Menschen werden. Einmal als Mittel zur Befriedigung eines Bedürfnisses, wo dann zuerst die Frage nach dem Rechte dazu entsteht; aber auch als Forderung der Menschenliebe, wo zunächst der Pflichtgedanke vortritt, und nach Umständen kann sowohl für die Pflicht als auch für das Recht die Frage entstehn, wem zunächst die Erziehung zukomme. Folgen wir der Einrichtung der Natur, welche in diesem empirischen Verhältnisse zuerst zu berücksichtigen ist; so ist das Kind zunächst an die Mutter und mit derselben an den Vater gebunden; denn nicht allein, daß die Natur in der mütterlichen Organisation das Kind zu seiner fernern Erhaltung so an die Mutter gewiesen hat, daß das Wohl der Mutter selbst von dem ungestörten Besitze desselben abhängt, so geht eben dasselbe auch aus der den Aeltern eingepflanzten Kindesliebe hervor, so daß durch die Natur selbst ein Band zwischen den Aeltern und Kindern geknüpft ist, nach welchem das physische und geistige, also überhaupt das persönliche Wohl der erstern von dem Besitze der letztern so sichtbar abhängt, daß sie es für eine Beeinträchtigung ihrer Existenz ansehn können und müssen, wenn ein Anderer das Kind ihnen entreißen wollte. Wohl kann man also wegen dieser Natureinrichtung zuerst von einem Rechte der Erziehung reden, und muß es eben deswegen auch zunächst den Aeltern zusprechen. Die Kinder gehören zunächst den Aeltern, zwar nicht als eine Sache, aber doch als ein Ausfluß ihrer Kräfte, als ein wesentlicher Theil ihres Lebensglücks, welcher dazu gemacht und durch ihre eheliche Verbindung von ihnen selbst erzielt worden ist, ehe noch ein Anderer ein Recht darauf sich erworben hat, welches er in der Aneignung fremder Kinder geltend machen könnte.

§. 276.

Mit der Erziehung sind aber auch mannichfaltige Beschwerlichkeiten und Opfer verknüpft, welche dieselbe auch dem Gedanken der Pflicht nahe bringen; und da diese Pflicht auf die Entfernung der Unbehilflichkeit des Kindes gerichtet ist, wozu nach Umständen ein Jeder sich zu verstehen hat; so kann auch in Ansehung dieser gefragt werden, wem sie zuerst zufalle. Da die Kinder die Folgen eines willkührlichen Aktes der Aeltern und an diese schon durch die Natureinrichtung enger, als an jeden Andern geknüpft sind; so haben allerdings die Aeltern zur Erziehung auch die nächste Pflicht. Aber was ist dies für eine Pflicht? gehört sie zu den Rechtspflichten, oder zu den Liebespflichten? Um diese Frage zu beantworten, unterscheiden wir ein zweifaches Verhältniß, worin die Aeltern in Ansehung jener Pflicht stehn können, nämlich die äußere und innere Seite des Familienlebens, nach deren Verschiedenheit sich auch jene Pflicht verschieden gestaltet. Es kann von Rechten und Pflichten der Erziehung geredet werden sowohl im Verhältnisse zu fremden Personen, als auch im Verhältnisse zu den Kindern. In dem ersten Verhältnisse denkt man die Aeltern, wenn man ihnen die nächste Pflicht zur Erziehung zuschreibt, und der Hauptgrund, welcher dieselbe den Aeltern beilegen läßt, d. h. die willkührliche Erzeugung der Kinder durch die Aeltern, ist zugleich von der Art, daß die Uebernahme jener Pflicht unter einer rechtlichen Nothwendigkeit erscheint. Durch die Versäumniß dieser Pflicht würden nämlich die Aeltern jenen willkührlichen Akt zu einer Ursache machen, die Andern mit Pflichten zu belästigen, und denselben Opfer veranlassen, wozu das Rechtsgesetz nicht auctorisiren kann, wovor es vielmehr jeden Dritten möglichst gesichert wissen will, indem es dem Menschen das Recht auf Geschlechtsgemeinschaft zuerkennt. Sonach steht die Pflicht der Erziehung oder die Uebernahme derselben unter den rechtlichen Bedingungen der Geschlechtsgemeinschaft selbst, und macht daher auch nothwendig einen Theil von den Institutionen des öffentlichen Rechtsgesetzes aus.

§. 277.

Sehen wir ab von diesen Rücksichten des socialen Lebens und betrachten wir die Aeltern blos in dem Verhältnisse zu ihren Kindern; so erscheint die Pflicht der Erziehung unter einem andern Charakter. Zwar ist es Folge eines willkührlichen Aktes der Aeltern, daß ein vernünftiges Wesen existirt, welches umkommen muß, wenn ihm von denselben nicht weiter fortgeholfen wird. Allein dennoch steht die älterliche Pflicht unter einem andern Begriffe, als welche dem Rechtsgesetze an der Spitze steht. Nach dem Rechtsbegriffe soll es Einer dem Andern möglich lassen, als sittliches Wesen zu existiren, und ihn nicht in seiner persönlichen Existenz belästigen; die Pflicht der Erziehung aber fordert: den unmündigen Kindern es erst möglich zu machen, als sittliche Wesen zu existiren, und ihre Existenz weiter zu befördern. Wenn daher auch diese allgemeine Pflicht für die Aeltern noch einen besondern Grund in dem Akte willkührlicher Zeugung hat; so hat sie doch immer ihre Stelle nur unter den Pflichten der Beförderung des fremden Daseyns, welche hier blos als Weiterbeförderung auftritt, und auch viel mehr in sich schließt, als die Befriedigung der Nothdurft für das empirische Daseyn erheischt. Uebrigens handelt sichs hier blos um den Begriff, unter welchen die Pflicht der Erziehung zu rechnen sey, in so fern man blos das Verhältniß zwischen Aeltern und Kindern ins Auge faßt; ihre Heiligkeit ist in jedem Falle überall dieselbe, und da das eheliche Leben mit seinen

Wirkungen und Folgen auch zugleich die Existenz Anderer afficirt, und letztere nicht gleichgiltig gegen die darauf sich beziehenden ehelichen Pflichten läßt, so ist die Erziehung durch das Sittengesetz dem menschlichen Geschlechte so nahe gelegt, daß sie keinem seiner Begriffe fremd und auch dem Zwange nicht enthoben ist, wo vom Zwange dafür aus physischen Gründen die Rede seyn kann.

§. 278.

Was nun die Rechte der Erziehung selbst betrifft, deren Inbegriff man die älterliche Gewalt nennt; so richten sie sich sämmtlich nach dem Zwecke, welcher vernunftgemäß der Erziehung beigelegt werden muß. Die Kinder sind kein Eigenthum der Aeltern, sondern Pfleglinge und Schutzbefohlne. Die Aeltern haben daher zwar das Recht, nicht allein ihre Kinder gegen fremde Verletzungen zu bewahren, wie sich selbst, sondern auch in Ansehung der Kinder alles dasjenige zu verfügen, was zur Erhaltung und Beförderung des physischen, so wie des geistigen Wohls derselben erforderlich ist, ohne dabei, so weit Andere nicht in ihrem Wirkungskreise gestört werden, fremden Urtheilen unterworfen zu seyn; aber eine sächliche Behandlung erlaubt die Persönlichkeit der Kinder nie.

§. 279.

Da die älterliche Gewalt nur der Erziehung wegen statt findet; so kann sie auch, wenn es dieser Zweck rathsam oder nöthig macht, übertragen werden auf andere Personen durch einen Vertrag zwischen diesen und den Aeltern. Dieser Vertrag ist aber kein Kaufvertrag, wo Waare gegen Geld zum Eigenthume gegeben wird; denn die Kinder sind weder Waare noch Eigenthum, sondern es hat ein solcher Vertrag nur die Uebernahme der Pflicht der Erziehung von Seiten der Andern zum Objecte nebst der Erwerbung der darauf sich beziehenden Rechte, ohne daß die durch die Persönlichkeit der Kinder gesetzten Schranken für die älterliche Gewalt eine Veränderung und größere Ausdehnung erhielten.

§. 280.

Indem die älterliche Gewalt ihren bestimmten Zweck hat, und blos wegen desselben wirklich ist; so hört sie auch auf, sobald dieser Zweck erreicht ist, d. h. so bald das Kind mündig geworden ist, oder diejenige physische und moralische Reife erhalten hat, um seine Rechte selbst zu bewahren. Von dieser Zeit an, die aber freilich einer positiven Bestimmung bedarf, tritt dann zwischen den Aeltern und Kindern dasselbe Rechtsverhältniß ein, welches zwischen selbstständigen Personen von Natur statt findet, so daß das Kind in Ansehung seiner fernern Lebensart und Verbindung freie Wahl hat, dagegen aber auch nach seinem Austritte aus der älterlichen Gewalt die Aeltern der Pflicht enthoben hat, für seinen Unterhalt besonders zu sorgen.

§. 281.

Aus dem Wesen und Grunde der älterlichen Pflicht und ihrer Rechte, nämlich daß sich beides nicht auf Vertrag, sondern auf eine natürliche Unbehilflichkeit des Kindes stützt, geht endlich auch hervor, daß die Kinder durch ihr bestandenes Verhältniß zu den Aeltern, und durch dasjenige, was sie auf Veranlassung der Aeltern etwa zur Erleichterung der Pflicht der Erziehung beigetragen haben, keinen

Anspruch auf das Eigenthum der Aeltern erworben haben, und nicht Miteigenthümer derselben geworden sind. Den Aeltern bleibt vielmehr immer das volle Recht der freien Verfügung über das Ihrige, und mithin haben auch die Kinder nach dem Tode der Aeltern, ohne Verfügung derselben, oder in so fern sie nicht erste Besitznehmer des älterlichen Eigenthums sind, kein besonderes Recht auf die Verlassenschaft, und es giebt ohne positive Gesetze keine Intestaterbfolge. Dagegen haben aber auch die Aeltern, eben weil die Erziehung nicht das Werk eines Vertrags war, kein Recht auf Entschädigung oder Bezahlung. Die Unterstützung der Aeltern durch die Kinder ist reine Liebespflicht, obgleich deren Uebernahme aus Rücksichten der Dankbarkeit den Kindern eben so zunächst obliegen wird, wie aus andern Gründen die Erziehung den Aeltern oblag. Je näher nun die Natur durch die Knüpfung des Familienbandes dem Menschen das Sittliche gelegt hat, und je tiefer die Familienverhältnisse eingreifen in den Zweck des Staats, um so näher ist es dem letztern gelegt, die Pflichten zwischen den Aeltern und Kindern, oder ihre beiderseitigen Interessen unter seinen Schutz zu nehmen, und insbesondere auch durch Verfügungen über Eigenthum und Verlassenschaft die Familienbande möglichst fest zu knüpfen, so wie durch vormundschaftliche Anordnungen die Rechte der Kinder in dem Staatsverein auch da zu sichern, wo das Kind der älterlichen Fürsorge verlustig geworden ist.

Zweiter Theil.

Das allgemeine Völker- oder Staatenrecht.

§. 282.

In dem Staate finden wir eine Gesellschaft, deren Zweck oder Existenz durch das Rechtsgesetz selbst nothwendig gemacht ist. Aber es sind der Realisirung der in der Idee des Staats enthaltenen Vernunftforderung durch die empirischen Verhältnisse des menschlichen Geschlechts mannichfaltige Hindernisse entgegengesetzt, und anstatt der Vereinigung aller Menschen zu einem gemeinschaftlichen Streben nach Herbeiführung eines vollkommnen Rechtszustandes unter einem öffentlichen Gesetze finden wir eine Mehrzahl Völker, deren Geist und innerer Verband historisch sich verschiedentlich gestaltet hat, und die, in so fern sie zugleich ihren eigenthümlichen festen Wohnsitz haben, verschiedene Staaten bilden. So groß aber auch die empirische Verschiedenheit dieser Vereine, worein die einzelnen Personen zum gegenseitigen Schutz ihrer Existenz und Rechte getreten sind, seyn mag, so haben sie doch alle eine gleiche Vernunftbedeutung, und besitzen, als Anstalten zur Herbeiführung eines Rechtszustandes, eine Dignität vor dem Rechtsgesetze, die sie betrachten läßt als Personen mit gegenseitigen Pflichten und Rechten. Auch zwischen sie tritt also das Rechtsgesetz mit seiner die Möglichkeit sittlicher Existenz sichernden Tendenz, und giebt wegen der Eigenthümlichkeit der Rechtssubjecte der Wissenschaft Veranlassung, seine Forderungen auch für dieses Verhältniß des menschlichen Geschlechts unter bestimmte Begriffe zu bringen, und dieselben darzustellen, und indem die Wissenschaft dieses thut, in so weit sich diese Begriffe aus dem allgemeinen Charakter solcher Vereine ergeben, wird sie das allgemeine Völker- oder Staatenrecht genannt.

Anmerk. Wir sagen: Völker- oder Staatenrecht, nicht als ob wir Volk und Staat für gleichbedeutend hielten; denn in dem Staate finden wir das Volk und seine innern Rechtsverhältnisse consolidirt durch Grundeigenthum. Da aber ein Volk rechtliche Institutionen und eine Rechtspflege haben kann, ohne einen beharrlichen Wohnsitz, und sie auch haben muß, wenn ihm eine rechtliche Bedeutung zukommen soll; so werden sich von dem Volke auch in der allgemeinen rechtlichen Bedeutung, bei gehöriger Durchführung der Rechtsbegriffe alle die Rechte prädiciren lassen, welche ihm in dem besondern Verhältnisse des Staatslebens zukommen, und wir gebrauchen beide Ausdrücke, theils um dem gangbaren Sprachgebrauche zu genügen, theils um das empirisch Historische, welches in dem Volke vorwaltet, mit dem Rechtlichen, welches in dem Begriffe des Staats vorherrscht, zugleich anzudeuten.

§. 283.

Das allgemeine Völker- oder Staatenrecht ist also die wissenschaftliche Darstellung der Grundsätze für das rechtliche Bestehn der einzelnen Staaten neben einander, so weit jene Grundsätze aus dem allgemeinen Charakter solcher Vereine sich ergeben. Die Basis dazu liefert einerseits das reine Privatrecht, als der Inbegriff der Grundsätze für die rechtliche Existenz persönlicher Wesen, als solcher, andrerseits die besondere Natur des Staats, als einer moralischen Person, und wir werden die Aufgabe des gegenwärtigen Theils dadurch lösen können, daß wir dem Gange der Begriffe des reinen Privatrechts folgen unter steter Berücksichtigung der Bedeutung, welche dieselbe für einen Staatsverein, als eine besondere moralische Person haben.

§. 284.

Werfen wir vorerst einen Blick auf das Ganze der hier darzustellenden Rechte, um den Gang der wissenschaftlichen Methode in der Darstellung ihrer Begriffe zu bezeichnen; so bietet sich derselbe Unterschied unter den einzelnen Rechtsbegriffen dar, welchen wir §. 97. unter denselben fanden, in so fern sie sich auf physische Personen beziehn. Wir werden also zuerst suchen müssen nach demjenigen Begriffe, welcher der umfassendste ist, und worin wir das Urrecht eines jeden Volks finden, von welchem alle übrigen die abgeleiteten sind. Da ferner mit jeder Person gewisse Rechte gesetzt sind, welche wir als die angebohrnen bezeichnet haben, im Gegensatze von denjenigen, welche die Person durch ihre auf jene Rechte gestützte Thätigkeit sich erworben hat; so wird eben dieser Unterschied auch hier seine Stelle finden; jedoch können letztere, als zufällige, in der allgemeinen Rechtsbestimmung nur in so weit in Betrachtung kommen, als sie in dem allgemeinen Rechte der Erwerbung gegründet sind, oder nach der rechtlichen Möglichkeit ihrer Erwerbung.

§. 285.

§. 285.

Der Punct, worauf sich alle Rechte beziehn, ist die Persönlichkeit, oder das Vermögen, sich selbst Zwecke zu setzen und zu verfolgen. Die Persönlichkeit macht daher auch das höchste Rechtsobject, oder das Urrecht aus. Dies gilt von dem Volke, als einer moralischen Person eben so, wie von der physischen Person. In so fern aber ein Recht auf Persönlichkeit für das Volk statt findet, ist es für das Setzen und Verfolgen seiner Zwecke von fremder Willkühr, also auch von fremder Störung eximirt. Dies liegt in dem Begriffe des Rechts, als ein wesentliches Merkmal (§. 100.). Aber das Rechtsgesetz spricht für Alle; es kommt dieses Recht, so wie überhaupt jeder Person, so auch jedem Volke zu, und daraus entsteht für das einzelne Volk eine Beschränkung desselben. Der höchste Rechtsbegriff, sobald er zugleich nach der Form des Rechtsgesetzes gehörig bestimmt wird, lautet demnach: Jedes Volk hat das Recht auf Persönlichkeit, auf das Setzen und Verfolgen beliebiger Zwecke, so weit dasselbe auch andern möglich gelassen wird.

§. 286.

Die Persönlichkeit beruht auf Vermögen und Kräften, so wie auf gewissen äußern Bedingungen. In das Recht, dessen Object die Persönlichkeit ist, sind also auch alle die Vermögen und Kräfte eingeschlossen, welche die Persönlichkeit des Subjects constituiren, so wie die äußern Bedingungen, unter welchen die Erhaltung derselben möglich ist, und die theilweise Hervorhebung derselben führt zu besondern Rechten, welche aber wegen der logischen Abfolge aus dem erstern abgeleitete genannt werden müssen, ob sie gleich mit jenem gesetzt sind. Die von dem Staate umschlossenen Kräfte liegen nun theils in den Personen, theils in dem Grund und Boden, welcher von ihm besessen wird, und auf beides erstreckt sich daher jenes Recht, oder verzweigt sich an demselben zu besondern Rechten. Jedoch erfolgt das Zerfällen des einen Grundrechts in mehrere Rechte noch auf eine andere Weise, welche mit der erstern in Verbindung zu bringen ist.

§. 287.

Nach unsern frühern Bemerkungen (§. 98.) giebt es nämlich eine doppelte Art, wie man zu besondern Rechtsbegriffen gelangen kann. Theils durch die Analyse des Rechtsobjects, theils durch die Betrachtung der Ausflüsse des formalen Rechtsbegriffs, oder des Gedankens, daß das Object ein ausschließlicher Gegenstand für den Willen des Subjects ist, und indem man diese Ausflüsse des reinen Rechtsbegriffs hervorhebt, sie auf das Rechtsobject und seine Theile in Beziehung setzt, hat man den Weg, auf welchem man auch zu den besondern Rechten des Volks kommt. Unter den Ausflüssen des formalen Rechtsbegriffs steht nun oben an das Recht auf die Erhaltung oder Fortdauer des Objects nach allen seinen Theilen; und bezieht man dasselbe auf den Staat für die so eben angedeuteten Haupttheile; so erscheint es als das Recht auf die Integrität sowohl in Ansehung des Gebiets und der davon eingeschlossenen Sachen, als auch in Ansehung der zu ihm gehörenden Individuen. Kein Volk darf also das andere willkührlich aus seinem Besitzthume verdrängen, oder

Theile davon mit Gewalt dem eignen Gebiete einverleiben, noch auch Individuen daraus seiner Botmäßigkeit unterwerfen. Dies ist eine nothwendige Folge des Rechts auf Persönlichkeit jedes Volks, so fern dasselbe sich innerhalb seiner eignen rechtlichen Schranken hält.

§. 288.

Die zweite Folge von der Einschließung eines Objects, oder gewisser Vermögen und Kräfte in das Freiheitsgebiet einer Person ist die Freiheit des Gebrauchs oder der Behandlung jener Objecte und Kräfte als Mittel zu den gewählten Zwecken, und mithin kommt auf dieselbe ein Recht auch dem Volke zu, und zwar sowohl in Hinsicht der von ihm umschlossenen persönlichen Kräfte, als auch in Hinsicht der physischen Dinge, so weit nämlich dasselbe Recht auch den andern Völkern unangetastet bleibt. In so fern aber einer Person das Recht zusteht, ihre Rechtsobjecte zu betrachten und zu behandeln als Mittel, steht ihr nicht allein die Anwendung und wirkliche Benutzung derselben frei, sondern auch die Cultur. Beides kommt also auch dem Volke zu, und zwar sowohl in Ansehung seines Besitzes aus dem Sachreiche, als auch in Ansehung seiner persönlichen Kräfte. Daher das Recht jedes Volks, nicht allein den von ihm besessenen Grund und Boden mit dessen Accidenzien zu kultiviren und zur Sicherung seiner Existenz und Vermehrung seiner Hilfsmittel den möglichsten Gewinn daraus zu ziehn, sondern auch alle Anstalten unter sich einzuführen, wodurch die physische und moralische Kraft seiner Mitglieder erhöht und zweckmäßig geleitet wird. Dies ist das Recht des Gebrauchs, dasselbe auf den Besitzstand des

Volks bezogen, im Grundrisse, welches sich leicht noch verfolgen lassen wird ins Besondere.

§. 289.

So wie nämlich überhaupt die Analysis und Theilung der Objecte, worauf das Recht sich bezieht, zu neuen Rechtsbegriffen führt, so erhält man eben dadurch auch neue Begriffe für den Ausfluß des formalen Rechtsbegriffs, wo sich dasselbe als das Recht des Gebrauchs und der Cultur darstellt, und es läßt sich dasselbe weiter verfolgen, sowohl in Ansehung der persönlichen Kräfte, als auch in Ansehung der Sachen. Was zuvörderst die persönlichen Kräfte betrifft, welche in körperliche und geistige zerfallen; so kommt dem Volke in Masse das Recht zu allen den Uebungen zu, wodurch der Körper abgehärtet, und geschickt gemacht wird zu den mancherlei Zwecken des Lebens. Dies ist an sich klar; aber in den geistigen Kräften finden wir Bestandtheile, die mit jedem Volke selbst gesetzt und (zu dem sittlichen Daseyn und dem Zwecke des Rechtsgesetzes in unmittelbarer Beziehung stehend) eine besondere Hervorhebung und Betrachtung fordern. Im Grundrisse finden wir sie in dem Vorstellungs-, Gefühls- und Begehrungsvermögen. In so fern das in Rede stehende Recht auf das Vorstellungsvermögen bezogen wird, erscheint es für das Volk als das Recht auf diejenigen Thätigkeiten und Veranstaltungen, wodurch in ihm das Gebiet des Wissens erweitert und die Einsichten berichtigt und vervollkommnet werden. Von besonderer völkerrechtlicher Bedeutung erscheint aber dieses Recht als das Recht der Publicität, oder der das Verhältniß des Staats zu andern Staaten betreffenden Rede- und Preßfreiheit, nach welchem es Jedem im Volke frei steht, seine Erfahrungen und Einsichten über die Handlungsweisen, über die innern und äußern Verhältnisse der andern Völker öffentlich darzulegen, so weit keine Verläumdungen und keine ungegründete Schmälerung des guten Namens derselben, worauf aus noch zu entwickelnden Gründen jedes Volk ein Recht hat, darin enthalten ist.

§. 290.

So wie jeder Mensch das Recht auf Lebensgenuß hat, und zwar auf die seiner Individualität zusagende Weise, soweit er in demselben Andern nicht zu nahe tritt (§. 104.), so wird auch eben dieses Recht jedem Volke zukommen. In dem Volke finden wir aber diese Seite des menschlichen Lebens besonders berührt in den freien Sitten und Vergnügungen, des häuslichen Lebens sowohl, als auch des öffentlichen, und darin dem Geschmacke anderer Völker nicht unterworfen zu seyn, sobald diese Sitten und Vergnügungen in keine Entwürdigung der übrigen Völker ausarten, geht aus dem jedem Volke zukommenden Charakter der Persönlichkeit so klar hervor, daß dieses Recht in der systematischen Entwickelung der Rechte desselben nur erwähnt zu werden braucht.

§. 291.

Daß das Recht zuletzt seinen Zweck in der Cultur der sittlichen Kraft und für die freie Bethätigung des Menschenwerthes habe, ist uns aus dem Vorigen bekannt, und eben so, daß für diese Bethätigung der Einzelne ursprünglich nur dem eignen Gewissen unterworfen, und nur diesem verantwortlich sey; und wir fanden deshalb §. 105. das Recht auf Gewissensfreiheit als ein angebohrnes Recht der Person. Dasselbe muß nun auch dem Volke, als einer moralischen Person, zugestanden werden, und was für die physische Person die äußere Freiheit in der Anerkennung der Gesetze der eignen Natur ist, das ist für das Volk dieselbe Freiheit für seine Verfassung und bürgerlichen Gesetze, so wie für alle die Anstalten, welche auf die Erweckung der sittlichen und religiösen Cultur abzwecken. Für alles dieses nur der eignen Vernunft, wie sie sich durch die höchste, anerkannte bürgerliche Auctorität ausspricht, zu folgen und nicht dem fremden Volke dafür verantwortlich zu seyn, so weit dasselbe nicht gestört oder beeinträchtigt wird, macht einen wesentlichen Theil von den Rechten der Völker oder Staaten gegen einander aus. In diesem Puncte zeigt sich besonders die Souveränität in völkerrechtlicher Bedeutung, welche auf die Souveränität in staatsrechtlicher Bedeutung in so fern Einfluß hat, als nach ihr die höchste Gewalt im Staate für ihre durch den Staatszweck geforderten Verfügungen auch keiner äußern Behörde unterworfen ist.

§. 292.

So wie keine Person subsistiren und ihre Kräfte entwickeln kann, ohne sich gewisser Gegenstände aus dem Sachreiche zu bedienen, und so wie das Recht der Erwerbung (§. 107.) von uns anerkannt wurde als ein angebohrnes Recht der Person, so finden wir auch das Recht des Volks in dieser Hinsicht bestimmbar; ja es gehört ein gewisser und zwar eigenthümlicher Besitz, besonders an Grund und Boden, so wesentlich zur Existenz desselben, so fern es einen Staat bilden und einen festen Rechtszustand unter sich einführen will, daß derselbe einen Bestandtheil von dem Begriffe des Staats selbst ausmacht. So nothwendig also die Idee des Staats durch die Vernunft gesetzt ist, so wenig kann von dem Volke das zur Erwerbung eines eigenthümlichen Grundes und Bodens, so fern gleiches Recht auch den andern Völkern und ihrer darauf gestützten Erwerbung unangetastet bleibt, geleugnet werden. Daher fand eben dieser Punct schon in dem Rechte auf Integrität seine Anerkennung (§. 285.). Aber nicht blos für dasjenige, was das Volk in seiner Selbstconstituirung zu einem Staate aus dem Sachreiche in Besitz genommen und zu seinem Eigenthume erklärt hat, nach den §. 117. ff. angegebenen Erfordernissen der Erwerbung, macht sich das allgemeine Recht der Person auf Erwerbung geltend, sondern auch zur Erweiterung seines Territoriums; indem dieselbe nicht allein wünschenswerth seyn kann zur Erweiterung des bürgerlichen Wirkungskreises, sondern auch nothwendig zur Herbeischaffung der Mittel für die Subsistenz der Mitglieder des Staats. So weit also dem bestehenden Rechte eines andern Volks in der Ausbreitung des einen oder andern nicht zu nahe getreten wird, macht das Recht darauf einen Theil von der Sphäre der allgemeinen Völkerrechte aus.

§. 293.

Soll aber eine Sache ein mögliches Object einer dauernden Erwerbung seyn; so muß sie nach §. 121. besitzungsfähig, d. h. so beschaffen seyn, daß man sich zu derselben in ein solches physisches Verhältniß setzen kann, um jeden Andern von ihrem Gebrauche auszuschließen, und so lange dieses Verhältniß zwischen einer Person und einer Sache dauert, hat, unter Voraussetzung des Rechts zu besitzen von Seiten des Besitzers, jeder Andere die Pflicht, den Besitz zu respectiren. So lange also ein Volk eine Gegend bewohnt, ohne ein anderes daraus vertrieben, oder es überhaupt beleidigt zu haben, kann es nicht ohne Verletzung seines Rechts von diesem andern angegriffen und verdrängt werden. Aber wir haben es früherhin (§. 127.) als eine Bedingung zur Sicherung persönlicher Existenz anerkannt, daß die Freiheit der Verfügung über eine Sache nicht eingeschränkt werde auf den unmittelbaren physischen Besitz, und statuirten damit für die Person ein angebohrnes Recht auf Eigenthum, welches da auf eine bestimmte Sache zur Anwendung kommt und sich geltend macht, sobald der herrnlosen Sache das Zeichen einer Verknüpfung derselben mit menschlichen Zwecken aufgedrückt und sie dadurch kenntlich gemacht wird als eine solche, die in diese Beziehung gesetzt ist. Auf dieses allgemeine Recht der Personen kann auch jedes Volk provociren in Ansehung derjenigen Ländereien, welche zwar nicht unmittelbar von ihm bewohnt werden, die es aber doch, ohne Verletzung eines erworbenen Rechts Anderer auf dieselben, zu einem Mittel gewählt und erklärt hat für seine Zwecke. Gehört aber zur Erwerbung der Ausschließlichkeit in dem Gebrauche eines Objects die Besitzfähigkeit desselben, gehören ferner dazu gewisse an ihm haftende Zeichen seiner Beziehung zu menschlichen Zwecken; so können diejenigen Elemente, an welchen diese Bedingungen nicht erfüllt werden können, wie die Luft und das Weltmeer, nicht zu den erwerblichen Dingen gezählt werden, sondern nur so viel wird von dem Meere dem daran wohnenden Volke eigenthümlich seyn können, als erforderlich ist zur ungestörten Benutzung des Ufers, und des dazu gehörenden erreichbaren Meeresgrundes.

§. 294.

Der Mensch findet aber nicht blos in dem Sachreiche Mittel für seine Zwecke, so daß er wegen letzterer an dieselben gewiesen ist, sondern auch in andern Menschen, und je weniger er derselben entbehren kann zur Sicherung seiner Existenz und zur Entwickelung seiner Kräfte, um so mehr mußten wir §. 108. das Recht auf eine Verbindung mit ihnen, welches sich mit einem Worte als das Recht der Socialität bezeichnen läßt, unter den angebohrnen Rechten der Menschheit aufführen. Dieses Recht gilt nun auch für das Volk, welches zu seiner Existenz und allseitigen Entwickelung ebenfalls des Verkehrs mit andern Völkern benöthigt seyn kann und wird; es macht sich aber auch bei dem Volke in verschiedenen Stücken geltend, und zwar zugleich mit gewissen in dem Charakter dieses seines Subjects gegründeten Modificationen. Im Allgemeinen hat es seinen Zweck in Verträgen, bietet aber eine doppelte Seite dar, wofür es bestimmbar ist. Es bezieht sich theils auf dasjenige Volk, mit welchem die Verbindung eingegangen werden soll, theils auf die übrigen, als woher ebenfalls für eine beabsichtigte Verbindung mannichfaltige Hindernisse gelegt werden können.

§. 295.

In so fern das Recht der Socialität gegen das Volk sich richtet, mit welchem ein Vertrag eingegangen werden soll, erscheint es als das Recht des Antrags und der Unterhandlung. Unterhandlungen können aber zwischen Völkern von verschiedenen Seiten her, und in einem verschiedenen Interesse gesucht werden; theils von Privatpersonen in ihrem Privatinteresse, theils von den beiderseitigen Regierungen im Interesse der ganzen Staaten, und in dem einen wie in dem andern Falle werden Verhältnisse entstehn, worin die Rechte des ganzen Volks in Betrachtung kommen, und zwar besonders in so fern, als dabei Glieder des einen Staats das Gebiet des andern betreten, darin sich aufhalten und Handlungen vollbringen werden, wegen welcher sie der Regierung desselben nicht gleichgiltig seyn können. Was nun zuvörderst das rechtliche Verhältniß eines Staats zu den Privatpersonen aus einem andern Staate, oder überhaupt zu einer fremden Privatperson betrifft; so wird nach dem Rechte der Socialität jeder dem Staatsgebiete in friedlicher Ankündigung sich nähernde Fremde fordern können, daß er nicht als Feind behandelt werde, ferner daß ihm während seines erlaubten Aufenthalts in dem Staatsgebiete dieselbe persönliche Sicherheit gewährt werde, welche zu geben dem Staate überhaupt möglich geworden ist, so wie endlich, daß seinen darin erworbenen Rechten nach eben den Grundsätzen Genugthuung gegeben werde, welche in demselben Staate als Forderungen des Rechtsgesetzes anerkannt und festgesetzt worden sind. Dagegen hat aber der Staat das Recht, von dem Fremden zu fordern, daß derselbe nicht ohne seine Erlaubniß sein Gebiet betrete und darin sich aufhalte, daß sich derselbe über seinen rechtlichen Charakter, so wie über den Zweck seines Besuchs gehörig ausweise, und sich verpflichte, nichts gegen die Gesetze des Staats vorzunehmen. Da aber hierdurch der Fremde noch nicht Unterthan der Staatsbehörde geworden ist, so wenig als Jemand durch die Pflicht, den Andern nicht zu verletzen, ein Untergeordneter desselben wird; so kann er auch nicht zu den Staatsdiensten und bürgerlichen Leistungen angehalten werden. Hat er rechtswidrige Handlungen auf dem fremden Staatsgebiete verübt; so wird er zwar bis zur Ausmittelung der Sache in Gewahrsam genommen und zum Schadenersatz, selbst durch Zwangsarbeiten, genöthigt werden können; aber die eigentliche Strafe, als die Genugthuung, welche der Unterthan dem verletzten öffentlichen Rechte zu leisten hat, fällt hier weg, eben weil der Fremde kein Unterthan ist. Wohl aber wird sich die Pflicht der Selbstvertheidigung und das Recht auf Heilighaltung des Gesetzes gegen ihn geltend machen können, entweder durch Landesverweisung auf bestimmte, oder ewige Zeit, oder, wenn der Fremde nur auf Beglaubigung seiner Regierung (mittelst eines Passes) zugelassen wurde, durch Ueberlieferung desselben an seine Regierung, welche es dann, sobald die That auch nach ihrem Gesetze rechtswidrig ist, jenem Staate und sich selbst schuldig seyn wird, nach vollkommner Ausmittelung der Rechtswidrigkeit, ihn der angemessenen Strafe zu unterwerfen.

§. 296.

Unterhandlungen zwischen Völkern können aber auch von den beiderseitigen Regierungen in dem Interesse der ganzen Völker gesucht und gepflogen werden, und zwar entweder durch die Regenten selbst, oder durch Bevollmächtigte. Ein Bevollmächtigter eines Volks, der zur Unterhandlung mit einem andern Volke an dasselbe geschickt ist, heißt ein Gesandter, und so weit seine Vollmacht reicht, ist er der Repräsentant seines Volks bei dem andern.

§. 297.

Durch das Repräsentantenamt eines Volks auf dem Gebiete eines andern sind aber zwischen beiden ebenfalls gewisse eigenthümliche Verhältnisse gesetzt, welche auch von besondern Rechtsbegriffen beherrscht werden, die zusammen das Recht der Gesandtschaft ausmachen. Seinen Grund hat das Recht der Gesandtschaft in dem allgemeinen Völkerrechte auf Socialität, und da der Gesandte zugleich der Repräsentant der friedlichen Gesinnung seines Volks gegen dasjenige ist, an welches seine Sendung gerichtet ist, so muß er dem letztern, so lange er nicht persönlich feindselige Handlungen gegen dasselbe begeht, besonders achtbar und unverletzlich seyn. Diese Unverletzlichkeit besteht aber in folgenden Rechten, welche Rechte jedes Volks in Ansehung seiner Gesandten ausmachen. 1) Kann jedes Volk vermöge des Rechts auf Socialität von dem andern fordern, daß sein an letzteres abgeschickter, gehörig beglaubigter Gesandte von diesem nicht feindselig empfangen werde, wogegen das durch den Gesandten beschickte Volk das Recht hat, nicht allein die Annahme desselben auszuschlagen, sondern auch im Fall der Zulassung von ihm zu fordern, daß er sich der Sitte eben dieses Volks bei der Aufnahme der Gesandtschaft unterziehe, und überhaupt nichts gegen die Gesetze desselben vornehme. 2) Da der Gesandte, als solcher, blos im Auftrage seines Volks in dem fremden Staate sich aufhält; so kann er nicht zugleich auch als Unterthan dieses Staats angesehen werden; er ist daher nicht allein nicht zur Tragung der bürgerlichen Lasten des fremden Staats verpflichtet, sondern kann auch nicht, im Fall er gegen die Gesetze und gegen die Ruhe des fremden Staats etwas unternimmt, und damit das Vertrauen desselben zu dem beglaubigten Zweck seiner Sendung täuscht, nach den Gesetzen dieses Staats und von diesem bestraft werden, sondern ist dafür seinem Bevollmächtiger verantwortlich, den er durch sein Benehmen compromittirt hat. Dagegen kann aber das beleidigte Volk auf seine Abberufung dringen, und, wo die Umstände es nothwendig machen, nach den Grundsätzen der Nothwehr ihn einstweilen in Gewahrsam halten. Da ferner der Gesandte jederzeit das Mittel ist zu einer gütlichen Uebereinkunft zwischen den Völkern; so kann er, im Fall ausbrechender Feindseligkeiten zwischen denselben, nicht den Mitteln der Gewalt gleichgestellt werden, vielmehr fordert 3) dieser sein Charakter, vermöge der Heiligkeit der Erfordernisse zur Socialität, daß ihm freier Abzug gestattet werde. Daß endlich 4) dem Gesandten auch Freiheit und Unverletztheit der Communication mit seinem Committenten von Rechtswegen gewährt werden müsse, ergiebt sich aus seiner Stellung zu den Interessen desselben von selbst, wogegen es aber auch leicht als ein Mißbrauch der Würde und Rechte des Gesandten, so wie des Zutrauens anerkannt werden kann, diese Freiheit zu einem Mittel des Spionirens zu machen.

Die auf das Ceremonielle sich beziehenden Rechte sind blos conventionell.

§. 298.

Alle diese Rechte beziehn sich blos auf die Persönlichkeit des Gesandten und auf die Möglichkeit seiner Geschäftsführung überhaupt. Soll aber durch ihn eine rechtsgiltige Uebereinkunft zwischen den betheiligten Völkern zu Stande kommen; so muß er nicht allein von Seiten seines Volks gehörig bevollmächtigt, sondern es muß auch diese Bevollmächtigung von Seiten des andern Volks angenommen, oder von demselben erklärt worden seyn, daß es die Handlungen des Gesandten ansehen wolle, als hätte der von ihm vertretene Staat selbst gehandelt. Durch diese beiderseitigen Erklärungen ist der Repräsentativ-Charakter des Gesandten bestätigt und rechtskräftig geworden zu einem Völkervertrage, und diese Rechtskräftigkeit währt so lange, bis entweder das Geschäft beendigt ist, wozu der Gesandte bevollmächtigt war, oder bis er zurückgerufen oder zurückgesendet ist, und so lange weder das eine, noch das andere erfolgt ist, dauert der Repräsentativ-Charakter desselben fort, auch nach dem Tode des Regenten, von welchem oder bei welchem er beglaubigt ist, und zwar eben so gut, als die Rechtskräftigkeit der schon beendigten Verhandlungen, obgleich die nothwendige allgemeine Willenserklärung des neuen Regenten über die Verhältnisse seines Volks auch in Ansehung des besondern Gesandten entweder eine neue Bestätigung oder die Abberufung desselben zur natürlichen Folge haben wird.

§. 299.

Was aber den eigentlichen Grund zu der Rechtskräftigkeit des beglaubigten und anerkannten Gesandten und seiner regelmäßig vollbrachten Verhandlungen betrifft, so finden wir auch diesen in dem der Person angebohrnen Rechte auf Socialität, nämlich in so fern als dasselbe Recht äußere Wahrhaftigkeit fordert, oder Heilighaltung der frei und mit Bewußtseyn gegebenen Willenserklärung in Ansehung der festzusetzenden Rechtsverhältnisse durch ein der Versicherung entsprechendes Benehmen. Wir haben schon früher (§. 150.) dieses Recht, welches auf eine Grundbedingung sittlicher Coexistenz sich bezieht, anerkannt als eins von den Rechten zu Verträgen, und als eine Basis der Erwerbung durch Andere, und müssen dasselbe auch als eins der Völkerrechte anerkennen, da wir hier die Persönlichkeit und ihre Würde wieder finden, nur in einem erweiterten Umfange.

§. 300.

Wenn wir hier das reine Völkerrecht und das reine Privatrecht in dem Grunde der Erwerbung zusammenfallen sehen, so machen sich die Grundsätze des letztern in den Völkerverhältnissen auch für wirkliche Erwerbung oder für die einzelnen Verträge geltend, und zwar sowohl hinsichtlich ihrer Bedingungen (§. 151.), als auch hinsichtlich ihrer Wirkungen und ihrer Arten; denn was den Vertrag unter physischen Personen ungiltig macht, wie das physisch und moralisch Unmögliche, dies macht ihn unter den §. 152 ff. angegebenen Beschränkungen auch hier ungiltig, und so wie sich dort die Erwerbung verschiedentlich gestaltet, je nachdem der Vertrag nur ein abgeschlossener, oder ein vollzogener ist, so auch hier, und so wie endlich dort die Verträge nach den §. 164. angegebenen Gesichtspuncten in Arten zerfallen und einen verschiedenen Charakter annehmen, so finden wir diese Arten von Verträgen mit ihren verschiedenen Charakteren auch in den Völkerverhältnissen möglich. Steht aber die Giltigkeit der Verträge zwischen Völkern unter denselben Bedingungen, wie die Privatverträge, so gelten auch gleiche Grundsätze für ihre Dauer; sie werden aufgehoben 1) durch den beiderseitigen Willen, 2) durch die unverschuldete absolute Unmöglichkeit der Leistung, 3) durch die Auflösung des Staats, in so fern das Object des Vertrags persönliche Leistungen ausmachten; die Eigenthumsrechte dagegen gehen durch den Tod des Besitzers der Sache nirgends verloren.

§. 301.

Die zweite Seite des angebohrnen Rechts auf Socialität bietet das Verhältniß zwischen den Vertragschließenden und den übrigen Völkern dar, und jedes Hinderniß, welches ein Volk der Gemeinschaft der andern entgegen stellt, ohne daß es in der Ausübung eines bestimmten, angebohrnen oder erworbenen Rechts besteht, ist jenem Rechte der Völker entgegen. Hindernisse können aber der Gemeinschaft auf doppelte Weise gelegt werden: 1) durch Gewalt, 2) durch Beraubung des guten Namens oder des Credits. Die erstere wird besonders da in einer rechtsverletzenden Gestalt auftreten, wenn die Communication gestört wird auf Wegen, welche nicht zu dem Staatsgebiete des störenden Theils gehören, und wozu besonders seit der Cultur der Schifffahrt das große Bindemittel der Völker gerechnet werden muß, nämlich das Meer, welches, unbewohnbar und unkultivirbar, von dem einzelnen Volke nicht weiter zu

sei-

seinem Staatsgebiete gerechnet werden kann, als zur ungestörten Benutzung, Beschiffung und Vertheidigung seiner Küsten gehört. Freiheit der Meere macht daher einen wesentlichen Theil des Völkerrechts aus.

§. 302.

Daß der gute Name, d. h. das Zutrauen Anderer zu den physischen und moralischen Eigenschaften einer Person für die socialen Verhältnisse ein hohes Gut sey, ist bekannt, und eben so bekannt ist es auch, daß es in dem practischen Leben der Verläumdung und Ränkesucht auf tausend Wegen möglich sey, ungegründeten Verdacht zu erwecken und die Person des wohlverdienten Vertrauens zu berauben. Je mehr nun von dieser Seite her durch die Willkühr Anderer der Person Beeinträchtigung kommen kann für ihre wünschenswerthe und sittliche nothwendige Wirksamkeit, um so mehr sahen wir uns §. 109. bestimmt, von einem Rechte auf guten Namen zu reden. Dieses Recht erscheint dann bei dem Volke als ein Recht des Credits, dem alle Ausstreuung lügenhafter und unbegründeter Gerüchte und Urtheile über den innern ökonomischen, intellectuellen und sittlichen Zustand des Volks, so wie über die Gewissenhaftigkeit und Aufrichtigkeit seiner Regierung in den Geschäften der äußern Politik, geradezu entgegen ist, und welche in ihrer Quelle zu verstopfen das gekränkte Volk von der Regierung des Beleidigers um so mehr wird fordern können, als zugleich durch eben dieses Mittel der Saame des Mißtrauens in seinem eignen Innern ausgestreut und genährt wird. Denn wenn auch die Aufdeckung der Lügen in vielen Fällen als ein hinreichendes

Gegenmittel sich darbieten mag; so ist doch dieselbe jederzeit mit Handlungen verbunden, wozu man durch die Willkühr des Andern erst gezwungen wird, und ins Endlose gezwungen werden kann, und die, abgesehn von der Unsicherheit der beabsichtigten Wirkung in allen Fällen, Erklärungen nöthig machen, deren Publicität außerdem gegen alle Regeln der Klugheit wäre.

§. 303.

So schließt also das Recht des Gebrauchs seiner Vermögen und Kräfte, so bald derselbe fürs Einzelne und zugleich nach seinen äußern Bedingungen betrachtet wird, auch für das Volk gar mancherlei Rechte in sich, welche mit dem Begriffe oder dem allgemeinen Charakter eines Volks selbst gesetzt sind. Mit dem Rechte auf etwas hat aber auch das Subject die Anforderung an Jeden, sich aller der Handlungen zu enthalten, wodurch es in der freien Disposition über das Object gestört wird, und wir finden darin noch besondere Ausflüsse des Rechtsbegriffs, nach welchen das Recht auf etwas eine nähere Bestimmung zuläßt, die mit dem Rechtsbegriffe selbst gesetzt sind. Eine Störung kann aber auf eine doppelte Art geschehn, 1) durch bloße Gefährdung, und 2) durch die wirkliche Entreißung des Objects oder Bedrohung derselben. In so fern nun das Recht in Beziehung auf diejenigen Handlungen Anderer gesetzt wird, wodurch das Subject in Ansehung seines Rechtsobjects gefährdet wird, erscheint es als ein Recht auf Sicherheit, vermöge dessen auch da von dem Subjecte Vorkehrungen zur Erhaltung des Objects getroffen werden können, wo in dem Andern noch kein rechtsverletzender Wille sich kund giebt, und um so mehr also da, wo sich ein solcher Wille vermuthen läßt. Dergleichen Verhältnisse lassen sich nun auch für das Volk denken, und das Recht auf Sicherheit ist daher auch unter den Rechten der Völker aufzuführen; vermöge desselben hat jedes Volk das Recht, nicht allein überhaupt innerhalb seines Gebiets die Anstalten zu treffen, wodurch dasselbe in Vertheidigungsstand gesetzt wird, sondern auch bei zweideutigen Anstalten und Handlungen eines andern Volks Erklärung darüber zu fordern, wessen es sich zu demselben zu versehn hat, so wie, im Fall ausbrechender Feindseligkeiten zwischen andern Völkern, seine Vertheidigungsmittel gegen eine mögliche Verletzung in Bereitschaft zu setzen.

§. 304.

Jede willkührliche Handlung des Andern, wodurch das Subject in der freien Disposition über das Seinige gehindert wird, ohne daß sie in der Ausübung eines Rechts besteht, ist für dasselbe eine Verletzung und Beleidigung. Ein Volk kann aber nicht nur unmittelbar durch Verletzung derjenigen Rechte, die ihm als einem Ganzen zukommen, beleidigt werden, sondern auch mittelbar, durch Verletzung der Rechte seiner einzelnen Glieder. Durch keine Verletzung hört aber das Recht auf, sondern wird blos verändert, und erscheint als das Recht auf Schadlosigkeit, womit dann auch das Recht zu denjenigen Handlungen verbunden ist, welche zu diesem Ziele führen. Diese Handlungen können nun bestehn, theils in Unterhandlungen, wodurch das gestörte Rechtsverhältniß ausgeglichen und für den erlittenen Verlust Ersatz erlangt wird, theils, im Fall der Verletzer sich nicht freiwillig zur Erfüllung seiner Pflicht versteht, in Zwangsmitteln, und das Recht auf die Sache erscheint im letztern Falle als das Recht zum Zwange, worin wir einen neuen Ausfluß des Rechtsbegriffs finden, der mit demselben selbst gesetzt ist, und um so weniger von ihm getrennt werden kann, als die Person als Rechtssubject überhaupt nur in Beziehung zu einer ihr gegenüberstehenden Willkühr gedacht wird, und von Natur der Beleidigung ausgesetzt ist.

§. 305.

So wie überhaupt das Recht zu zwingen verschiedene Modificationen zuläßt, nach Verschiedenheit des Verhältnisses, worin das berechtigte Subject zur ungezügelten Willkühr des Andern sich befinden kann, und wonach es bald als ein Recht der Vertheidigung mit seinen Arten, bald als ein Recht der Entschädigung mit seinen Arten (§. 88.) auftritt, so auch bei dem Volke. Und eben so gelten auch hier die allgemeinen Grundsätze für die Größe und Art des Zwanges. Derselbe muß der Beleidigung proportionirt und zweckmäßig seyn, er mag ein psychologischer seyn, wo er entweder in wörtlichen Drohungen oder in einer Demonstration bestehn kann, oder er mag durch Anwendung physischer Kräfte bewirkt werden, wo er entweder in Repressalien, d. h. in Erwiederung derselben besondern Handlungen, wodurch das eine Volk das Recht des andern verletzt hat, oder in Krieg, d. h. in einer Anwendung der Waffengewalt gegen das ganze Volk bestehn wird.

Anmerk. Auch die Retorsion wird gewöhnlich unter den Zwangsmitteln zwischen Völkern aufgeführt; man muß aber für dieses Wort eine doppelte Bedeutung unterscheiden: eine weitere und eine engere. Dort versteht man darunter die Erwiederung derselben beschränkenden Handlungen, welche das eine Volk gegen das andere beobachtet, diese Handlungen mögen bestehn in der Richtung der Waffengewalt gegen das ganze Volk, oder in der Verletzung besonderer Theile und Rechte desselben, oder in Anordnungen des Staats in Ansehung seines Innern, wodurch dem fremden Volke die Verbindung mit ihm und der Genuß der daraus hervorgehenden Vortheile erschwert wird. In der engern Bedeutung wird die Retorsion nur auf die Erwiederung von Handlungen der letztern Art bezogen. Da nun jedes Volk das Recht hat, die Theilnahme eines fremden Volkes an seinen Mitteln und Erzeugnissen selbst und nach den eignen Bedürfnissen zu bestimmen; so setzt die Retorsion in dieser Bedeutung keine Rechtsverletzung voraus, ist kein Zwang zur Abtreibung eines erlittenen Unrechts, sondern nur ein Mittel der Klugheit, um sich den Genuß gewisser Vortheile des socialen Lebens zu verschaffen, oder ein Akt der Staatswirthschaft eingerichtet nach den äußern ungünstigen Verhältnissen, zu deren Veränderung man weiter kein Recht hat.

§. 306.

So wie die Repressalien ihren rechtlichen Zweck einzig und allein darin haben, den Andern von der Fortsetzung einer Rechtsverletzung abzuhalten, und mithin nicht da angewendet werden können, wo entweder keine wirkliche Rechtsverletzung statt fand, oder wo die Handlung nicht zum Ziele führen kann, sondern ein Werk bloßer Rache ist, so ist auch für den Krieg das Recht nur auf derjenigen Seite, für welche er das einzige übrig bleibende Mittel ist, ein bedrohtes oder verletztes Recht zu schützen, oder fremde für ungegründet zu haltende Ansprüche und den daraus entstandenen Rechtsstreit zur endlichen Entscheidung zu bringen. Ein Rachekrieg aber, so wie ein Eroberungskrieg kann nicht vor dem Rechtsgesetze vertheidigt werden; denn der erstere wird seinem Begriffe nach nicht zum Schutz eines Rechts, sondern blos zur Befriedigung einer unsittlichen Begierde geführt, und wenn auch zur Vertheidigung des letztern angeführt wird, daß die Vernunft die Herbeiführung eines Rechtszustandes fordere, wo die, auch noch zwischen den Völkern herrschenden, Privatansichten und die daraus hervorgehenden ewigen Rechtsstreitigkeiten verbannt und unter ein objectives Gesetz gestellt sind, und daß mithin jedes nach diesem Ziele strebende Volk im Sinne der Vernunft handele; so kommt doch bei diesem Streben Vieles auch auf die Art an, wie es geschieht, und das eine Volk schlechthin der Ansicht oder der Macht des andern zu unterwerfen, heißt die Principien des Rechts umkehren, und die bloße Gewalt zum Grunde des Rechts machen, wodurch vermöge der räumlichen und zeitlichen Verhältnisse des menschlichen Geschlechts der Krieg nur verewigt wird.

§. 307.

Da der Krieg ein Mittel seyn soll zum Schutze eines bedrohten oder verletzten Rechts, oder auch zur künftigen Feststellung des streitigen Rechtsverhältnisses; so wird eine Erklärung vorausgehn müssen, theils um den zu zwingenden Staat den Krieg von diesem Standpuncte aus ansehn zu lassen und gegen ihn darin das letzte und stärkste psychologische Zwangsmittel zu versuchen, theils um den andern Völkern das Recht der Sicherheit nicht zu verletzen, welches verletzt werden würde durch die Aufstellung einer bewaffneten Macht, deren Zweck sie nicht kennen, und die wohl auch blos als das Werkzeug einer willkührlichen Vergrößerungssucht erscheinen kann.

§. 308.

So wie überhaupt der Zwang unendlich ist (§. 85.), indem er bei fortgesetztem Widerstande selbst bis zur Vernichtung des Gegners ausgedehnt werden kann, so auch der Krieg; aber so wie die Vernichtung des Gegners allemal nur das äußerste Mittel in der Selbstvertheidigung ist, so auch bei dem Kriege, und in so fern kann die Frage, ob es rechtlich einen Vernichtungskrieg geben könne, sowohl bejaht, als auch verneint werden. Die Gegner im Kriege sind aber blos die Völker oder Staaten, als solche; wenn also auch bei fortgesetztem Widerstande die Auflösung des einen als das einzige Mittel zur Rechtssicherheit für den andern übrig bleibt; so kann doch in der Entschließung zu derselben nicht zugleich die Ausrottung der Volksmasse beabsichtigt werden. Vielmehr kann die Gewalt der Waffen unmittelbar oder persönlich nur gegen denjenigen gebraucht werden, welcher selbst an dem Kampfe Theil nimmt, und zwar nach denselben Grundsätzen, welche in Ansehung des Ganzen gelten, d. h. nicht bis zur Vernichtung, wenn Unterwerfung oder Vertrag angeboten wird. So wenig aber der unbewaffnete Bürger von dem Feinde zur Widerstandsmasse zu rechnen ist, so wenig hat sich der von seiner Regierung unaufgeforderte Bürger selbst dazu zu rechnen, und jede eigenmächtige Verletzung des Feindes berechtigt denselben nicht allein auch gegen ihn zur Gewalt, sondern ist auch zugleich ein strafbares Unternehmen gegen die Anordnung der Landes-Obrigkeit. Indem jedoch der Staat in seinen Unterthanen und deren Vermögen einerseits Bestandtheile seiner Stärke findet, andrerseits aber auch Gegenstände, welche er zu schützen hat; so wird sich der Feind nicht allein des Besitzes des fremden Staats bis zum Friedensschlusse versichern und des Eigenthums seiner Unterthanen, so weit es auf die Führung des Kriegs Bezug hat, theils zur Vermehrung seiner Streitkräfte, theils zur Schwächung der Streitkräfte des Gegners, bedienen können, sondern es werden ihm auch die Unterthanen des feindlichen Landes haften zur Repressalie gegen eine Verletzung jener Grundsätze von Seiten der Gegenpartei.

§. 309.

Ein Staat kann aber nicht blos für sich, sondern auch in Verbindung mit andern Staaten durch Krieg ein erlittenes Unrecht abtreiben, in welchem letztern Falle Kriegsbündnisse eintreten mit gewissen eigenthümlichen Rechten. Zu einem Kriegsbündnisse kann aber rechtlich auf eine doppelte Weise Grund gegeben werden; entweder durch eine gemeinschaftlich, wenn auch nicht auf gleiche Weise, von dem andern Staate erlittene Verletzung oder Bedrohung, oder durch einen schon bestehenden Vertrag, der auf bloße mögliche Fälle erlittener einseitiger Beleidigung eingegangen ist, und dem gemäß kann auch die Verbündung verschiedener Art seyn, sowohl in Ansehung der Bedingungen, als auch des Zwecks und der Art der Theilnahme. Nach den

Hauptarten theilen sich die Kriegsbündnisse ein in bloße Hilfsbündnisse, wonach der eine Staat dem andern blos zu einer bestimmten Hilfsleistung sich verpflichtet, ohne gleichen Zweck, und ohne gleichen Antheil an der Art der Führung und an den Wirkungen oder Folgen des Kriegs zu haben, und in Schutz= und Trotzbündnisse, wobei alle diese Puncte gemeinschaftlich sind. Die erstere Art kann hinsichtlich ihres Inhalts sehr verschieden seyn, in dem Begriffe der andern Art aber liegt es, daß alle Plane zur Führung des Kriegs, alle Unterhandlungen über die Beendigung desselben gemeinschaftlich und die Theilnahme an dem Gewinn oder Schaden verhältnißmäßig gleich sind. Vermöge eines solchen Vertrags machen dann die Verbündeten nur eine Macht aus, und kein Theil kann einseitig aus dem Kriege zurücktreten, außer wenn der Bundesgenosse seine Bundespflichten nicht erfüllt hat, oder wenn in Folge des Kriegs jener Theil so geschwächt ist, daß er auf keine andere Weise sich selbst von dem Untergange retten kann.

§. 310.

Obgleich bei dem Kriege in der Gewalt der Waffen dem einen und andern Theile der Grund gegeben werden soll zur Feststellung eines streitigen Rechtsverhältnisses; so wird doch ein wesentliches Erforderniß zur Aussicht auf eine künftige Rechtssicherheit, ohne Vernichtung des andern Staats, auch in der genauen Erfüllung alles desjenigen liegen, was die Sitte oder besondere Uebereinkunft über die Art der Kriegführung festgesetzt hat. Und deshalb macht die Beobachtung desselben eine Forderung des Rechtsgesetzes aus, welches auch im Kriege die Vernichtung des Gegners nur für das letzte Mittel angesehn wissen will. Daher die Verbindlichkeit der Waffenstillstandsverträge, der Capitulation, der Verträge über Auswechselung oder Auslösung der Gefangenen.

§. 311.

In so fern der Krieg eine Uebereinkunft über streitig gewordene Rechtsverhältnisse zum Zwecke hat, wird das Rechtsgesetz auch ein Recht auf alle Bedingungen geben, unter welchen eine Uebereinkunft möglich ist, und zwar zuerst das Recht des Antrags zu einer Uebereinkunft (Parlementärrecht), und sodann das Recht auf Heilighaltung des Versprechens, womit der Kriegszustand beendigt und das künftige Rechtsverhältniß beiderseitig festgesetzt ist. Denn wenn auch ein solcher Vertrag durch Zwang herbeigeführt worden ist, ja wenn auch die siegende Partei der zum Kampfe nöthigende Theil war, und Bedingungen des Friedens stellt, welche seinen vorgeblichen Grund zum Kriege, seine Kriegskosten, und dasjenige, was seine künftige Sicherheit erheischen könnte, übersteigen, und in so fern unrechtlich sind; so bleibt doch immer der Vertrag das Mittel zur Herbeiführung eines sittlich nothwendigen Rechtszustandes, und der Friedensbruch aus diesem Grunde würde eine Maxime in Anwendung bringen, nach welcher das Rechtsverhältniß unter den Völkern bei seiner geschichtlichen Gestaltung über einer bodenlosen Tiefe schwebte.

§. 312.

Bei jeder Verhandlung zwischen zwei Parteien bietet sich eine doppelte Seite von rechtlicher Bedeutung dar:

eine innere und eine äußere. Eben dies ist auch der Fall in Ansehung des Kriegs, und neben den bisher betrachteten Rechten, welche die Kriegführenden Parteien gegen einander haben, machen sich auch Rechte zwischen diesen Parteien und den übrigen Völkern bemerkenswerth. Was zuvörderst die Rechte der Kriegführenden Parteien gegen andere Völker betrifft; so geht unmittelbar aus der Selbstständigkeit eines jeden Volks das Recht hervor, von einem dritten Volke zu fordern, daß es sich nicht, ohne von beiden Theilen aufgefordert zu seyn, anmaße, das Richteramt auszuüben, und dieselben vor sein Forum zu ziehn, es mag dieses Amt von ihm ausgeübt werden durch Worte, oder durch That.

§. 313.

Ferner hat jede der streitenden Parteien das Recht, daß kein drittes Volk, welches nicht von ihr beleidigt ist, ihrem Gegner Unterstützung gewähre oder Beistand leiste zur Führung des Kriegs. Jeder Beistand und Vorschub, welcher der einen Partei vor der andern geleistet wird, giebt der beeinträchtigten das Recht, jenes Volk als einen Verletzer und als Feind zu behandeln. Jedoch kann nicht zu einer Unterstützung der einen oder andern Partei gerechnet werden, was auf dem Wege des Handelns, also durch Austausch gewisser Sachen oder Rechte, derselben geliefert wird.

§. 314.

Eben so hat jedes der Kriegführenden Völker das Recht auf die Respectirung des Besitzes in Ansehung derjenigen Theile des feindlichen Gebiets, welche es während des Kriegs in seine Gewalt bekommen hat. Daher das Blokaderecht (der Festungen und Häfen), vermöge dessen jeder nicht besonders erlaubte Durchgang durch das besetzte Gebiet als eine Verletzung desjenigen Volks erscheint, welches diese Theile des feindlichen Gebiets zu schnellerer und glücklicher Beendigung seines Kriegszustandes in Besitz genommen hat, vorausgesetzt nämlich, daß die Macht an diesen Orten stark genug ist, um den gewöhnlichen Verkehr abzuhalten, und daß der errungene Besitz den andern Völkern bekannt gemacht worden ist.

§. 315.

Endlich haben auch die Kriegführenden Mächte das Recht der Forderung an die andern Völker, dasjenige, was im Friedensschlusse als künftiger zwischen ihnen bestehender Rechtszustand festgesetzt ist, anzuerkennen und zu respectiren, so weit sie darin nicht in ihren eignen Rechten beeinträchtigt sind.

§. 316.

Wenden wir uns zu diesen Rechten der andern Völker, so kommt uns zuerst, so wie in der Betrachtung aller Rechte, das Recht auf Selbstständigkeit oder Persönlichkeit entgegen, und erscheint mit seinen Ausflüssen in dem Verhältnisse zu Kriegführenden Staaten im Allgemeinen als das Recht der Neutralität, nach welchem das dritte Volk von keiner der Parteien, sobald nicht besondere Verträge dasselbe rechtlich nöthigen, gezwungen werden kann, an dem Kriege Antheil zu nehmen. Besonders aber wird dieses Recht nach dem Umfange seiner Ausflüsse von derjenigen Seite nahe berührt, wo es als das Recht auf Inte=

grität und als das Recht auf Sicherheit erscheint. In so fern dem Volke gegen die Kriegführenden Staaten das Recht auf Integrität zukommt, kann es von jedem Theile fordern, daß es durch ihn weder an seinen Eigenthumsrechten verletzt werde, dieselben mögen sich beziehn auf Sachen, die in dem fremden Staatsgebiete befindlich sind, oder auf den eignen Grund und Boden, noch auch an den Rechten der Socialität und der Verträge, so weit die Beschränkung oder der Verlust ihrer Vortheile keine Folge unverschuldeter Verhältnisse oder der Ausübung eines Rechts von Seiten des in Krieg verwickelten Staats war.

§. 317.

Neben dem Rechte auf Integrität mit seinen Theilen wird auch in diesem Verhältnisse das Recht auf Sicherheit noch in besondere Anregung kommen, und zwar in so fern, als der neutrale Staat in eben diesem Verhältnisse zu Anordnungen und Maaßregeln sich wird veranlaßt sehn, die in andern Verhältnissen als Störungen für jene Völker erscheinen können. Dies können nämlich nicht allein Anordnungen seyn über die persönlichen und Eigenthumsverhältnisse mit dem durch Krieg bedrohten fremden Staate, welche den Schutz des Seinigen und seiner Unterthanen gegen die unvorherzusehenden Kriegsfälle zum Zwecke haben, sondern auch Anordnungen, welche die Sicherung des eignen Gebiets bezwecken, und theils in der Aufstellung der eignen Waffengewalt, theils in Bündnissen mit andern Staaten bestehn können.

§. 318.

Alle diese Rechte kommen den Völkern zu, in so fern man sie an und für sich, oder ihrem Begriffe nach betrachtet. So wie aber die Rechte der physischen Personen durch den Zusammentritt zu einer Rechtsgesellschaft modificirbar sind, und dann auch nur in dieser nach dem Zwecke und den Verhältnissen des Ganzen eingerichteten Modification für die Gesellschaft die wahrhaft vernunftmäßige Gestalt haben können, so auch die Rechte der Völker, sobald nämlich die einzelnen Staaten zu einer größern Sicherheit ihrer Existenz und Rechte mit einander einen Bund geschlossen haben, nach dessen Bestimmungen über die streitigen Verhältnisse der besondern Theilnehmer auch den übrigen eine Stimme zuerkannt ist. Daß die Staaten nach den Gesetzen der Verträge zu einer solchen Uebereinkunft das Recht haben, versteht sich nun von selbst, und das Recht dazu kann um so weniger geleugnet werden, als ein solcher auf den Schutz und die Sicherheit der höchsten Interessen der Menschheit gerichteter Bund eine positive Forderung des sittlichen Gesetzes ist. Hier, in dem allgemeinen Völkerrechte, kommt aber dieser Punct vorzüglich aus der Rücksicht in besondere Erwähnung, als sich daran der Satz anschließt, daß das Vernunftmäßige auch in den Völkerverhältnissen nicht in den reinen Begriffen des Volks allein gesucht werden müsse, sondern vollkommner enthalten seyn könne in dem, das Reine und Empirische in sich vereinigenden Positiven.

Halle,
gedruckt in der Gebauerschen Buchdruckerei.

FSC
www.fsc.org
MIX
Papier | Fördert gute Waldnutzung
FSC® C083411

Kolibri 360 GmbH
Ferdinand-Jühlke-Straße 7
99095 Erfurt, Deutschland
produktsicherheit@kolibri360.de